翱翔福爾摩沙

英國外交官郇和晚清臺灣紀行

陳政三◎著

五南圖書出版公司 印行

自 序 與鳥獸共舞 ————————● 陳政三

　　樂於賞鳥的鳥友或研究臺灣鳥獸世界者，可能比臺灣史研究者更熟悉正式中文名字叫「郇和」（Robert Swinhoe, 1836.9～1877.10卒）的「史溫侯」或「斯文豪」這個人，因為他除了是英國首任駐臺外交官（1861.7～1866.3駐臺），更為人熟悉的是在發掘鳥獸的傑出貢獻，尤其鳥類方面。他發現許多臺灣鳥獸新品種，有的冠上他的名字，迄今仍在使用，達飛聲（James Davidson）稱：「沒有任何外國人，能像已過世的郇和那樣，將他的名字如此緊密的與福爾摩沙（Formosa）連在一起。」除了臺灣，他轉派清國大陸期間（1866.3～1873.10），仍於閒暇或公出之際，勤研究大陸與北日本鳥獸，1869年還浪漫地將海南島的「叉尾太陽鳥」（*Aethopyga christinae* / Fork-tailed Sunbird），以夫人Christina的名字命名為「克麗絲緹娜太陽鳥」。

　　郇和生於印度加爾各答，18歲即投入英國駐華外交圈，20歲首次來臺，在新竹湖口鳳山（Hongsan）一帶進行「尋人」秘密任務，順便採集博物。1857、1858年兩度搭乘英艦剛強號（the *Inflexible*）環臺搜尋歐美船難漂民，並偵測民情、探勘海岸與礦產。1860年隨「英法聯軍」殺進北京，火燒圓明園，後來出版《1860年華北戰記》（*Narrative of the North China Campaign of 1860*）。

　　1861年7月派駐臺灣府（臺南）；同年12月20日，直接從「養病」的廈門轉到淡水開館。翌年4月，不顧「戴潮春事件」即將爆發，逕赴大漢溪上游探訪泰雅族大嵙崁群奎輝社；同年5月離臺返倫敦養病，至1864年1月31日才回到淡水。這段「養病」期間，正好是他在倫敦學術圈的活躍期，發表多篇臺灣原住民和鳥獸論文，奠定了他在「臺灣學」的名聲與地位。1864年5月，帶著英國外交部補助的精密儀器，第三度探訪蘇澳——他理想的大英殖民地；同年7月赴澎湖及南部搜尋茶船*Netherby*失事事件，與排灣族有了第一手接觸。這些探險都留下紀錄。9～11月又生病，11月初直接從廈門移駐打狗（高雄），在英商寶順洋行（Dent & Co.，這是該洋行在中國的正式通行名稱，又譯為顛地洋行。德約翰的Dodd & Co.因早期代理該行臺灣業務，就一直被臺灣相關文獻稱為寶順洋行）集貨船三葉號（*Ternate*）上，「以船為家、以船為辦公處所」達半年之久，1865年5月初才改租高雄哨船頭東側山丘處天利行（McPhail & Co.）的民宅為館舍，總算「登陸」了。1865年2月初，升任領事，人逢喜事精神爽，當年發表多篇論文。1866年初探訪荖濃溪、六龜，2月底調派廈門，4月4日正式接任駐廈門領事。

　　從他的「臺灣經驗」來看，每次探險後總有許多文章出現，也總會大病一場，顯見他很用功但身體欠佳；不過，別忘了早期臺灣生活環境並不好，且是「瘴癘之地」，各種風土病構成的「天然國防防護網」曾宰殺無數法兵（1884～1885年清法戰爭）及日軍（1874年牡丹社事件、1895年乙未之戰及稍後抗日）。離臺後先調廈門，再調寧波（1867及1871），最後調駐煙臺（1873）。這並非他與臺灣最後的接觸，1867年8月曾至澎湖探勘煤礦；1868年12月至翌年1月底，以及1869年6月兩度以「臺灣領事」（the consul of Taiwan）名義來臺處理「英船砲擊安平事件」（或稱「樟腦戰爭」）善後事宜，他在業餘的「研究鳥獸」費盡心力，但本職的「外交工作」能推就推，有點本末倒置。依據1868年10月29日英公使阿禮國（R. Alcock）照會總署恭

親王函,可知郇和係在該日之前,即奉命前往臺灣處理日漸升高的緊張局勢;換句話說,是在11月25日發生「砲擊事件」之前近一個月。他不火速赴臺處理,卻慢條斯理地於12月11日方抵打狗,又拒絕接管善後事宜,反縱容火爆的駐臺署領事吉必勳(John Gibson)繼續處理,自己卻利用時間寫了評論柯靈烏(Cuthbert Collingwood)臺灣行與自己赴張家口之旅的2篇文章,並於1869年1月中旬從打狗分別寄出,不願涉入爭端的「不沾鍋」心態可見。

郇和與臺灣最後一段緣分,係美國博物學家史蒂瑞(Joseph Steere)赴英,將在臺期間(1873.10.3~1874.3.31)採集到的鳥類標本交給他鑑定,郇和發現內有一新品種,遂以史蒂瑞姓氏命名為*Liocichla steerii*(Swinhoe)──「黃胸藪眉」,又稱「藪鳥」(畫眉科);1877年10月郇和在鳥學權威雜誌《朱鷺》(*Ibis*, 1: pp. 473-474)發表〈福爾摩沙來的新鳥種〉(On a New Bird from Formosa, (*Liocichla steerii*)),是生前最後文章,也為他的「臺灣情緣」劃下了美麗的記點。1877年上半,他在「倫敦萬國博覽會」(The London Exhibition of 1877)設置「福爾摩沙專櫃」(Formosan Booth),展示臺灣原住民文物與鳥獸標本,榮獲獎章及獎金;同年10月28日因癌症病逝倫敦,得年僅41歲。

1866年4月迄1873年10月駐節大陸期間,他勤跑各地,發表許多有關清國大陸的鳥獸文章,另有多篇包括北海道函館、勘察加半島,以及臺灣動物的介紹及比較;即便退休返英期間,仍多所著墨。他應該曾遠赴北海道、勘察加半島採集、探險。他發現臺灣的動物與清國沿海地區的動物關係有斷層,反倒與喜馬拉雅區(Himalayas)、馬來群島、日本關係較密切;另舉出「西藏熊」(the Tibetan Bear)是喜馬拉雅區和臺灣及北清(North China)的共同品種。不知他可曾到過西藏?值得進一步挖掘。

　　1873年10月初，他因下肢癱瘓離開駐所，返英療養，從此永別亞洲；1875年8月25日無法康復，正式辦理退休。最後歲月（最遲從1874年9月起，至1877年10月卒）卜居倫敦市中心西南方、泰晤士河北岸的雀兒喜區（Chelsea）卡萊麗廣場33號（33 Carlyle Square）——位於目前倫敦市中心西南的SW3區，泰晤士河北岸、國王路（King's Road）與老教堂街（Old Church Street）交叉口。1873年底或1874年初返抵英國，可能即卜居該地。

　　就探險、住民族文化及語言記錄、博物發掘等方面，郇和創造了許多「臺灣第一」，為我們留下豐富的「老臺灣」（Formosa）記憶。讚賞他的貢獻之餘，也須瞭解他懷抱大英帝國殖民觀（這是當時英人普遍心態，何況他生長在大英帝國印度殖民地官僚世家）、他算不上瞭解臺灣發展史、他不能說是盡職的外交官；不過瑕不掩瑜，他創造出留名臺灣史的條件與獨特領域。英國動物學會主席施克雷特（P. L. Sclater）於1875年年會，稱讚郇和：「他是最努力，也是成就最高的『探險型』博物學家（exploring naturalists）之一。」

　　上述素描，在本書各章都有較深入的敘述，書末〈悠遊晚清動物世界的鳥人郇和〉及〈郇和生涯一覽表〉，有助通盤瞭解他的一生與著作。筆者曾陸續發表於《臺灣博物季刊》88～92（24: 4~25: 4）期（2005.12～2006.12）、96（26: 4）期（2007.12）的各篇文章因陸續發現新資料，因此都有所修正。至於鳥類方面，自認雖「鳥事」欠佳，郇和鳥類命名有些已陸續被後期研究者更改過，由於說法不一，筆者花了無數時間「與鳥兒共舞」，整理出〈臺灣鳥類新舊學名對照〉。另篇附錄〈原住民族語言對照〉，係將郇和與早期史蒂瑞、達飛聲、近期研究者採集的臺灣原住民族語言，以及史蒂瑞在菲律賓收錄的原住民語言相對照。

　　書末「參考書目」所列作者，均為應該感謝的對象，沒有他們在不同時空

的努力，筆者無法成書，畢竟須引經據典，不可能單靠「創作」；書中如有「異見」，還請海涵，純就事論事。《臺灣博物季刊》的採用，讓我在刊登期間「每3個月有筆『老人年金』（稿費）可領」；並感謝「國立臺灣博物館」典藏管理組（原人類學組）組長李子寧兄及歐陽盛芝研究員提供的珍貴圖片，使本書生色不少。東年大哥的提攜、指點與期勉，銘感於懷。中研院臺史所翁佳音兄，在部分排灣族地名的指正，讓我找到了「方向」。名作家曹銘宗兄提供多本大作供參，情誼感人。名漫畫家、好友杜福安為筆者退休、推出修訂再版本，特別畫了一張生動的素描，備感榮幸之餘，特致謝意。楊榮川董事長、楊士清總經理「五南文化事業」旗下的「五南圖書出版公司」冇棄嫌，推出修訂再版本心存感激，並向本書編輯群蘇美嬌等的努力，說聲「真（金）多謝」。

　　本書第一版是筆者6年多前萬般無奈重回公職前一個月出版；現載欣載奔回歸家園，樂於不眠不休地修稿、校稿。特誌之。

翱翔福爾摩沙
英國外交官郇和晚清臺灣紀行

目 錄

郇和環遊臺灣首記

　　1856年，大清咸豐六年，香港市面出現一只上刻"Smith"家族徽記的戒指求售，那是一艘不知名的船舶從臺灣帶來的，謠傳屬於1848年10月在臺灣海域失事的水鬼號（*Kelpie*）英籍乘客史多馬（Thomas Smith）所有。於是史多馬及水鬼號上美國籍奈多馬（Thomas Nye）等漂民仍遭鐵鍊加身，拘留於硫磺礦區作奴工的消息不脛而走。

尋人啟事

▲英國Perry提督分遣艦隊*Macedonia*號及*Supply*號1854年訪臺使用的地圖

〔取自F. L. Hawks，《Narrative of the Expedition of an American Squadron to the China Seas & Japan》（1856）；陳政三翻拍〕

　　由於奈多馬失事，他在廣東從事茶葉、鴉片貿易的兄弟奈吉登（Gideon Nye, Jr.）、奈可門（Clement Nye）、奈野沃（Edward Nye），大力奔走，促成多次美、英軍艦來臺勘查，也使得奈氏兄弟洋行（Nye Brothers & Co.）對臺灣產生興趣，於1855年6月27日（咸豐五年五月十四日），和另兩家美商威廉士洋行（William, Anthon & Co.）、魯濱內洋行（W. M. Robinet & Co.）合作，與臺灣道裕鐸簽訂祕約，取得了獨佔南臺貿易及使用打狗港（高雄）的特權。相對的，美商必須提供砲船，對抗海盜的侵犯。雖然不久奈氏兄弟洋行、威廉士洋行相繼退出，但美國國旗在

打狗海邊飄揚，直到1858年6月魯濱內洋行被發現破產；繼而由美國船長魯尼（Matthew Rooney）接手，迄1859年仍在打狗經營樟腦、鴉片走私生意，使得當時猖獗的海賊望旗披靡，不敢對附近的海域稍有染指之意。這件密約現仍存美國檔案局，編號USNA：MD, China, M-92, R-15；另外，魯尼在打狗的生涯，可由英國來臺鴉片貿易船怡夢號（*Eamont*）三副安德生（Lindsay Anderson, 本名Alexander Christie）的回憶錄《鴉片快船巡航記》（*A Cruise in an Opium Clipper*）（London: George Allen & Unwin, 1891）知曉一二。

而水鬼號船東寶順洋行（Dent & Co.）聞訊，其廈門代理人布朗（Mr. Brown）曾立刻派遣數批密探赴臺暗訪，並懸賞5,000美元給救出史多馬的人士。1857年1月中旬，一位自稱曾任劍橋號（*Cambridge*）船員的道格拉斯（J. A. Douglas），致函英國首相帕摩斯敦勳爵（Lord Henry Palmerston）稟告上述情形，首相將該函轉請駐遠東艦隊司令西摩（Michael Seymour）參辦。

▲1858年左右的寶順洋行（Dent. & CO.）香港總行
〔原刊於*China Magazine*；取材James Orange,《*The Chater Collection*》（1924）；陳政三翻拍〕

1857年3月間，西摩曾要求美商魯濱內（William Robinet），允許英國派一名軍官駐紮打狗港，以便就近調查。魯濱內不敢答應，推說考慮後再覆，旋即向美國駐清全權代表伯駕（Peter Parker）、美駐東印度及中國海艦隊司令奄師大郎（James Armstrong）反映。伯駕獲知大為不樂，向英駐清公使兼駐港總督包令（John Bowring）提出嚴正的抗議，提醒英國關於美國早已在臺灣有商業利益，以及美國國旗已在打狗懸掛一年以上的事實，臺灣是美國的「準勢力範圍」，英國不應企圖染指。

　　為怕英國勢力侵入，伯駕與奄師大郎商妥，從1857年4月起派遣陸戰隊上尉辛時（Captain John Simms）率兵長駐打狗港近8個月，一方面尋找失事的船舶、漂民，另方面升掛美國國旗及海軍軍旗，展示國力，打狗儼然成了美國的「準殖民地」。而清國當局對這種行為居然睜隻眼、閉隻眼，當作沒發生一樣。

　　西摩無奈之餘，除了再令寶順（Dent & Co., 在中國通行的正式名稱，又譯為顛地洋行）續查，也從英商德記洋行（Tait & Co.）店東德滴（James Tait）得到不少資訊。德滴曾從廈門派遣3位漢人，搭乘雙桅船兄弟號（*Brothers*）赴淡水附近硫磺產區，密訪是否有洋人遭囚禁當奴工之事。其中一位密探向他報告，「我看到7、8位或黑或白的洋人被綁著帶進山區，據說有的還是1842年鴉片戰爭時，被指控侵臺的英船安號（*Ann*）船員。」德滴將這些資訊寄給英駐廈門領事馬理生（Martin C. Morrison, 正式漢名也叫馬禮遜），後者是著名傳教士馬禮遜牧師（Rev. Robert Morrison）之幼子，並建議應派一、二艘軍艦到臺灣巡弋，除了讓土著有所顧忌而善待漂民外，也可使臺灣官吏對英商不至於太嚴苛，進而增進英商在臺貿易利益。

郇和初訪臺灣

　　由於各方的建議，加上倫敦當局一再催促派船赴臺作徹底調查，西摩乃於1857年間派英艦耐久號（*Niger*）、剛強號（*Inflexible*）到臺灣沿海勘查。當時英國駐廈門及上海領事館員、才21歲的郇和（Robert Swinhoe, 1836～1877）隨剛強艦擔任翻譯，這是他第二次訪臺。第一次在前一年（1856）3月間，他對該行沒有專文介紹，只在往後的文章曾偶爾提及當年搭乘一艘葡萄牙籍老闆船（Portuguese lorcha）到Hongsan或Hongshan登陸、停留2週，記錄了4種鳥類。1935年，高橋良一（Y. Takahashi）在《臺博報》25期，發表〈Robert Swinhoe の略傳〉；1965年*Q. J. Taiwan Museum*（《英文臺灣博物季刊》）18卷，3 & 4期合刊本（pp. 335-338）轉譯該文為"Biography of Robert Swinhoe,"文中云郇和搭乘一艘清國輪船（a Chinese steamer）到新竹香山（Hsiang Shan, Hsinchu）公差，順便作了博物採集；因此，後來研究者被高橋的解讀影響，認為郇和到新竹「香山」做博物採集。但採集工作或許只是附加產品，「奉派密訪臺灣，搜尋歐美漂民」可能才是主要任務；而且筆者以為Hongsan可能不是香山，較可能

▲國立臺灣博物館的郇和特展「以斯文豪為
名」（展期2007.12～2008.7）〔陳政三攝〕

▲郇和（Robert Swinhoe）〔*Ibis*, 1908〕

▲英國測量軍艦*Actaeon*號；*Inflexible*號屬於同類
型測量船
〔William Blakeney（1902）；陳政三翻拍〕

▲英艦剛強號（*Inflexible*）類似圖的*Actaeon*號
〔W. Blakeney,《On the Coast of Cathay &
Cipango Forty Years Ago》（1902）；陳政三
翻拍〕

是位於紅毛港南邊靠海的「鳳山」一帶（湖口鄉鳳山村）。

郇和對1857年第二次來臺並無專文紀錄，而是分散在多篇不同時期探險各地的文章之中，因此該次訪臺常被忽略掉；如果細心加以對照，他提到1857年訪臺經過，經常引用1858年的日記。另外，有的文章因為沒有提到年代、日期，更增加解讀的困難度。

他在1863年發表〈福爾摩沙人種學筆記〉（Notes on the Ethnology of Formosa），曾兩度明言「1857年，我們搭乘剛強號船繞行臺島一週」，內文陳述該年到過的屏東枋寮、琅嶠（恆春）半島，花蓮太魯閣附近，蘇澳港，冬山河沿岸等地，只是未提究竟是順時鐘方向繞行臺灣，亦或如1858年的逆時鐘航行，不過從行文方式，應該也是從南部開始逆時鐘方向繞島航行。英國官方標本館館長Alan Black整理、撰寫，郇和專寫序言、未發表的〈福爾摩沙或臺灣島植物名單〉（List of Plants from the Island of Formosa or Taiwan），內載他與威爾佛（Charles Wilford）採到的246種植物（後來收藏於英國皇家植物園「秋園」──Royal Botanical Garden at Kew），文中提到「威爾佛曾於1857與我同乘剛強號前往臺島部分地區探險……」，威氏也曾參與1858年的環島行，所以研究者普遍認為係郇和筆誤造成，或甚至未提1857年之旅；但由文章看來，1857至1859年在遠東地區採集植物標本的威氏，顯然兩趟都參與了，而且都是搭剛強號。1866年，郇和於〈福爾摩沙再記〉（Additional Notes on Formosa）敘述1864年再訪南風（方）澳，發現1857年訪問過的猴猴平埔族村人口變多、村莊規模變大了，而且已有政府設的「社學」，教導猴猴兒童「孔孟學說」。郇和一再於不同文章提到1857年之旅，博學多聞、治學甚嚴的他不可能錯得如此離譜，如此多次。

1857年環航見聞

1857年，郇和搭乘剛強號抵當時叫琅嶠地區（Langkeaou）的恆春半島，發現有些漢人迎娶排灣女子為妻，後者膚色較漢女深，呈褐色；頭髮用紅綿布纏繞，結成排灣族特有的辮狀；不過衣著已經漢化。他訪問枋寮東北不遠的內寮庄（Laileaou）漢裔泉籍大頭人林萬掌，「萬掌（Bancheang）擁有大筆土

地，與山區傀儡人（Kalees, 排灣族與魯凱族）交易，彼此關係十分友好。他與官方關係緊張，但有大群的保鑣，加上原住民撐腰，即使官府認為他違法亂紀，也拿他無可奈何。他娶傀儡女，但她太害羞，所以我們造訪時都未露臉。他明顯地自認為比歐洲人優越，對我們毫無一般漢人士紳常有的拘謹謙恭的態度。」根據美商魯濱內的了解，萬掌的老婆是排灣族某酋長的女兒。郇和隔年（1858）再訪，提到官兵曾討伐萬掌，被打得潰不成軍、落荒而逃，不過未提官民衝突的原因。那是因為「林恭事件」（1853）時，「恆春半島大角頭」林萬掌與弟弟林萬能曾掩護林恭的民軍進入鳳山城，並於事變末期收容林恭、林芳兄弟，官兵拿他無可奈何；後來他衡量情勢、加上友人勸說，才將林恭等人擒獻官府。連橫《臺灣通史》稱「萬掌，恭兄也」，不知何所據？彼此可能是遠房堂兄弟。

此次，萬掌告訴郇和等人，「歐洲商人到目前為止，尚未與傀儡人（Kalees）直接交易；不過往來船隻遭遇風浪經常駛進〔鵝鑾鼻〕南灣小港避風，如有人試圖登陸，常遭不明其企圖的武裝土著抵抗。」郇和發現當時南部的漢人只把山區土著分成二類，臺灣府（臺南）同緯度迤南山區的「傀儡番」（Kalee hwan or Kalee foreigner），府城緯度以北山區的「生番」（Chin hwan or raw foreigner）。事實上，早期漢人口中的「傀儡番」，包括了排灣與魯凱二族。

同年他也到訪過花蓮立霧溪口的大魯閣族（Ty-lo-kok, 今太魯閣族），〈福爾摩沙人種學筆記〉提到，「1857年當搭乘剛強號繞行福爾摩沙時，我們很高興看見東岸的番族，他們與奎輝社（Kweiyings）相近，兩族外觀相似，但族名不同，我沒機會與前者對談，無法確認兩者的語言是否相同。」奎輝社在今桃園復興鄉奎輝村，屬於北泰雅大嵙崁群，郇和曾於1862年4月往訪。大魯閣族原歸類於泰雅賽德克亞族太魯閣群，現已獨立成太魯閣族，分布於南投仁愛鄉松林、廬山、靜觀，以及花蓮秀林、萬榮、卓溪、吉安等鄉。郇和見到的是秀林鄉立霧溪口的原住民。緊接著郇和明言，「我將引述曾於〔1858年7月〕亞洲協會北華上海分會（the North China branch of the Asiatic Society at Shanghai）發表過的〈福爾摩沙島紀行〉（Narrative of a Visit to the Island of Formosa），其中涉及大魯閣族的一段。」他引述的係1858年6月17日的日記，但他只寫出6月17

▲大魯閣男人裝束〔森丑之助攝影，《臺灣蕃族志》（1917）；陳政三翻拍〕

▲大魯閣黥面女子〔森丑之助攝影，《臺灣蕃族志》第一卷（1917）；陳政三翻拍〕

日，未提首航年代，所以造成後人以為1857年之行係筆誤。

「6月17日，我們停泊在北緯24度6分18秒，海軍地圖上標著一條河流〔立霧溪〕的地方，峽谷流出小野溪，蜿蜒直入山區。剛強號在距岸約800碼〔732公尺〕處停泊，測錘下測至115噚〔約210公尺〕還不到底。晨間天氣良好，風浪不大，我們放下小艇，向岸邊山腳幾間茅屋處划去。」早期歐美人士稱立霧溪為Chock-e-day或Chok-e-Day，土語「擢其利」或「得其黎」之譯音，主河口約位於北緯24度8分30秒，目前的新城位於24度8分，顯見剛強號停泊於產金的哆囉滿（新城）南邊立霧溪小支流出海口，除非河流改道，河口變更；或是原小村居民北遷至今新城。岸邊茅屋處可能即是1874（同治十三）年～1875（光緒元）年間，開鑿北路的羅大春所命名的新城，羅氏《臺灣海防並開山日記》（頁21、47）載，「新城漢民僅三十餘戶耳；外盡番社也。自大濁水〔按：宜蘭南澳鄉澳花村和平溪出海口〕起至三棧城〔花蓮秀林鄉佳民村三棧〕止，依山之番，統名曰大魯閣，其口社……凡八社；憑高恃險，野性靡常。」他稱大魯閣族為「王字之番，更以殺人為豪。其俗得一頭顱，方能得婦；……故時挾標槍，伏莽狙擊；中則割其首，吮血刮肉而去」。

小船在離岸150碼處，用11噚長、上綁鉛錘的纜繩仍測不到底；約50碼處，測得水深8.5噚。沙灘出現幾位土著，大多數是漢人，其中6名裝扮顯然與漢人不同，幾乎全裸，只在圍上腰巾、遮陰布，「後者手持長矛，腰跨帶鞘鐵刀，剪成瀏海的短髮垂掛前

▲同治十三年（1874）福建陸路提督羅大春「蘇澳里程碑」〔國立臺灣博物館提供〕

▲太魯閣族男子無袖長衣〔國立臺灣博物館提供〕

▲太魯閣四簧竹口琴
〔國立臺灣博物館提供〕

▲太魯閣一笛
〔臺灣博物館提供〕

▲太魯閣藤籠
〔國立臺灣博物館提供〕

▲太魯閣族紋面工具
〔國立臺灣博物館提供〕

額,後面的頭髮則任其披散,弓箭造型奇特,箭桿尾端沒有翎毛。」根據鳥居龍藏的考察,只有住在海拔極高的布農族與鄒族使用帶羽箭,其他族群則深怕公雞啼叫聲暴露部落所在,都不養雞,所以缺少翎羽來源。岸邊波浪頗大,很難登陸,郇和乃呼叫正準備推舟下水的漢人前來,漢人正待將船推離岸邊,4名「生番」突然跳進船中,漢人無法阻擋,暫停下水,揮手要郇和等人駛離。「生番」見狀大怒,威嚇地揮舞著長矛、鐵刀,直到有水兵看不下去,朝其頭上開了一槍,才讓他們逃到小山後面躲藏。漢人這才駕著樟木材料做成的船向訪者划來,一位上到郇和船上的漢人稱剛剛的「生番」屬於大魯閣族,全族約有4,000人,住在長滿樟樹的山區,以甘藷、芋頭、鹿肉為主要食物;至於村中漢人約有200人,捕魚維生,「多年前我們被官員(Mandarins)送來此地,假如你們殺了生番,他們反過來會屠殺手無寸鐵的我們出氣。」郇和認為這些漢人可能是遭流放的罪犯,而山腰一處漢人曾住過的村落,此時正升起陣陣藍色濃煙,據說前不久才遭「生番」攻擊,全村的人都被殺掉。一位住在此地15年

的居民說，「從不曾見過或聽過船難的消息，雖曾看過洋船航經此地，但沒有一艘船像你們靠陸地這麼近。」郇和等人並未上岸，回到剛強號，朝蘇澳灣開去。

猴猴族與噶瑪蘭族

1857年郇和訪問蘇澳與冬山河的經過，記載於1863年發表的〈福爾摩沙人種學筆記〉及1873年的〈福爾摩沙筆記〉（Notes on Formosa）。文章一開頭就寫道，「1857年我們搭乘剛強號船繞行臺島一週，進入漢人在東岸的邊境蘇澳港（Sawo harbor）。海港左邊小海灣，有座熟番（Sekwhan）小村。」該村即是南風澳，住的是猴猴社平埔族（Qauqaut）。馬淵東一（1931）指出，「該社原住花蓮立霧溪中上游，受到泰雅族的壓迫，約近300年前才進入今宜蘭境內」。安倍明義《臺灣地名研究》（1938）則稱，「該社原住花蓮新城，約於1838年遷至南風澳西北4公里處的猴猴高地，後轉至蘇澳鎮猴猴平地」。不過，康熙五十六年（1717）周鍾瑄修的《諸羅縣志》、乾隆二十九年（1764）余文儀《續修臺灣府志》，早有「猴猴社」記載，道光元年（1821）姚瑩《東槎記

◀郇和繪製的原住民

〔William Blakeney（1902），陳政三翻拍〕

略》詳載「猴猴社人口一百二十四」；道光十七年柯培元的《噶瑪蘭志略》載：「嘉慶十八年（1813），通判翟淦奉文，准將各社番埔……逐一丈量甲數，繪圖造冊……又以各番社名多有土音，經陞鎮〔按：總兵〕武隆阿逐一譯正。如……高高（即猴猴田寮）……」；因此，安倍明義的說法顯然錯誤。

他們從猴猴高地遷至平地之因，係與當地山區的泰雅人又起衝突，據馬偕（George L. MacKay）於 *From Far Formosa* 稱，「猴猴社人拿狗肉當鹿肉騙生番吃，後者知道後，誓言報復，因而發生爭鬥」。不過，1896年10月間伊能嘉矩實地訪問該族耆老，沒人知道有馬偕提及的事，因此伊能對馬偕的說法語帶保留，認為應該做更進一步查證。猴猴人復被迫於1837年之前，遷至今蘇澳鎮北方龍德里的猴猴田寮，但水土不服，許多人死於瘧疾、熱病，約於1850年代再輾轉遷至南風澳今內埤漁港、猴猴鼻定居。

▲伊能嘉矩繪製的宜蘭平埔族分布圖，左下方書有「南方澳猴猴社」，再過來即「婆羅辛仔遠（宛）社」
〔伊能嘉矩，《臺灣蕃政志》（1904）；陳政三翻拍〕

郇和來訪，正是他們陸續遷居南風澳的時候。有研究者仍認為他們是泰雅族的一支，但根據郇和、馬偕牧師（Rev. George L. MacKay）、海關人員廷得爾（Edward Taintor）、茶商德約翰（John Dodd）等早期探險家的觀察，咸認為他們是一支獨特的平埔族，德約翰甚至說：「南風澳住著比西部海岸更純種的平埔族。」近期研究者，如李壬癸、楊南郡，從尚存的殘缺語彙考證，認為猴猴族與噶瑪蘭族或凱達格蘭族不同，是另一獨特的平埔族。而近期考古學者Bellwood與語言學者李壬癸稱他們約於西元前200年，從太平洋西岸移居馬紹爾、加羅林群島，約在1千年前「回流」臺灣東岸，從語言比較，與泰雅、太魯閣族差異極大，顯非同支。

當時郇和尚不知猴猴人的族名，以及特殊來源，他描述道，「一些男性頭髮鬆散，任其生長；但很多較年輕的男子，則剃成漢人髮型，膚色較漢人黝

黑，帶有馬來人的外觀。至於女性，有的皮膚呈褐色，有的為淺色，許多帶有歐洲人的容貌特徵，沒有漢人歪斜的眼睛特徵。她們任秀髮散披，用白色或紅色繫帶束在前額。衣著方面，有些穿短上衣或披肩，但大部分人上身赤裸，只在腰間打上腰圍。不論男女都喜抽煙桿，或狀似雪茄的捲煙。」其中一人會說閩南語，訪者要他擔任翻譯，「我們詢問該族來源，他們說只知道是『生於斯，長於斯』（belonged to the soil），甚至不知道自己的年齡，顯然沒有文字工具，也不認為『年齡』有何意義。他們不喜被稱做『生番』（Chin-hwan or raw foreigners），自認為和我們一樣，都是『番啊』（Hwan-ah）──『外來客』（foreigners）的意思。他們顯然和漢人一樣，很怕山區生番。」郁和發現猴猴族的住屋、生活方式已經趨近漢人，與先前在大魯閣附近碰到的嗜血土著相去甚遠，而且認為該族是他見過最溫和恬靜，最無攻擊性的一群人，可惜的是他們稱之前從未看過洋船，這使剛強號尋人的目的破滅，不過好奇的土著划著小快船、獨木舟繞行艦邊，唱著奇妙的歌謠，倒是令訪客印象深刻。

　　上述一模一樣的記載，也出現在隔年（1858）郁和的〈福爾摩沙島紀行〉。至於猴猴族往後的發展呢？伊能嘉矩19世紀末的調查，發現該族已使用噶瑪蘭語。安倍明義指出大正十年（1920）漁港徵地擴建，該族被迫遷至南方的東澳、南澳，有的搬到花蓮新城。楊南郡在1996年調查猴猴後裔，宣稱該族已完全被漢人或噶瑪蘭族同化了。筆者翻索資料，發現仍殘存他們曾經走過、住過、笑過、哭過的痕跡，目前蘇澳、南方澳附近仍留有猴猴仔、猴猴田寮（育英）、猴猴溪（新城溪下游段）等地名。

　　剛強號離開蘇澳灣，朝北駛到婆羅辛仔宛河（river Polosinnawan, 今冬山河）河口，海圖上標著加禮宛溪（Kalewan river），他們搭乘小船越過河口，郁和又引用1858年6月19日的日記，「河岸附近有幾處噶瑪蘭族（Komalans or Kapalans）的村落，他們非常和善有禮貌，引導我們參觀其隱藏在樹林中的住屋。他們的房子用木樁撐離地面，搭上木板地板，其他部分也以木頭為主要建材，上覆茅草為頂。各村由本族的頭人（head-men）管轄，頭人再向駐紮於漢人大鎮的官員負責。婦女用紅絲線纏繞頭髮三、四匝，再戴上蔓草編成的髮圈，漂亮極了。她們耳朵穿了幾個耳洞，佩掛五、六個直徑2英寸左右的白合金耳環，造成耳部沉重的負擔，但看起來倒挺順眼的。」

　　郇和另敘述未曾出現於1858年日記的部分，他同情噶瑪蘭族的遭遇，「此地皮膚黝黑的土著顯然比蘇澳灣的人過得較佳；但再往上游，那裡的噶瑪蘭人卻生活淒慘，四處流浪，乞討維生。只要一犯錯，漢人就剝奪、侵占其土地，無情的把他們趕離家園。這些可憐的族群只是噶瑪蘭平原的少數民族，不多久，恐怕就會被快速成長的篡奪者所湮滅」。他描述土著住處內外裝飾，「屋子門口掛著鹿、野豬，以及其他獵得的野獸頭骨。屋內牆上掛著弓箭，箭矢尾端無翎羽，這些武器顯然是他們早期過著優遊自在、獨立自主的生活之遺物，雖然極不願放棄舊日美好時光，但已時不其予」。曾於道光十五年（1835），代理一個月噶瑪蘭通判（正五品）的柯培元〈熟番歌〉說得更悲切【收於《噶瑪蘭志略》〈卷十三·藝文志〉，頁191】：

　　「人畏生番猛如虎，人欺熟番賤如土。強者畏之弱者欺，毋乃人心太不古！熟番歸化勤躬耕，荒埔將墾唐人爭。唐人爭去餓且死，翻悔不如從前生。竊聞城中賢父母，走向城中崩厥首。啁啾口桀格無人通，言不分明畫以手。訴未終，官若聾，竊窺堂，有怒容。堂上怒，呼仗具，仗畢垂首聽官諭。嗟爾番，爾何言。爾與唐人皆赤子，讓耕讓畔胡弗聞。吁嗟呼！生番殺人漢奸誘，熟番獨被唐人醜，為父母者慮其後！」

　　郇和稱，「官方地圖（the Government map）提到噶瑪蘭人像似「阿里史番」（the Aleshe foreigners）」，他說的「官方」，可能指臺灣地方政府；至於嘉慶九年（1804），中部潭子鄉巴宰平埔族阿里史社結合巴宰、巴布薩、道卡斯、洪雅等平埔族，越過山脈先遷往五圍（宜蘭市），復輾轉移居羅東鎮、三星鄉，留下許多叫「阿里史」的地名，當然也逐漸與漢族或噶瑪蘭族通婚，而消失於茫茫人海。

臺灣南島語言的比較

　　郇和比較噶瑪蘭族與北泰雅族奎輝社（Kweiyings）的語言，發現兩者差異極大；但比較了前者與南部排灣族的「數字」用語，發現兩者完全一樣〔其實

仍有差異，詳後〕。他進一步比較噶瑪蘭族語、西班牙語，做出大膽的猜測，「前者稱馬、牛的用詞，顯然是源自西班牙語。也許不無可能，噶瑪蘭人是西班牙佔據南臺時，從南部移民一些傀儡人到此地生下的後裔」，因為他認為兩族分據臺島南北，中間又有說不同語言的敵對族群盤據，語言如此相近，應該有其關聯性。不過西班牙不曾統治過南臺，不知「西班牙」是否為「荷蘭」之筆誤？即使筆誤，亦不正確。郇和在弄花草、賞鳥獸方面極有成就，但對臺灣歷史顯然一直認識不夠。噶瑪蘭稱「馬」kabayu, 西班牙文caballo；前者稱「牛」waka, 西班牙文vaka；另外如「玉米」分別為mais與maiz；「瓶子」為pRasku與frasco。根據17世紀西班牙文獻記載，北臺凱達格蘭族（Ketagalan）的一支巴賽人（Basay）勢力遠超過噶瑪蘭人，因此後者都會說巴賽語。由於「西班牙人和噶瑪蘭族似乎並沒有多少直接接觸」，李壬癸推測，「大概有些原來由巴賽語向西班牙借的字也轉借給了噶瑪蘭語」。不過，1634年西班牙神父迪沃斯（Teodoro Quiros de la Madre de Dios）曾在噶瑪蘭至少建立3座教堂（含蘇澳兩座），近10年佈道期間，受洗者達600餘人。可知當時噶瑪蘭人也是有直接接觸西班牙文化、語言的機會。

另外，根據李壬癸院士在2001年12月，中研院舉辦的「臺灣與南島文化國際研討會」所發表的論文 "The Origins of the East Formosan Peoples: Basay, Kavalan and Amis,"從語言學的比較發現，巴賽、噶瑪蘭和阿美族極可能源於臺島西南平原的西拉雅族，他更進一步指出是西拉雅族的亞族之一——馬卡道族（Makatau）。事實上，100多年前德約翰（John Dodd）於一篇〈漫遊基隆〉（Round about Kelung）就已發現了這個現象，「北部平埔族〔按：可能指凱達格蘭與噶瑪蘭族〕的語言有部分傳自馬來族，或是馬來語和臺島平埔族的混合語；最大的可能性是傳自西部平原、與荷蘭人友善的平埔族〔指西拉雅平埔族〕。」

茲就郇和於1858年記錄、目前僅存的極少數猴猴族語言與達飛聲（James Davidson）收錄於*The Island of Formosa, Past and Present*（1903）書中的泰雅、排灣、阿美、巴宰、噶瑪蘭語，以及史蒂瑞（Joseph Steere,1873）採錄的賽德克語相對照：

	猴猴	泰雅	賽德克	排灣	阿美	巴宰	噶瑪蘭
頭	oórr'oo	tonnohu	tūnūk	koru	wongoho	pono	uho
兒子	wán-nak	rakei	lā kai	aryak	wawa	rakehal	sones
女兒	Keé-ah	（缺）	lā kai mākaidil	（缺）	（缺）	（缺）	（缺）
男人	Lárrat	murekoi	ɛdék	ohayai	vainai	mamarun	riunanai
女人	tarroógá³n	kunairin	mākaidil	vavayan	vavayan	mamayus	turungan
火	la mán	ponnyak	hāpūnūk	sapoi	ramal	hapoi	ramah
水	lalóm	kusiya	kāsīā	zayon	nanom	darum	rarum
船	Boorrúar	（缺）	（缺）	（缺）	（缺）	（缺）	（缺）
狗	wássoo	hoyel	hūlÍng	vatu	watso	wazzo	wasu
菸草	Tammacho	（缺）	tāmākō	（缺）	（缺）	（缺）	（缺）
戰鬥	Pah boól	（缺）	（缺）	（缺）	（缺）	（缺）	（缺）
不	Mai	（缺）	（缺）	（缺）	（缺）	（缺）	（缺）
抽煙	Khan Tammacho	（缺）	mākān tāmākō	（缺）	（缺）	（缺）	（缺）

註：達飛聲缺的「女兒」、「菸草」、「抽煙」稱呼，可在史蒂瑞同書同頁找到。

由上述簡單的對照，看得出猴猴語和噶瑪蘭語，甚至和阿美語較相近；而與泰雅語、賽德克語差異甚大；與排灣或魯凱（語言和排灣相近）則除了下述的「數字」用詞外，還是有很大的差異。現就從1到10的數字作比較，各族仍為達飛聲的資料，賽德克語為史蒂瑞採集，猴猴語則為伊能嘉矩於1896年蒐集的數字，對照如下：

	猴猴	泰雅	賽德克	排灣	阿美	巴宰	噶瑪蘭
1	isa	koto	kīāl	ita	tsutsai	ida	isa
2	rusa	sajin	dūhā	rusa	tusa	dusa	rusa
3	tooru	tungal	terū	tsru	toro	turu	tusu
4	supa	paiyat	suput	spat	spat	supat	supat
5	rima	mangal	rīmā	rima	rima	hasuv	rima
6	unun	teyu	mātārū	unum	unum	hasuv-da	unum
7	pitoo	pitu	pītū	pitu	pitu	hasuve-dusa	pitu
8	aru	sipat	mūsūpāt	ru	waro	hasuve-duro	waru
9	siwa	kairo	mūngārī	siva	siwa	hasuve-supat	siwa
10	tagai	mappo	nāhāl	purrok	puro	is'iit	tahai

上述顯示，數字用詞上，猴猴與噶瑪蘭、排灣、魯凱、阿美等族是相近的。必須說明的是，伊能較晚期採擷的部分噶瑪蘭社的數字用詞，已完全和猴猴語相同，這應是猴猴族已經漸被同化的結果，連其他用語也幾與噶瑪蘭語相同；另外，史蒂瑞的資料為他訪臺時親自採擷，達飛聲的資料為19世紀後半葉，多位西方研究者、探險家蒐集的較「原味」發音，已和目前各族語言略有不同。另外，馬淵東一（1936）曾記載噶瑪蘭新社有關祖先來自Sunasai（火燒島——綠島）的傳說，先在Takiris（得其黎——立霧溪）登陸，一支往北遷徙，成為噶瑪蘭族；另支留下，即是太魯閣族。但比較兩者的語

▲排灣夫婦〔陳政三翻拍〕

言，除了數字發音較近外，其他用詞則相去已遠。兩者同源的可能性似不大；但在部分噶瑪蘭族南遷花東的過程，兩族不無可能發生通婚、交流的情形。

　　至於未列出的凱達格蘭語、西拉雅語，單就數字而言，倒不如排灣、魯凱、阿美的與猴猴接近。茲就史蒂瑞（1874）採集的西拉雅語，以及李壬癸、吳東南（1987）記錄凱達格蘭族其中一支的巴賽音，從1到10的數字（其中巴賽語的「5」為安倍明義1930採得）列述如下：

▲排灣美女

〔取自總督府理蕃局（1911）；陳政三翻拍〕

	1	2	3	4	5	6	7	8	9	10
西拉雅	sāsāāt	dūhā	tūrū	tāhāt	tūrīmā	tūnuūm	pī tū	pīpā	kūdā	kelenq
巴賽	ca	lusa	cuu	sipat	cima	an m	pitu	wacu	siwa	labatan

　　上述對照係因郇和的推測，使得筆者產生將先住民族語言略做比較的興致，也證明郇和粗略的觀察與大膽的推測是沒有根據及不正確的。至於剛強號何時開始、何時結束這次1857年的首度繞航臺灣之旅，郇和或其他人都未提及，只能等待更新的資料問世了。不過，英國學者卡靈頓（George W. Carrington）在其1978年的大作《1841～1874年在臺洋人》（*Foreigners in Formosa,1841-1874*）（1978）（p. 150），也認為郇和曾於1857、1858年，兩度搭乘剛強號環遊臺灣。

郇和環遊臺灣
再記

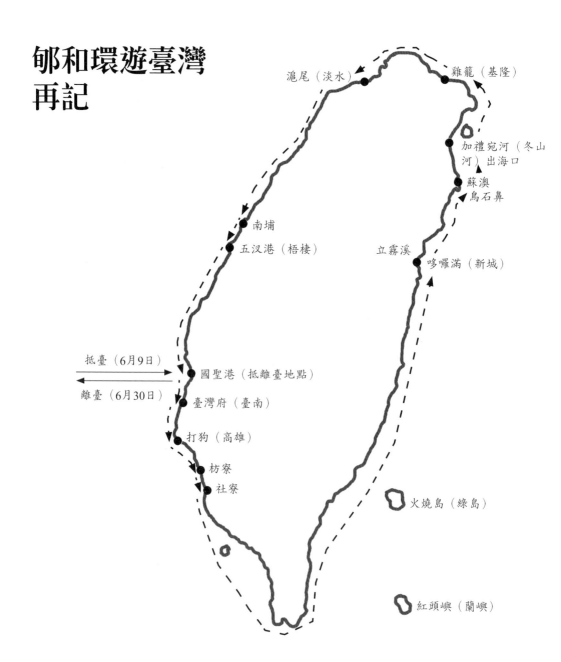

滬尾（淡水）

雞籠（基隆）

加禮宛河（冬山河）出海口

蘇澳

烏石鼻

南埔

五汉港（梧棲）

立霧溪

哆囉滿（新城）

抵臺（6月9日）

離臺（6月30日）

國聖港（抵離臺地點）

臺灣府（臺南）

打狗（高雄）

枋寮

社寮

火燒島（綠島）

紅頭嶼（蘭嶼）

▲1858年郇和搭乘剛強號逆時針環航臺灣
（－►虛線表繞航路線）

1858年（咸豐八年）6月間，剛強號
（*Inflexible*）又做了一次環島之旅，此行有多人
提交報告，發表筆記或出版專書。本文以郇和
的〈福爾摩沙島紀行〉（Narrative of a Visit to the
Island of Formosa）為主要參考資料，以新任的
剛強號船長海軍中校布魯克（Commander E. W.
Brooker）、輪機長許樂（James Conner）的調查
報告，以及測量助理白克禮（William Blakeney）
1902年出版的回憶錄《40年前中國與日本海岸尋
航記》（*On the Coasts of Cathay and Cipango Forty
Years Ago*）為輔。

▲1858年隨*Inflexible*號環臺一
周，1902年出版回憶錄，晚年
的William Blakeney
〔William Blakeney（1902）；
陳政三翻拍〕

再度環航

　　根據布魯克、郇和、白克禮的記載，此行首
要任務是，「查詢謠傳被生番囚禁於北臺硫磺產
區的史多馬（Thomas Smith）、
奈多馬（Thomas Nye），或其
他可能遭留置當奴工的歐美漂
民」。適值英法聯軍修約戰爭尚
未結束，當然也兼負測量海圖、
港口，探勘雞籠煤礦，瞭解臺灣
政經、軍備虛實，以及人口結構
等任務。1858年初，剛強號才把
「不戰不和不守，不死不降不
走」的兩廣總督葉名琛押送印度
加爾各答囚禁，又接到臺灣行的
任務，而於6月7日下午從廈門啟

▲1858年6月26日簽署清英天津條約。中坐者額爾金勛
爵；兩旁坐者大學士桂良、吏部尚書花沙納
〔取自L. Oliphant,《Lord Elgin's Mission》（1860）
封面；陳政三翻拍〕

航，途經澎湖，9日傍晚抵達海盜窩國聖港（Kok-si-kon, 又稱國賽港、國使港，
今臺南縣七股鄉三股村、十份村一帶，曾文溪出海口附近），停泊距岸1哩處，

遙望陸地，盡是一片沙灘，間雜林木，更遠處朦朧的樹林撐起山崙。

▲淡水「蘇府王爺廟」（原稱水陸廟）用以航海人員
　祭祀戎克船造型的王船（紙製、上載米、供品）
　〔陳政三攝〕

6月10日，趁著風平浪靜，布魯克船長率郇和等人搭小艇登陸，先到一處搭蓋幾座茅屋的沙灘拜訪漁民。茅屋前竹竿掛曬漁網，幾隻豬四處晃盪，漁民態度友善，看起來很窮，他們表示，「家住離岸頗遠處，只在捕魚季節來這裡。」訪客告訴漁民尋人的目的，並散發懸賞布告，上面寫著「救助一位歐洲船難漂民賞50銀元（$50），亞裔漂民給酬20銀元（$20）」。原來，百多年前歐美裔與亞裔人士的生命就不等價；百多年後的現在，任何空難、災禍發生，兩者獲賠的補償金，還是不等值。一行沿著呎深的水域，划到另座沙島茅屋，「此處的漢人漁民也像先前那裡的人一樣，客氣地招呼我們，」郇和可能尚未見識過漁民的另一面貌，只要一有海難發生，這些「善良、純樸、客氣」的漁民，立刻抄出傢伙，變成「靠海吃海」的強盜。根據達飛聲（James Davidson）蒐集的資料，國聖港的村民平時狀似普通百姓，一有機會即打家劫舍，搶奪任何海上資源，1866年還曾光天化日下洗劫安平港3天，然後揚長而去，完全無視近在咫尺、龜縮府城的官兵。

大多數的沙灘四面環水，光禿禿的寸草不生，上面皆有茅屋，擺著幾隻竹筏（竹排, catamarans），「許多吃食蒼蠅等雙翅類昆蟲（Diptera）的班螯（*Cicindelae* / Tiger-beetles）在沙灘上快速爬行，一追，牠們就飛走。另有小燕鷗（*Sterna minutae*/ Lesser Tern〔按：新學名為 *S. albifrons*／英文名 Little Tern〕）在我們周圍飛著，」郇和開始展現他對臺灣動植物的興趣，日後為他留下歷史盛名與定位，也替後人發掘、保存了19世紀後半葉珍貴的臺灣博物資

料。他後來在1863年命名小燕鷗為*S. sinensis*, "S."表示與前面的大寫開頭的字相同。他的文章都使用舊學名，本書的新學名及新的英文名稱均由筆者補入，拉丁文學名在前，英文名稱在後；未補入者，表示與舊稱法相同。另外，拉丁學名首字大寫，第二字以後應小寫；郇和的拉丁文第二字偶用大寫，偶用小寫，本書全統一為小寫。郇和或許不是一位成功的外交官，但以他的名字命名的臺灣動植物至少有33種以上，因此被公認為「臺灣早期最偉大的博物學家」，達飛聲讚曰：「迄今〔1903年〕為止，沒有任何西方人可以像他一樣，將自己的名字與福爾摩沙如此緊密的相結合。」

　　剛強號在國賽港搜索毫無收穫，下午5點起錨，航向南方不遠的安平港，傍晚停泊熱蘭遮城（Fort Zealandia, 荷蘭稱Zeelandia）港外。

府城拜碼頭

　　6月11日晨間，布魯克船長領隊搭小船登岸，正猶疑要走哪條水道，幸有漁民引路，繞過大浪激拍的沙嘴，由南邊北線尾與一鯤身間靠近熱蘭遮城的水道進入已漸淤積的臺江內海，水道大部分不到40碼寬。熱城已成廢墟，堡上中央孤伶伶地長出一棵大樹，西邊厚達12～15呎左右、磚石和樹楠（Chunam）砌成的城牆已被搗毀，磚石被拆來做建築大官住宅的材料。一行順著綠意盎然、開滿賞心悅目紫旋花（convolvulus-like purple flowers）的漂亮羊蔓草（Goat's foot creeper）堤岸邊的淺水道，朝2哩多外的臺灣府划去，當時為了連接安平港，開闢了五條水道連接大西門外，由南到北有安海港、南河港、南勢港、佛頭港、新港墘，俗稱「五條港」（今臺南市西區）。到了南勢港北方的北勢街（Paksekwei, 今北勢里神農街）水仙宮附近碼頭，水淺無法再行，先差人分別通報道臺（Taoutai）與鎮臺（總兵, Chintai），約好中午12點在道臺衙門（Yamun）會面。興沖沖的進城，來到3/4哩遠的道署（今永福國小），沒想到吃了閉門羹，小吏說臺灣府公署（Prefect's office）地點適中，便於官員聚會，要訪客到那裡會面，布魯克等人無奈，只好東行到府署（今衛民路憲兵隊本部，青年路府城隍廟東北、聾啞學校西側），就在署外等候，沿路尾隨看熱鬧的百姓被水兵擋在外圍。「不多時，忽聽眾人叫道：『道臺來了！』3名衣上

有金紐釦的漢人騎馬進入大門，為首那位向水兵點頭致意，我初以為是替大官開路的騎兵，並未特別留意；後來有人說當頭騎小馬的就是道臺，聽了十分訝異，竟不叫人開道，自己騎馬就來，」郇和描述與孔昭慈（Kung Chaou-tsze）初會的情況。

進入府衙，知府（Chefoo）洪毓琛、知縣（Chehien）王衢，以及協臺（Hee-tai,副將，姓名待考）陪同道臺一齊接見外賓。孔昭慈表示可以發給官方布告，供他們張貼各地，以找尋可能的海難漂民。「他說最近才從福州來，尚未聽過洋人遭難之事。他還沒見過高山「生番」（aboriginal Sang fan or raw savages），但知道他們是食人族（who fed on raw flesh），任何外人落到其手中，一定遭殺害，兩位『多馬先生』料必早被吃掉，絕不會留下來當奴隸；即時仍遭留置雞籠附近的硫磺礦區，也無法贖回，因為生番不知金錢的價值，除非住那裡的是熟番（who were domesticated）。他認為以1,000銀元（a thousand dollars）救贖一個人〔按：英人史多馬—Thomas Smith或美國人奈多馬

▲英國軍艦上的水兵
〔William Blakeney（1902）；陳政三翻拍〕

—Thomas Nye〕，數目太大，英方不必出此贖款，如有洋船漂民，官府會將其贖回，護送到廈門，英方只要包個小紅包給護送者即可，但也非必要，官府會負責給酬的，」郇和記載這段談話，白克禮也有相似的記錄。不過孔昭慈騙了他們，因為他從1848年（道光二十八年）起即陸續擔任鹿港同知、臺灣知府，1858年4月剛接任臺灣兵備道，在臺已10年，不可能沒有聽聞海難、漂民之事。

不多久，鎮臺邵連科（Shaou Lien-kaou）從最北邊的鎮署（原大、小北門內中間地帶，今中山公園隔公園路西方）趕來，「他原籍福州（閩縣），是個高大、肥胖、一團和氣的人，留著一把凌亂的小鬍子，他偶爾巡視沿海，到過雞籠（Kelung, 基隆）、淡水（Tamsuy），說目前該處海面已無海盜，雖曾見過，但每次追捕都被他們逃走，並表示雞籠產煤不多，而且開採不易。」郇和簡單幾句描述，生龍活現地刻劃出提拔霧峰林文察的邵連科，而且推翻了《福建通志列傳選》的記載，「〔咸豐〕七年，連科陞福建水師提督，旋卒」。咸豐八年他還擔任臺灣總兵，可能稍後才調任；繼任總兵林向榮於咸豐十年（1860）正式就任，中間並無其他人出任總兵，邵連科可能就是在那一年才調職。

當時臺灣尚未開埠，外國人不得在港口、內地進行買賣或貿易的行為，英方要求官員允許百姓販售食物給他們，道臺說將送上若干，還替客人叫來轎子。回到小船停泊處，潮水已退，無法行船，其他人在岸邊閒逛，郇和忙著觀察五條港區南勢港邊的生物，「一種舉著單臂白色大鉗的螃蟹（crab）像花朵似地散布泥灘，橫行速度很快，一溜煙就鑽入洞裡。鳥類不多，只看到一隻大型的裡海燕鷗（*Sternae caspiae*/ Caspian〔按：新學名*Hydroprogne caspia*/ Caspian Tern〕）、一隻小燕鷗，以及幾隻東方環頸鴴（*Charadrius cantianus* / Kentish plovers〔新學名*C. alexandrinus*〕）。」食物非常昂貴，幸好官員差人送來一大批給他們。等候潮水到很晚，直到漲潮才駕船回剛強號。

6月12日，剛強號來到打狗港（Takow, 高雄），港口不大，但可容中等吃水量的海舶停靠，加上北有猴山（Ape's Hill）、南有旗後半島（Kee-aou, 今旗津），幾乎四面封閉，可避風浪。「港內有艘集貨船（receiving ship），岸上有座倉庫（godown），屬同一洋行所有。聽說貿易很蕭條，雖有些蔗糖，但價錢昂貴，連白米也比大陸的貴，」郇和來到打狗，正值美商勢力逐漸退出，而英

▲1860年代的打狗港（高雄），碼頭上為怡記洋行（Elles & CO.）倉庫
〔William Pickering, *Pioneering in Formosa*（1898）；陳政三翻拍〕

商尚未進入之空窗期，故而顯得貿易不振，他們想必向美國武裝三桅鴉片集貨船科學號（*Science*）船長〔原負責的魯尼船長最慢於1857年2月底前離職，科學號改由哈弟船長（Captain Hardy）負責〕打聽了不少消息，「沙灘曬著許多小白魚〔魩仔魚？〕，曬乾後裝在袋裏用舢舨運走。走過停靠幾艘舢板的旗後最大村莊，巷道呈之字形，家家戶戶屋外圍著籬笆狀的刺柏（Prickly Pandanus）或其他灌木矮樹（shrubs），男人都外出工作，婦女則坐在屋旁大榕樹（Banyan trees）樹蔭下做女紅。」13日，剛強號在打狗續留一天。

探訪臺灣羅賓漢

　　6月14日，清晨5點即起錨，兩個小時後來到南方25哩的枋寮。郇和先以Fang-leaou稱該地，但加註「地圖上寫著Pang-le」，顯見他除了閩南語，應該也會說北京官話。他們先搭小船登陸，但風浪太大，只好改乘當地漁民的竹排，才渾身溼透地上岸。一行先朝北方的水底寮（Chuyleaou, 屏東枋寮鄉天時、地

利、人和村）前進，雖然他們要訪問的內寮庄（Laileaou, 枋寮鄉內寮村）頭人林萬掌（Bancheang）與枋寮人不和，但沿路倒是未受到刁難，只是稻田因械鬥而任其荒廢。穿過竹林叢生的水底寮，生於印度加爾各答的郇和認為頗似錫蘭島（Ceylon, 今斯里蘭卡）風情。再轉東向，不多久來到座落於山麓的內寮，「村外環繞籬笆、修竹，竹林後面有道壕溝，開有兩處大門，一處緊閉。屋舍位於靠山的地方，萬掌住在東邊，是座二層樓房，門楣大書『萬記』（Wan Ke）二字，庭院武器架上擺滿刀矛及其他刀械；他的部下則住在四周的房子。」萬記是林萬掌的商號簡稱，他以「林萬記」墾號擁有枋寮沿山一帶的大小租權，在內寮設公館收租，並經營糖廍、碾製花生油等生意。林家號稱「三代為義首」，擁有龐大的私人武力，與官方亦敵亦友，後者對之敬畏三分。

　　郇和描述第二度碰面的林萬掌，「他不似我們想像中勇猛的羅賓漢（a dashing Robin Hood）似的綠林好漢，而是個有滿口壞牙齒、疴僂枯瘦的老頭（but a thin stooping elderly man, with bad teeth）。萬掌延請我們進去，也許受了他生番婆的影響，表現不似一般漢人那麼客氣。我們把找尋漂民的目的告訴他，並詢問他曾將一只外國戒指及一具望遠鏡送給官員的細節；他否認有那回事，並稱自從1850年〔按：原文誤為1851年〕拉篷特號（*Larpent*）在琅嶠（Langkeaou）失事後，再也未聽過其他洋船失事。他送船長一張番人使用的弓、幾隻箭，以及用〔苧麻〕樹皮織成的布，他說自己也搞不懂是什麼樹皮織的」。布魯克在7月2日呈給海軍司令西摩（Michael Seymour）的報告中，提到萬掌否認曾獲漂民遺物之事；消息傳到1851年奉美國駐廈門領事之令、到臺訪察此事的華裔歐祥（Ou Siang或Oo-sian, 有說他是傳教士、教徒或商人）耳中，氣得後者想找萬掌對質。此事可能是萬掌的撇清，也可能是郇和翻譯有誤造成，因為7年前萬掌向歐祥說的是，「幾年前曾用物品與原住民交換『一隻錶，一具小望遠鏡，一具六分儀』，但因為不知怎麼用，所以把這些洋玩意送給某位對之愛不釋手的官員了」。但布魯克問的卻是「一只外國戒指，一具望遠鏡」，郇和照譯，萬掌可能因為沒拿到戒指而否認。

　　一行告別萬掌回到枋寮，「沿途竹林有許多黃鸝鳥（*Oriolus sinensis*/ Orioles〔新學名*O. chinensis*/ Black-napped Oriole〕）、烏秋（又稱大卷尾，

Dicrurus malabaricus/ Black Drongos〔新學名 *D. macrocerus*/ Black Drongo or King Crow〕）在隨風搖曳的竹梢築巢。冬天經常飛去廈門過冬的虎燕（Tiger Swallows），此時在枋寮街商店屋簷築巢，有些築得很低，伸手可及，巢呈橢圓形，混合泥土、羽毛做成，內可容三、四個略帶淡紅的白色鳥蛋，很像英國岩燕（又稱毛腳燕, *Hirundo urbica*/ English martin〔新學名 *Delichon urbica*/ House Martin〕）的巢，」郇和觀察、記錄左近的鳥類。他們拜訪駐紮枋寮的官員，發現自從前次官府派1,000兵進剿內寮，萬掌親自發砲，第一發就擊斃18人，嚇得官兵馬上撤退，從此就對萬掌畏懼三分。布魯克寫道，「萬掌是個擁有權勢、地位、影響力的大角頭，在對抗官府，以及與生番交易的夾縫中，打開了一條生路。」

6月15日，剛強號來到琅嶠灣（Langkeaou bay, 今車城灣），稍後西方地圖標著 "Expedition Bay"（探險灣），也是拉篷號船員登陸遇害處。風浪很大，一行勉強在海灣南邊離村不遠處登陸，「小村居民捕魚維生，為混血人種（half-breeds），有幾位女人是純種山區原住民（pure aborigines），」郇和說的地方，應該是保力溪口南岸的社寮（屏東車城鄉射寮村），當時住著平埔族，與漢人、排灣族通婚頻繁。布魯克船長還去拜訪曾幫助哈利斯（Alexander Harries）、布列克（William Blake）、希爾（James Hill）這3位拉篷特號死裡逃生的船員、後來獲賞的一位老嫗，但收穫不大，因為土著能說的，他們都早已知道。

東岸巡航

6月16日，天氣惡劣，剛強號遠離海岸航行，繞過恆春半島南端，再折北上，遙望紅頭嶼（Botel Tobago, 蘭嶼）、火燒島（Sama Sana, 綠島），直到接近黑岩灣（Black Rock Bay, 大港口，秀姑巒溪出海口，花蓮豐濱鄉港口村），才駛靠岸邊北航，不過晚上為了安全起見，仍稍微駛離岸邊。一路未見人煙，「夜幕低垂，偶爾在山腰斜坡處閃出火光，顯然有人住在上頭，」郇和、白克禮分別記道。布魯克對東岸之旅深懷戒心，「沒有發現可以泊船的海灣，離岸四分之一哩處即探測不到海底，要是颱風突起，實在不敢想像如何應變？……

看不出有人居住的跡象，只因晚間幾處火光出現在山上三分之一的高處，才斷定東海岸有人煙」，他認為發生船難，即便有人幸運游上岸，凶惡的土著也不會饒過他們。

6月17日，來到北緯24度6分18秒立霧溪口哆囉滿（新城）附近，船舶離岸800碼（732公尺）外海。船員在岸邊碰到一群漢人及幾位大（太）魯閣族（Tai-lo-kok）土著，還遭後者攻擊，〈郇和環遊臺灣首記〉已引述本日郇和的部分記載，不過他稱，「遇到6位大魯閣人……小村約住200名漢人，以捕魚為生」；白克禮則寫為，「一群土著〔指大魯閣人〕約12人，站在岸邊大石上，見我們划近，推出小船逼來，投擲長予攻擊我們……附近村莊住著520名漢人」。郇和認為這些漢人「可能是」遭流放的罪犯；布魯克認為這些漢人「必定是」遭流放的罪犯；白克禮也記載道，「漢人向剛強號的翻譯〔按：郇和〕說，他們是被官員流放的罪犯」。

從荷蘭史料來看，為了尋找黃金，東岸遠征軍不但有漢人隨行，而且可能留在當地「生根」。1642年1-2月，荷蘭第六任長官塗德良（Paulus Traudenius, 1641～1643年駐臺），親率353人征伐大巴六九社（Tamm aloccau, 今臺東卑南鄉太平、泰安村）、呂家望社（Rikabon, 利嘉村）等卑南諸社，報復駐紮當

▲1858年6月17日，剛強號在立霧溪口遭太魯閣族攻擊〔Bedwell繪圖；收於Willeam Blakeney,《On the Coasts of Cathay & Cipango Forty years Ago》（1902）；陳政三翻拍〕

地尋金，因調戲婦女被殺的候補商務員魏斯林（Maerten Weslingh）；還遠征到花蓮立霧溪河口新城產金地一帶。353名兵力包含荷兵225名、漢人111名、爪哇

人18名。這些從征的漢人有可能是罪犯「從軍」抵罪，但是否可能有部分人留下呢？再看下述記載。

1644年9月，Sipien社殺害駐紮該社的伍長Albert Thomassen, 其他隨行數人負傷逃逸。1645年11月～翌年1月，荷蘭再次出動443人遠征花蓮產金地，攻打Sipien社、Tellaroma社（新城鄉內）及馬太鞍社（Raddan, 花蓮光復鄉大安、大華村）。Sipien社可能在舊稱「水璉尾」（Sivilien）的花蓮縣壽豐鄉水璉村；但也可能是豐濱鄉港口村的Supera社。兩地都在秀姑巒溪流域，早以產金砂聞名。顯見荷蘭人在東岸產金地都有派人駐守。郇和等人遇到自稱「流犯」的漢人，不無可能係從荷蘭時代即留在當地傳種、生根。參閱《巴達維亞城日記》第二冊相關記載，或楊彥杰，《荷據時代臺灣史》，頁84、87；洪敏麟，《重修臺灣省通志・卷三・住民志地名沿革篇》，頁450、1077。

白克禮轉述挺有意思、但似乎是毫無根據的大魯閣族來源，「根據漢人的說法，這些東岸原住民是荷蘭人的後裔，200年前本來住在西部平原，後來被漢人海盜集團趕進山裡。他們的膚色較漢人淺，也遠比馬來人白多了」。郇和及白克禮都記載一個有趣的故事，「我們聽說多年前官府從大陸運了幾隻老虎過來，縱入山區，希望殲滅山中的食人族；但後者都是高明而且腦袋靈光的獵人，當然不可能輕易的被老虎吃掉。」他們試圖叫漁夫傳喚那些被槍聲嚇跑的大魯閣人過來，但後者不敢；為怕土著拿漢人出氣，只好發出幾份懸賞布告，繼續北上行程。

大魯閣往北到宜蘭南澳烏石鼻（Dome Point）之間，就是著名的清水斷崖。羅大春在《臺灣海防並開山日記》（頁47）光緒元年農曆二月底（1875年4月初）載，「大濁水〔今和平溪〕、大小清水一帶，峭壁插雲，陡趾浸海；怒濤上擊，炫目驚心。軍行束馬捫壁，踽踽而過；尤深險絕」。1882年6月間，英國博物學家兼內科醫生古禮瑪（Francis Guillemard）搭乘侯爵夫人號（*Marchesa*）訪臺，曾去過加州優山美地（Yosemite）、蘇格蘭北方奧克尼群島（Orkney Islands）猴疑海崖（Hoy）、挪威冰狹的他，認為這些地方與清水斷崖相比，都顯得微不足道。1884年曾訪臺的英國《泰晤士報》著名旅行作家柯樂洪（Archibald Colquhoun）讚稱，「有幸繞航福爾摩沙島東岸的幸運兒，必然同意

▲太魯閣族紋額美女
〔仲摩照久主編，《日本地理大系臺灣篇》（1931）：陳政三翻拍〕

該地是世界最漂亮的景色之一」。白克禮顯然博覽群籍，引用了古禮瑪、柯樂洪上述的讚語。

　　當天傍晚時刻，駛近蘇澳灣（Soo-au or Saw-o bay, 郇和註明後者係土著的稱法），正巧遇到幾艘正要出海撈捕飛魚（flying-fish）的小船，招喚其中一艘靠攏，請漁民上到剛強號，指引在灣外水深13噚〔約23.8公尺〕處下錨。

　　6月18日清晨5點，剛強號放下幾艘小船，悄悄划入像極螃蟹大鉗螯的灣內，三面環山的港灣很深，右有北風澳（Pakhongo, 今北方澳），左為南風澳（Lamhongo, 南方澳），他們朝中間蘇澳溪旁的漢人村划去。房舍用圓石、泥土為材料，上蓋茅草，許多人穿著交易來的山地布，郇和等人也以帶來的布料與村民交換；雖然漢人與土著以物易物，但仍有部分仇視他們的山區土著時刻蠢動，「為了自衛，他們聘請一批精於射擊、擅長武術的民兵（sharp-shooting militia），經常帶著保養頗佳的火繩槍、佩掛腰刀，巡邏附近山區」，保鏢出示從山區獵來或與原住民交易來的鹿、羌仔（麂, *Cervulus Reevesu*/ Muntjak）、山貓（又稱華南豹貓、石虎, Felis）皮草，「由這些漢人討的價來看，顯然不像我們那麼知道銀元的價值，」郇和發現較封閉的後山住民對金錢的觀念淡薄。他詢問村中年紀最大、已無牙齒的老嫗，是否看過或聽說過有關船難及漂民之事，「她說幾年前有艘琉球船在附近觸礁，所有難民都被生番刣死囉！」

　　稍後，一行拜訪南風澳屬於「熟番」（Siek hwan or domesticated savages）的猴猴平埔族，郇和於1857年首訪蘇澳，多年後兩篇文章述及該年訪問情形，曾分別引述1858年本日的日記，筆者已在〈郇和環遊臺灣首記〉介紹過。郇和詢問該族來源，他們說只知道是「生於斯，長於斯」（belonged to the soil）；白克禮則稱，「這些半開化的土著（these partially civilised natives）只知道祖先是從山裡來的，他們不是漢人（they came from the hills, and were not Chinese）」。猴猴人也不知有洋船罹難之事，「尋人」雖無結果，郇和多次在蘇澳附近「賞鳥」收穫不差，包含前次（1857）及此行向當地人購買到的小彎嘴（*Pomatorhinus musicus*/ Formosan Song-thrush；新學名 *P. ruficollis*/ Lesser Scimitar Babble）、黑浮鷗（*Chlidonias nigra*/ Black Tern）；採集到臺灣畫眉（*Garrulax taewanus*/ Formosan Hwamei；現稱 *G. canorus*/ Taiwan Hwamei）、番

鵑（*Centropus dimidiatus*/ Formosan Larkheel；現稱*C. bengalensis*/ Lesser Coucal or Bengal Crow Pheasant）、玄燕鷗（*Anous pileatus*/ Brown Noddy；現稱*A. stolidus*/ Common Noddy）。他也記錄現已消失的猴猴人語言，發現R音很多。

▲太魯閣族男子無袖長衣
（背面）
〔國立臺灣博物館提供〕

▲太魯閣族貝片頸飾
〔國立臺灣博物館提供〕

▲太魯閣族無袖短衣
〔國立臺灣博物館提供〕

冬山河之旅

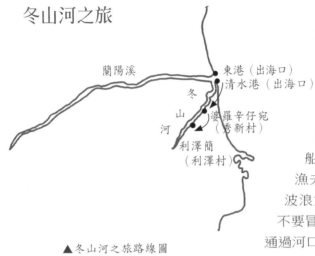

▲冬山河之旅路線圖

6月19日，黎明時刻離開蘇澳，不久即來到宜蘭河、宜蘭濁水溪（今蘭陽溪）、加禮宛河（Kaliwan River,冬山河）、羅東溪四條河水彙流成的出海口。剛強號在河口下錨，迅即放下小船，朝河口划去，招來一位漢人漁夫指引通行水道，漁夫說河口波浪太大，又有沙洲橫亙，勸他們不要冒險。正猶疑間，看見有隻舢舨通過河口，布魯克船長高喊：「大家快划（Give way, boys）！」通過河口，就是平靜、光滑的加禮宛河水面，郇和稱「婆羅辛仔宛河（river Polo Sinnawan）河口，海圖上標著加禮宛河（Kalewan river）」，昔日因冬山河流域有婆羅辛仔宛、加禮宛等社，故以社名稱之。《噶瑪蘭志略》（1837）、《噶瑪蘭廳志》（1852）皆稱河口北岸的東港（今壯圍鄉內）為加禮遠港；但部分耆老認為溪南五結鄉秀新村的清水港才是，而且發音應為加禮宛港，可見兩處往昔皆為貨物進出口岸。昔日也有當地人就稱冬山河為加禮宛（遠）港；「港」者又指河流之意。

當時的羅辛仔宛河頗深，大部分超過6英尺，兩旁田野種滿作物，甚覺豐饒，小船曲折上溯8英里，到達噶瑪蘭平埔族住的婆羅辛仔宛社（Polo Sinnawan, 五結鄉秀新村），本日見聞請參閱〈郇和環遊臺灣日記〉。再往西南前進2哩，抵達漢人村利澤簡（Le-teek-kan, 五結鄉利澤村）或稱奇澤簡（Ke-ta-kan），據說人口1,000人，是這條河流域最大村庄，有條寬闊的商店街，擺滿糧食待售，價錢頗貴，店家拿出鹿、羌仔（Muntjak）、山貓（Felis）等獸皮與訪者交易。此地漢人、平埔雜居，彼此通婚，後者見了訪客，問道：「你們一定是荷蘭來的，因為從沒聽說有其他『紅毛番』（red-haired foreigners）」。村子周圍種著稻米、粟米（玉米, millet），村民用舢舨運米遠赴雞籠（Kelung, 基隆）販售，載鹽巴回來；他們很想知道這批紅毛帶來什麼好東西，拿出許多土產想交易。

回程漲潮，很快來到河口處，上到沙灘觀察地形、採集樣品，沙灘一些半

▲噶瑪蘭族木雕板
〔國立臺灣博物館提供〕

▲噶瑪蘭族人頭紋雕刻理經架
〔國立臺灣博物館提供〕

▲噶瑪蘭族（大竹圍社）
木槳
〔國立臺灣博物館提供〕

▲噶瑪蘭族木雕板
〔國立臺灣博物館提供〕

▲噶瑪蘭族木盤
〔國立臺灣博物館提供〕

裸的漢裔漁民，看到訪賓的懷錶，以為是羅盤。再上小船，準備衝出滿佈沙洲的河口，加上漲潮，風浪襲來過程驚險萬分，郇和只稱，「頂浪前進有點困難，海水灌滿半個船身以上」；白克禮不但生動的描述幾乎滅頂的危險，而且洩漏船長不會游泳的秘密，「連續兩波大浪打來，船裡海水滿到我們坐的橫梁，11個人的重量已將船舷上緣壓到距水平面只有幾吋，第三波大浪隨時會來，可能擊沉船隻，剛強號的救援鐵定來不及，更別指望沒有救人習慣及美德的戎克帆船漢人水手會伸出援手，我迄今仍記得船長在我耳邊說：『你會游泳嗎？我可不會！』（Can you swim？I can't.）」。

▲1858年Blakeney繪製的雞籠（基隆）港地形與港深圖；港中密密麻麻的數字，即該處港深

〔William Blakeney，《On the Coasts of Cathay & Cipango Forty Years Ago》（1902）；陳政三翻拍〕

雞籠煤港

6月20日，剛強號繞過東北角，駛經雞籠嶼（Kelung Island, 基隆嶼），郇和觀察到鳳頭燕鷗（*Sterna bergii*/ Crested Tern；現稱 *Thalasseus berdii*/ Greater Crested Tern）優雅地環繞著小島飛翔；上午10時許進入雞籠港（the harbor og Kelung, 基隆港）下錨。本日及隔天，郇和隨著輪機長許樂勘察港區附近煤礦，發現當地人仍用原始的方式採運煤炭，水平的礦穴點著油碟照明。某處5個幾乎全裸的礦工手持鶴嘴鋤挖煤，將挖出的煤炭裝在可容一擔（pecul）的長方形竹筐中，置於方板上，拖過滴水、泥濘的坑道，再揹到市場販售。礦工說煤價每擔可賣銀元兩角，他們5人工作24小時，還挖不到30擔。1 picul=60.52公斤=100臺斤，原文寫為pecul，係早期的另種用法，如〈1874年淡水海關報告〉，pp. 124-126或中研院臺史所編輯的《清末臺灣海關歷年資料》，pp. 總125-127載稱。

輪機長許樂（James Conner）研究雞籠煤炭，發現瀝青含量高，因此燒得很快，火焰過強，在報告中建議，「雞煤燃燒太快，不利蒸氣輪船，尤其不利須

▲1858年基隆港出口西側之萬人堆，背景為基隆嶼

〔取自William Blakeney,《On the Coasts of Cathay & Cipango Forty Years Ago》（1902）；陳政三翻拍〕

長途征戰的蒸氣動力砲船，恐無法維持3、4天的航程，我個人認為將雞籠的與威爾斯的煤混合使用，效果將更佳。」剛強號買了96噸（1,600擔）的煤備用，不但英船需要煤，連海盜也覬覦不已。白克禮記錄海盜奪走運煤船的事件，「沿岸海盜在瞭望臺上張望隨時可撈進網的大魚，我們抵雞籠港的10天前，才發生一群海賊溜進港中，搶走數艘裝載煤炭的戎克船」。白克禮花了很長的時間測量港內外、

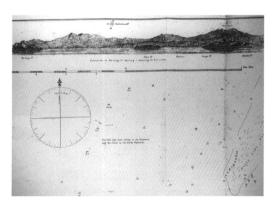

▲基隆港入口平面圖（由左至右：煤港、基隆嶼、和平島、港口、萬人堆，以及以1858年剛強號船長姓氏命名的Brooker Point）

〔William Blakeney（1902）；陳政三翻拍〕

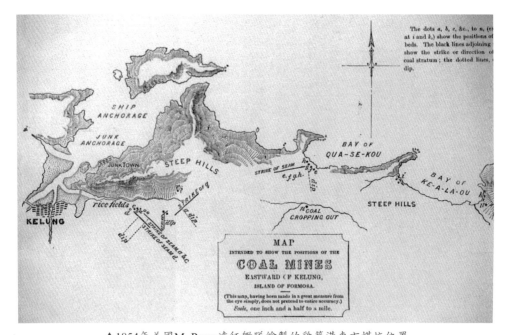

▲1854年美國M. Perry遠征艦隊繪製的雞籠港東方煤坑位置
〔F. Hawks,《Narrative of the Expedition of an American Squadron to the China Seas and Japan》（1856）；陳政三翻拍〕

雞籠嶼附近的水道，標出以「噚」為單位、密密麻麻的水深圖，並用船長的大名，在外木山漁港、協和發電廠間的海岬標上布魯克岬（Brooker Pt.），以示到此一遊。這個岬名在清法戰爭期間，仍標在法軍的地圖上；它可能是德約翰（John Dodd）提到的Ruin Rock（奇岩）。參閱筆者著作、譯註的《泡茶走西仔反：清法戰爭臺灣外記》，頁141。

　　歐美國家最早前來勘察雞籠煤礦的是英國，1847年英海軍上尉吳燈（D. M. Gordon）搭乘保皇黨員號（*Royalist*）抵雞籠探勘，隔年在倫敦皇家地理學會發表勘察報告，「雞籠港東的煤礦極多，我買了100擔，近6噸，平均每噸8美元，或6英鎊。經濟地質博物館（the Museum of Economic Geology）化驗攜回的樣品，證實品質良好，不過如加上運費則不划算」。吳燈顯然買貴了，7年後的美國砲船馬其頓號（*Macedonian*）每噸買價不到2.7美元；11年後的剛強號每噸也才約3.34銀元。保皇黨員號到過東岸，並畫了一張臺灣島的海圖，吳燈云，「蘇澳是我們在東岸發現的唯一港口，但一點也談不上安全」。1857年11月24

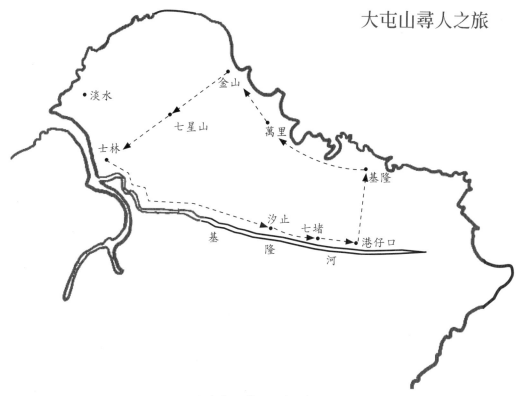

大屯山尋人之旅

▲大屯山尋人之旅示意圖

日，英艦耐久號（*Niger*）船長向司令西摩提出訪問淡水的報告，「根據1847年繪製的海圖，以及本人的察勘，淡水港可容吃水12呎的船舶進出，是個通商良港，煤價也與雞籠相同」。1858年4月26日，英艦獵人號（*Nimrod*）船長報告勘察雞籠煤礦情形，「此地煤炭挖取容易，潛力無窮；但燃燒過快，濃煙瀰漫，與威爾斯煤炭相混，效果或更佳。」

6月22日，剛強號展開尋人的主要任務。上午8點，布魯克船長、郇和、植物學家威爾佛（Charles Wilford）、廈門來的通譯古博（Cooper）、2名水兵等7人，加上苦力數名，展開3天2夜大屯山區「尋人之旅」，根據多方謠傳，奈多馬、史多馬，以及數名白人漂民被囚禁硫磺礦區當奴工。一行取西北方向，來到離雞籠5哩許的大武崙庄（Tye-hoo-lun, 基隆市安樂區外寮、內寮、中崙里一帶）第一座涼亭，略事休息；再行2.5哩，近中午時刻抵第二座涼亭，船

長宣布休息1小時15分鐘，郇和則與威爾佛相偕採集博物標本。附近平地的稻浪隨風起伏，山上草木青翠，郇和卻直納悶，「怪怪，鳥類挺少的，只看見烏秋（Black Drongo）、栗小鷺（Red Bittern〔現稱*Ixobrychus cinnamomeus*/ Cinnamon Bittern〕）、小白眉番鵑（*Centropus*/ small Hoo-Hoo）。遇到一位山上下來的人，他拿出一張我從沒看過的麝香貓（*Viverricula indica pallida*/ civet）皮草，說是筆貓（Peih-ba）」。中杜鵑又稱筒鳥或公孫（舊學名*Cuculus kelungenis*；現稱*Cuculus saturatus* Blyth/ Blyth's Cuckoo or Orient Cuckoo），舊學名裡的"kelungenis"意思為「屬於基隆的」，由郇和在1863年所命名，牠的啼聲"Hoo-Hoo"，不過郇和說他從未聽過其啼叫聲；但*Centropus*指的又是同屬杜鵑科的番鵑，舊學名*Centropus dimidiatus*也是郇和在1859年命名。不知他指的究竟是何種鳥類？

下午2點50分抵達臨海的馬鍊（Masoo, 又稱馬鍊，今萬里鄉萬里村），發現與雞籠相距不遠，如搭船前來更方便，走了一天冤枉路的眾人好生懊惱。選擇山腰林地蔭涼處休息到傍晚，6時10分動身，順沙灘前進一段，再折西南山區。夜幕低垂，不時聽到竹雞（Bamboo Partridge）「雞狗乖」（Ke-puh-kwai）的啼叫聲從附近的山上傳來，貓頭鷹（owl）則吐出悲嘆之聲相呼應，大蝙蝠（large bats）也成群出動，藉著明亮的月色，近晚間9點摸黑抵達金包里（Kim-paou-le, 金山），「來到慈護宮（Choo-haw-keong）廟前，想商洽庄長允許我們在廟裡過夜。不久總理（Tsong-le or Corporal）前來接見，還帶著雞蛋、稀飯（congee）送給我們，他說從未聽說洋船遭難，或外國人被拘留於硫磺區的事，他今天是首次見到白人，願意張貼我們的尋人懸賞布告」，郇和等人待總理離去，享受完他的美意，就在廟中大殿打上地舖，惜整晚蚊子、蒼蠅擾人清夢。

6月23日，清晨5點起床，先讓苦力吃過東西，隨即上路。大概沿著魚路古道朝大屯山硫磺區前進，沿途風景秀麗，路況很好，加上又是適合走路的陰天，很快來到散佈數座岩壑之中、不斷噴出蒸氣的硫磺坑，因為福州來的大官曾派兵上山驅趕私採硫磺的民眾，所以找不到人詢問。郇和未交代此處地名，只在某處發現一座空無一人的茅屋，這個地方應是馬槽到大油坑一帶。硫磺熱氣薰人，許多甲蟲、蝴蝶都被磺氣薰死在四周。嚮導帶他們從另一條路下到八芝蘭（Patsienah, 士林），「先爬上一座很高的山〔海拔889公尺的七股山？〕經過一片草原〔擎天崗？〕，草原邊緣遠望山下淡水河叉成兩道支流，一到艋

舺（Mangka, 萬華），一通雞籠……逐步踏著高陡、粗糙的石級下山，荒野漸漸變成有人開墾的跡象，最後一段，四處散佈著蓄養牛隻的牧場，以及栽種樅樹（冷杉, fir-trees）的林場，」途中郇和與威爾佛兩度脫隊採集標本，採到了一種河烏（或稱川烏——*Cinclus*, Dipper），「是我從未見過的品種，很可能是產在喜馬拉雅山的同一種，」發話人是郇和，威爾佛代表皇家秋植物園（Royal Botanical Garden at Kew）到遠東近3年（1857～1859）期間，居然未留下隻字片語，只將在臺灣採到的10種新種植物寄送該植物園，最後與秋園不歡而散。郇和後來也將採到的植物寄到秋園，經鑑定，有13種「似乎是新種」。

正當他們忙著採擷植物時，布魯克船長則忙於找人，「我每到一地即拜訪耆老垂詢，發出無數的布告，遍尋礦區每座茅屋、每處礦坑，深怕有所閃失。住在礦區的一對老夫婦稱他們之前從未看過外國人，也沒聽說有人遭原住民奴役，何況礦區附近也無原住民在活動。」報告中，船長稱此次臺灣行，總共發出了300多份的懸賞布告。白克禮認為白人漂民流落北臺礦區的謠傳，經過這次搜索後，已不攻自破，「根據我們與福爾摩沙漢裔島民接觸的經驗，他們會善待任何落難的歐洲漂民。」

晚間9點30分來到八芝蘭隘門外，僱了兩艘大船，趁夜直放上游雞籠河，本日經過30多哩的跋涉，加上少了蚊子的叮螫，眾人就在輕晃如搖籃的船上呼呼大睡。

6月24日清晨5時許，船抵水返腳（Chuy-t'ng-k'a or tide's foot village, 汐止），顧名思義，潮水到此為止，上游河水水位低淺，於是改換小船，苦力則在岸上步行跟進。船夫或用短槳，或撐竹篙，有時下水推拉小舟，不久來到七堵（Chittaw），上岸活動筋骨。郇和回到小船，觀察近150年前的七堵段雞籠河邊風情，「幾隻鴴鳥（*Charadrius pusilla*/ Plover）在河邊石塊

中間行走，鴿子偶爾飛到堤岸覓食，捲尾科（Drongos）的鳥兒調皮地跳躍，一對栗小鷺（Red Bitterns）發出焦躁的喀喀聲飛過我的頭上，排遣不少旅途的沉悶，不多久我就沉入甜蜜的睡夢中。醒來已到一處深潭，二十二艘小船停泊潭中，再往上游即窄如山澗，此處就是航運的終點、暖暖溪與雞籠河交會處港仔內（Kang-ah-lai, 昔暖暖港仔口，今港墘仔）。下船步行，越過獅球嶺，下午3點30分回到剛強號。此趟尋人之旅行程總計超過80英里，費時55小時又30分鐘。

6月25日，駕小艇到平島（Flat Island, 和平島北邊中山子島濱海公園）尋找磨石（holystone, 又稱砂岩），駛經已傾圮的西班牙砲臺旁水道，「島上砂岩（sand-syone）大都碎成方塊〔豆腐岩〕，摸起來顯然含有氧化鐵（oxide of iron）；漲潮時海水不斷來回沖刷，中間隆起高處（馬其頓丘——Macedonian Mound, 今龍仔山）長著野生植物，周圍邊岸環繞白色珊瑚，幾隻燕鷗（Terns）停憩石上，鴴鳥在海灘散步。漁夫垂釣到的珊瑚礁魚中，紅藍間雜的鸚歌魚（Parrot fish or Ying-ko-he）形狀怪異，長著藍色大鼻瘤（nasal knob），卻最漂亮，我買了一條長約2呎紅藍相間的鸚歌魚，嚐起來肉質鮮美，鸚歌魚鼻瘤烹飪時狀似綠色的龜脂（blubber-fat）。天色漸黑，港區漁船點燃漁火，像流星（meteors）似地綴滿水面，漁夫站在船頭快速地搖晃一束長長的火把，驚嚇魚兒入網，」郇和描述往昔基隆港風情。

6月26日，剛強號駛離雞籠，下午在淡水河口下錨，換搭小艇到滬尾（Haw-be, 淡水）拜訪主管官員〔淡水同知秋曰覲？〕不遇，留下布告，隨即返回船上，拔錨啟程沿西岸南下。

南航府城、打狗

6月27日，繼續繞西北海岸南下，到達「坐落於北緯24度19分45秒」〔該村目前經緯度為北緯24度21分、東經120度34分〕的南埔（Lampaw, 中縣大安鄉南埔村）外海，搭救生艇試著登陸，惜風浪太大登陸困難，只好招手喚來附近沙灘上的漳州籍村民（Chinchew men）詢問，其中一位游泳過來上到艇中，「他說再往南15華里〔約8.64公里〕就是五汊港（Gaw-c'hay-kang, 梧棲港），他對國聖港毫無所悉；約17年前他還是小孩時，曾有洋船在附近遭難；附近一帶沒

有番人云云，」郇和給他幾張懸賞布告，囑他好生留意，如有消息可獲賞金。那漢子把布告纏在頭巾，咧嘴一笑，溜進海中魚游上岸。

郇和補充，該地百姓的1里=1/3英里，如同清國大陸人的算法；但基隆人說1里=1/2哩。正確一點是：1公里=1.736華里，1英里=1哩=1.60935公里，因此1哩=2.794華里或1華里=0.358哩。看來基隆人算法不夠正確。另外，在解讀當時地名，因為洋人係以閩南發音轉譯地名或人名，故須以閩南語發音轉譯回來，Chinchew 或Chinchoo指的是漳州。荷蘭人將漳州標記為Chancheu或Sancheo, 稱漳州河口一帶Chincheo; 稱泉州為Chunchieu或Choncheeu等。發音如用閩南語，當更清楚明白。

郇和並未記載6月28日的行程，依據航程，應該還在往南途中，大約於傍晚或晚間抵達安平港外。

6月29日，再度進府城拜訪道臺，詢問可有好消息，孔昭慈答曰：「我派到各地的人尚無回音，不過幾天前有艘不明國籍的雙桅船在國聖港擱淺沉沒，船上有1位白人，11位黑人，都安全上岸，很有錢的樣子，自行僱了艘老閘船（lorcha, 歐式改良三桅帆船）開往廈門去了。該船不是貴國船籍。」在旁的總兵邵連科面帶神秘地插嘴道，「那是艘裝載鴉片的走私船，一部分鴉片撈起了，不過此事不宜多說。」這是郇和與孔昭慈僅有的兩度會面，1861年7月，郇和來臺接任駐臺灣府副領事，由於外交講求平等往來禮數，「副領事」只能與地位相當的「候補道」或「臺灣知府」交涉，所以郇和並未往見孔道臺，否則一見面就矮半截，他可不幹。

孔昭慈於1862年「戴潮春事件」，被圍困彰化城，4月18日自殺殉國，停屍孔廟後院達1年以上，家屬竟尚未將屍體運回山東曲阜安葬，首任駐淡水海關稅務司滿斯文（William Maxwell, 又譯為麥士威）可能於1865年發表在《香港記事報》（*Hongkong Journal*）上的〈臺灣府〉（Tai-wan-Foo）乙文記載這件慘況，「道臺衙署旁〔東南方孔廟〕的明倫堂後院，擺著1年前兵敗自殺的孔道臺屍體，他的妻子與家屬仍在等待移靈回老家的機會」。停屍如此之久，原因可能有二：孔為官尚稱清廉，家屬無錢辦理千里歸葬事宜。但這個可能性不大，因為左宗棠於1866年閩浙總督任內，曾上摺痛陳臺灣吏治腐敗，其中臺灣道「除

收節禮、壽禮外，也收洋藥〔按：鴉片〕、樟腦規費」。比較可能的是，當時太平天國事件尚未落幕，海路、陸路交通均不便所致。戰死，可得到「諡號」虛名；好在，自殺至少保住一家老小的生命財產。不知孔昭慈與小同鄉孔丘是否有親戚關係？

告辭後，在港區打聽到那是漢堡籍的船，原欲運送鴉片到打狗，而且所僱三桅船已開往打狗。剛強號匆忙開往打狗，向鴉片集貨船科學號船長打探消息，船長說沒見到漢堡船員租的船進港，布魯克從專在打狗港搞鴉片、樟腦走私生意的船長那裡，弄到一張後者繪製的臺灣地圖，附在報告中。該地圖可能還躺在英國海軍部的老檔案；而1873年奈吉登（Gideon Nye）提供給美國博物學家史蒂瑞（Joseph Steere）的那張地圖，可能就是同一張地圖，有興趣的讀者可參閱史蒂瑞的*Formosa and Its Inhabitants*（p. 8）。值得補充的是，現存美

▲鴉片集貨船（駁船）〔James Orange，《The Chater Collection》（1924）；陳政三翻拍〕

國國家檔案局的資料（W. M. Robinet to Peter Parker, H.K., March 2, 1857, USNA: MD, China, M-92, R-15）顯示，美商魯濱內洋行（William M. Robinet & Co.）威廉士洋行（William, Anthon & Co.）、奈氏兄弟洋行（Nye Brothers & Co.）三間洋行支持的魯尼，1855年6月底至1856年完成建設打狗港碼頭設備，還在入港處架設電線、照明燈光，以便夜間導引船隻出入，所豎立的電線桿白天升起美國國旗，晚間點燃燈光，比1888年初劉銘傳在臺北巡撫衙門前的電燈樣板早了約31年。

而不正確的臺灣歷史寫法，或應該修正成：「全清國（也是中國5千年來）首座電燈，於1856年年底在打狗港由美商設置；劉銘傳於1887年底及1888年初在臺北城設立最早的官方的電燈」。不過，因為威廉士洋行、奈氏兄弟洋行不久即退出，魯濱內洋行又於1858年底宣告破產，所以打狗港的電燈大概也維持不久；1859年到該港走私鴉片、碰過又回到當地獨立打混的魯尼的*Eamont*號三副安德生（Lindsay Anderson），就沒在1891出版的回憶錄《鴉片快船巡航記》（*A Cruise in An Opium Clipper*）提過這款趣味代誌。

打狗港使用的電燈不是1879年愛迪生（Thomas A. Edison, 1847～1931）「發明」的白熾電燈（Incandescent light bulb），而是另種照明設備。一般認為電燈是由愛迪生發明。但另一美國人戈培爾（Heinrich Göbel），比愛迪生早數十年即已發明相同原理的電燈泡；另在愛迪生之前，很多人也對電燈的發明作出不少貢獻。1801年，英國一名化學家戴維將鉑絲通電發光；他在1810年發明了利用兩根碳棒之間的電弧來照明——電燭。1854年，戈培爾使用一根炭化竹絲，放入真空的玻璃瓶通電發光，他的發明是第一個有實際效用的白熾燈，當時試驗燈泡已可維持400小時，但並沒有即時申請專利。

1850年，英國人斯旺（Joseph W. Swan）開始研究電燈。1878年，他發明的「真空下用碳絲通電的燈泡」得到了英國的專利，並成立公司，在各家庭安裝電燈。1875年，愛迪生則從兩名加拿大電氣技師手中買下「玻璃泡中充入氮氣，用通電的碳桿來發光」的專利，並嘗試改良所使用的燈絲；1879年改用炭化竹絲燈泡，成功維持了13個小時；到1880年，愛迪生製造的炭化竹絲燈泡成功地在實驗室維持1,200小時。但斯旺在英國控告愛迪生侵犯專利，獲得勝訴。

愛迪生被迫讓斯旺加入他在英國的電燈公司，後來斯旺把權益及專利都賣給了愛迪生。愛迪生在美國的專利權也面臨挑戰，美國專利局判決他的發明別人已有前例，故屬無效。經過多年官司纏訟，愛迪生才取得碳絲白熾燈的專利權；他最大的發明，係使用鎢絲取代碳絲作燈絲之用。

離臺

1858年6月30日，剛強號趕往國聖港，發現漢堡船員租的船已經開走，目的地不詳。於是結束這趟臺灣之旅，取道澎湖返廈門。來到媽宮（Makung, 1920年改名馬公），上岸拜訪當地長官（magistrate, 通判），「〔澎湖水師協臺〕衙門建築完善，頗令人覺得意外」，郇和並未寫出官員的姓名，不過「該長官說他在澎湖已經5年，1852年發生一起洋船沉沒事件時，他還沒來澎湖」，這段話透露出這位長官不是文職的通判，因為1853年到任正六品的澎湖通判是冉正品，再來依序是張傳敬（1855）、許鳳翔（1856）、何桓（1858.3～1859.5在任），都不符上述「在任已5年」的說法；因此應是1853年調至澎湖的水師

▲馬公

〔取自Adolf Fischer,《Streifzuge durch Formosa》（1889）；陳政三翻拍〕

▲Bax船長《The Eastern Seas》（1875）乙書內載之臺灣老地圖〔陳政三翻攝〕

副將張顯貴，「他還說群島的作物有花生、米、高粱等，冬天海風強勁，吹壞許多農作物，因此18萬島民尚無法自給自足，須從臺灣輸入糧食。他看到我們似乎有點緊張，還十分興奮，說話常停頓，有點語無倫次（He seemed very nervous and much excited, so as at times while speaking with us to be quite at a loss for words）。告辭時，他下令施放禮砲，鳴奏笛樂」。郇和將「看到我們似乎有點緊張」與「還十分興奮」湊在一起的寫法很怪異，後者或是張副將好客個性顯示，前句也許是第一次英法聯軍已經擊敗大清，6月26日簽訂的清英《天津條約》的消息雖然還未傳來，不過戰勝國的軍艦壓境，總是令人坐立難安。告別澎湖，張副將下令鼓吹隊（Chinese bagpipes）奏樂，並鳴禮砲歡送。剛強號於7月1日航抵廈門。

文末，郇和評述他對島民的印象，「在各地遇到的漢人都很有禮貌，給我們很好的印象，相信如有落難白人，必會獲得協助脫險。至於對所知有限的原住民，如有外國人落其手中，總歸活不到幾小時的；聽說男性土著向女人求婚時，必須先出示斬獲的頭骨！」

10年後——1868年（同治七年），布魯克船長還是中校（Commander），不過已轉到雪薇雅艦（H.M.S *Sylvia*），當年也同樣率艦環島一圈，測量全島海岸水道；臺灣第二高峰雪山（海拔3,884公尺）的英文山名Mt. Sylvia即是以該船命名，時間說法有：「1865年我〔按：德約翰〕發現油井不久命名（I discovered the petroleum wells in 1865......, soon after name the Sylvian range and the Dodd or Western range）」（John Dodd）；或稱「1867年航行東岸『發現』雪山而取名」（安倍明義《臺灣地名研究》）。當以德約翰的第一手資料為準。至於郇和，1861年7月至1866年3月派駐臺灣；1866年離臺調職廈門領事，1867年又調寧波。1868年12月11日奉命抵達南臺，處理惱人的英艦砲擊安平「樟腦戰爭」事件；翌年、1869年6月再度來臺「修補」與地方官府的關係，這可能是他最後一次臺灣之旅了。

▲簽過天津條件後，1858年11月英國艦隊砲轟南京太平天國據點
〔William Blakeney（1902）；陳政三翻拍〕

郇和「北泰雅印象」:奎輝社紀行

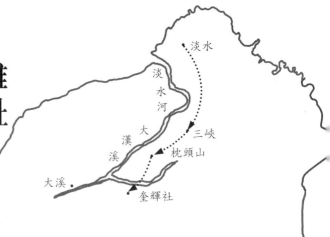

▲奎輝社紀行可能路線圖

▲額爾金伯爵(約在1860年)
〔J. Orange,《The Chater Collection》(1924);陳政三翻拍〕

1860年(咸豐十年)換約戰爭,第二次英法聯軍直搗北京,英國全權代表額爾金伯爵(Earl Elgin, 本名James Bruce, 1811~1863卒)下令火燒圓明園,迫使大清帝國於10月24日簽訂清英《北京條約》。額爾金因此榮陞勛爵(Lord),他的弟弟卜魯斯(Frederick Bruce, 1814~1867卒)則出任英國首任駐北京公使(1860年11月到任~1864年6月卸任);不過這兩位破壞人類文明古蹟的「兇手」,過不了幾年都早死,才分別為52、53歲。

處理完惱人的大事,卜魯斯發現1858年《天津條約》留下派遣駐臺灣領事的問題尚未解決,腦海一陣思索,想起自從1857年他抵達東方異國,直到進攻北京期間,3年來在他面前跑來跑去的小跟班、著有《1860年華北戰記》(*Narrative of the North China Campaign of 1860*)的士委諾(Robert Swinhoe, 1836~1877)似乎尚可栽培,於是在1860年12月6日行文總理衙門,「臺灣一口,本大臣現派士委諾前往署理領事官,不日蒞任」;12月22日,正式

▲郇和承租的臺灣府（臺南）英國領事館
〔William Pickering, 《Pioneering in Formosa》（1898）；陳政三翻拍〕

派遣當時還叫士委諾的郇和擔任「駐臺灣府副領事」。

　　根據高橋良一的記載，後來改名為「郇和」的「士委諾」，於次年（1861）1月至3月間，從廈門到淡水盤旋，目的不詳；不過筆者無法找到其他資料加以佐證，對這點暫持保留。1861年7月1日，郇和搭乘金龜子號砲船（*Cockchafer*）從廈門出發，7月6日抵達打狗（高雄）。郇和認為搭乘砲船履新除了可壯聲勢，也兼向臺灣當局強烈暗示「砲艇外交」的存在。金龜子號就是後來清法戰爭期間（1884～1885），被困在淡水封鎖線港內長達近7個半月的那艘砲船。

乳臭未乾的小領事

　　1861年7月12日，25歲的郇和從打狗港沿陸路北上，抵達臺灣府（臺南市），府城官員看到他都傻眼了，本以為派來的是「署理領事」（acting consul），怎麼來了「副領事」（vice consul），而且還只是個乳臭未乾的小毛

頭，於是草草地把他安置在西城外，五條港區風神廟（Fungshin temple）旁供出差官員住宿的迎賓公館（今臺南市民權路3段143巷8號）。初到保守的府城，郇和受盡官府的冷落，加上士紳、百姓的指指點點。隔天（13日），幸好有位懂得「國民外交」、當時臺灣首富、秀才出身的金茂號（Kim Mo-hop）店東許遜榮邀他暫時住進其豪宅，這才解決與神明朝夕相對的慘況。7月29日，以月租60銀元，承租許遜榮位於府署東鄰閩南式兩層樓建築的「卯橋別墅」，正式設立「英國駐府城副領事館」（今啓聰學校西南邊），也是有史以來第一個外國駐臺單位。當年，開始使用「郇和」對外，不過往後的中文公文書，仍出現過「勳嘉」用名，如《籌辦夷務始末選輯》，頁410上載。至於臺灣博物學界使用的「史溫侯」或「斯文豪」則為翻譯姓名，有些物種冠上斯文豪為名，如斯文豪氏遊蛇、斯文豪氏攀蜥、斯文豪氏赤蛙、斯文豪氏大蝸牛、斯文豪小山蝸牛、斯文豪氏天牛、斯文豪氏絹斑蝶、斯氏懸鉤子……等。

根據清英《天津條約》規定：「英國派駐各地領事，可和中國地方官以品級相見，領事與道臺同品，副領事與知府同品」。副領事約略等於候補道或知府，所以他沒去找1858年第二次環島航行曾會過面的臺灣兵備道孔昭慈，否則一見面可就矮半截，實在有傷自尊心。郇和曾將「副領事身分不夠高，無法與道臺平等往來」的困境報告公使，建議將副領事館升格為領事館，但卜魯斯認為英國與臺灣貿易尚不重要，未加採納。

升官不成，日子難熬，加上府城環境衛生欠佳，7位僕役中有3個相繼病死，他也染上熱病（fever），匆匆回到廈門調養。行前，約於9月間，與負責臺灣貿易的福建候補道區天民商妥移館淡水。1861年12月18日郇和發布遷館、設通商口岸於淡水的公告，隨即從廈門搭乘巧手號砲艇（*Handy*），於20日進駐淡水。來到淡水這塊他眼中的「殖民地」（colony），面對的地方首長是比他等級略低的淡水同知（sub-prefect）秋日覲，總算解決「見官矮半截」的窘境；不過小鎮裡面尚無洋人居住，只好暫時借用怡和洋行（Jardine, Matheson & Co.）的集貨船冒險號（*Adventure*）作為副領事館兼官邸。1862年1月1日，郇和發出〈1862年之前的福爾摩沙貿易報告〉（Report of Trade in Formosa Previous to 1862），此係臺灣第一件領事報告（甘為霖, *Formosa Under the Dutch*, p.

608）；同年1月14日，他致函卜魯斯，表示計劃租用紅毛城當領事館，「但工錢和建材在這塊『殖民地』（colony）都很昂貴，所以將就租了岸邊一間三合院，每月租金24元，先預付4個月」。5年後（1867），英國署領事額勒格里（William Gregory）以每年白銀10兩強行租下紅毛城，此時郇和早已離臺調駐廈門，即將再轉調寧波了。據Sophia Yen（p. 99）與George Carrington（p. 179）的研究，郇和為了與臺灣道公文平行往來，以及與官府交涉方便，1865年初升任領事之前，對外都使用「署領事」（acting consul）職銜。

由於條約規定，正式設立對外國貿易的海關之前，必須先有領事外交官進駐，以處理涉外相關事宜。所以郇和駐臺後，才陸續有淡水（1862年7月18日）、雞籠（1863年10月1日）、打狗（1864年5月6日）及安平海關（1865年1月1日）的設立。淡水新式海關要到1862年7月18日方由清國官員先行正式設立，隔年10月1日洋人首任署稅務司滿斯文（William Maxwell）才進駐；即便設立後，也因臺茶尚未大量生產，烏龍茶新品種栽植、機器化生產大功臣德約翰要到1864年才遷居北臺發展，所以郇和進駐時貿易量還不大，偶有洋船進港，算是大事。加上淡水與政治中心府城相距遙遠，郇和實在找不出什麼事可做，使得他移情至探險、鑽研博物方面，官場失意、身體欠佳，卻成就另一番長留青史的大事業。

1862年4月13日（同治元年三月十五日），清代歷時最久、長達3年的民變「戴潮春事件」爆發，重兵雲集中部圍剿；15日淡水同知秋曰觀戰死；18日彰化城破，兵備道孔昭慈自殺，彰化知縣夏汝賢受辱憤死。事件早有徵兆，理應打探戰況，隨時通報駐清公使的郇和，卻於19日束裝赴淡水河上游大姑陷溪（大漢溪）探險。真不知道這樣的行事作風，算不算是一位盡職的外交官？

探訪奎輝社

郇和初抵淡水，即處心積慮地打探住上游30英里處的「生番」（Chinwhan）民情，亟欲找機會一探。為了此行，計劃良久，先派一位僕役到山區邊境，洽請與原住民有交易往來的通事（Tongsoo or interpreter）安排住處。4月19日，郇和捨棄搭船上溯，帶著漢僕沿淡水河岸，接大姑陷溪開始渡過無數的急

流，一路攀山上行，約莫走了25哩路，傍晚時刻，滿身大汗的來到靠近河畔的下榻處。他稍後交代此處叫Chin-tam，有可能是大溪附近一處叫「青潭」或「深潭」的地方；依發音，也近似「枕頭」，如是，則為角板山社隔著溪流南面的「枕頭山」了。郇和未提到大嵙崁街（大溪鎮），顯然沒經過該地，有可能經由三角湧（三峽）直接入山。往昔，原住桃園八德鄉的凱達格蘭族霄裡社人，稱大漢溪為Takohan——「大水」的意思，漢人取諧音寫成「大姑陷」或「大姑嵌」，遂以此稱呼溪名及村名；同治四年（1865），鄉民有人做官、有人中舉，乃改稱「大科崁」；劉銘傳派兵攻打北泰雅族，深覺山路坎坷難行，於光緒十三年（1887）改名「大嵙崁」；大正九年（1920）定地名為「大溪」，沿用至今。由於郇和此次探險在同治元年，故本文仍沿用當時通用的大姑陷溪稱之。

第二天一大早即出發，赴目的地泰雅族大嵙崁群奎輝社（Kweiyings, 桃園復興鄉奎輝村），先取正東方向，附近山區樹林已被砍伐一空，上面栽滿成排的灌木林，走過乾河床，從渡口處渡過河東，對岸垂直的山壁，直直切入藍色的河水深處；這邊林間空地，稀疏長著盛開花朵的常綠喬木，幾間茅屋謐靜地躲在樹蔭下。過了茅屋，山路蜿蜒而上，平坦的山頂遍植茂密的茶樹，下到一處漢人邊陲村莊，再過去就是土著的勢力範圍了。村民主要務農維生，有些看起來很有錢。

再順著溪流的左岸東行一哩半，就抵達通事的住處。通事顯然住在大姑陷溪北岸，當時尚無石門水庫，而目前的奎輝社在今水庫上游東端南岸，由北到南又分為中奎輝、上奎輝、內奎輝（都屬今復興鄉奎輝村），《淡水廳志》（1871）稱之為「雞飛內、外社」。「那是一座矗立山間、孤伶伶的長形泥石茅屋，蓋得極簡陋，裡面隔成兩個房間，第一間擺設一張髒桌子，旁邊生著爐火；第二間只有一張又髒又舊的床鋪。直來直往的漢人通事，一把將我們拉進內室，裡面已有幾位漢人，另有兩位土著（savages）坐在床沿，好奇怪的聚會。土著看見我們，很訝異的站起來，睖視我們，但未露出害怕的表情。通事告訴他們，來者與土著一樣，也是『番』（foreigners），是來拜訪他們的。土著再度坐下，一邊打量我們，一邊互換煙斗。他們表示很欣賞我們的槍，要大家到外頭比劃，」郇和趁聊天的機會，記下他們的語言，然後隨他們步出戶

外。年紀較大的土著跑到36.8公尺處（原文forty yards, 40碼），隨手抓起塊木板，豎立起來當標靶，中間盯上一片樹葉當靶心，「我瞄準靶心開槍，怪怪，彈片佈滿靶子，但就是沒有一顆命中靶心！」郁和用的顯然是散彈槍，「土著咧嘴一笑，端起漢人製造的火繩槍（matchlock），裝上球狀子彈，以漢人一樣的肘頂腰射方式開槍，命中距靶心九吋遠的靶上，而且鑽透3吋厚的木板」。郁和不信邪，走到兩倍遠的距離（原文為"doubled the distance,"不知可有誇張？或筆誤？最初的距離forty yards可能是fourteen yards之誤，否則第二次射擊遠達73公尺，不可能用散彈槍命中），再度射擊，這次總算扳回一城，彈片密密麻麻地正中靶心，「這讓土著嚇了一跳，倒不是因為我的槍法，而是衝著這把後膛裝彈式（breech-loading）的「嚇怕牌來福槍」（Sharp's rifle）」。他索性進一步展示威力，高舉火槍，朝河中開火，濺起遠處一大片水花，引起土著與漢人齊聲驚嘆。眾人都對那把火槍著迷萬分，紛紛表示願意用土產與郁和交易。他們對郁和佩帶的手槍一樣感興趣，但覺得扳機太緊。

　　武器是原住民狩獵、捍衛山林家園的主要工具，傳統的鐵刀、長矛、弓箭，隨著與外界的接觸，漸有火繩槍。到了日治時代，總督府以隘勇線逐步推進山區，明治四十三年（1910）3月8日，《理蕃誌稿》記載奎輝社頭目武太密歸率領6戶共61人歸順，隔天就被招待到臺北觀光。「歸順」代表要繳出槍枝，根據宮本延人說法，臺北帝大標本室裡沒收來的原住民槍枝，許多是英國、義大利製的舶來品，甚至有日製村田步槍。不過原住民仍暗藏槍枝彈藥，漢裔「換蕃」或擔任挺進線隘勇的原住民常偷賣槍枝給原住民。大正十年（1921）年底，當時奎輝社頭目馬拉巴特的親戚，被日警抓到以73圓向經營山產「生理」（按：「生意」古辭）的漢人購

▲手持長矛、腰佩鐵刀的泰雅族勇士
〔總督府理蕃局（1911）：陳政三翻拍〕

▲原住民刀、矛、弓箭武器
〔取自《理蕃概要》（1913）；陳政三翻拍〕

買了一把槍。1910年歸順時，人口才6戶、61人；但根據大正六年（1917）12月的人口調查，屬於「大嵙崁前山蕃」的奎輝社人口有142人，7年間足足多了一倍以上。這或許與總督府禁止私鬥、改善衛生有關。大正十年3月，泰雅族首批原住民公醫大豹社渡井三郎（族名樂信·瓦旦；後入贅日野家，改名日野三郎；1945年更名林瑞昌，1952年11月死於白色恐怖）、詩朗社宇都木一郎畢業於臺灣醫學專校，9月加入山區醫療行列。

郇和無意間拿出懷錶，「土著把它當成一種巫術，高喊：『奇思！奇思！（kis-kis）』。他們稱我Tyon, 也許源自馬來語『閣下』（Tuon, Sir），或漢語『大人』（Tajin, Your Excellency）」。Kis勉強意譯似為「神蹟」或「奇蹟」之意，往昔泰雅人喝酒前，先用右手食指沾酒塗在額頭，再向前彈灑三回，口唸kis, 帶有敬祖祭神之意。1897年5月底，伊能嘉矩觀察到烏來屈尺群這種喝酒習慣。其他原住民族群也有類似儀式，郇和1863年發表的〈福爾摩沙人種學筆記〉（Notes on the Ethnology of Formosa），提到排灣族喝酒前，都先用右手拇指及食指浸酒，分別彈向3個不同方向。

素描泰雅

近黃昏時刻，幾個抱著嬰兒的土著婦女，跟隨一位長相俊俏的年輕人抵達。稍後，一位年紀較大的土著，扛著鹿頸以上的頭部，以及部分鹿背肉，汗流浹背地到來，「後者黝黑，滿身皺紋，短髮，會說些許漢語。那年輕人與婦女膚色比一般漢人淡，呈栗色，而非黃色。他們帶有濃厚的馬來族外表特徵，漂亮的雙眸，挺直的鼻子，前額刺上3道上下排列的方形短額紋（Lehoey），最上面與最下面的那兩道各含8條橫紋，中間的有6條。一般都在16歲時，使用

▲泰雅紋面少女

〔總督府理蕃局，《Report on the Control of the Aborigines in Formosa》（1911）；陳政三翻拍〕

▲泰雅族黥面男子（右）及婦女（左）

〔總督府理蕃局（1911）；陳政三翻拍〕

針與墨汁紋臉，刺紋部位的皮膚掀起，染成藍色；不過，那位老人的刺青隨著年紀增長，已漸褪色」。泰雅族泰雅亞族與大魯閣族的額紋，都是郇和形容的有框或無框的單一直紋；其他的賽德克亞族則較複雜。至於紋額年齡，賽德克亞族早在童稚期即刺上，泰雅亞族較晚。

「當男性進入青年期，砍獲敵人的腦袋，就有娶妻的資格，此時可在下巴刺上8條方形頤紋（Robai）。那位長相好看的16歲小夥子，頭髮中分、後梳，用一串貝珠綁在背後，頭上還配戴飾環，由於無頤紋，我問他是否女孩，他聽了暴跳如雷，不斷用手掌猛拍後腦袋，以示洩恨。已婚的婦女在雙耳（到嘴唇）之間刺上頰紋，先是3條（由耳朵

▲紋面泰雅少女
〔總督府理蕃局（1911）；陳政三翻拍〕

連到上唇中間）簡單的（平行）線組成的一道，再來4條連到嘴角處，最下方4條連到下巴，中間各刺上一排X形圖樣，」郇和並未描述各道平行紋線的角度。近期研究者馬騰嶽依據泰雅婦女紋面的線條型式與角度，將大嵙崁群婦女頰紋分為「直角式單十交叉花紋形」，各道平行線中間的X紋一排；以及較複雜的「直角式三十交叉花紋形」，各道平行線中間的X紋有3排。至於泰雅其他各亞群婦女的「鳥嘴」，尚有水平式與半弧式。不過各社群的紋面似會互相影響，依據森丑之助《臺灣蕃族圖譜》上載的大嵙崁群女子紋面型式，似乎介於直角式與水平式之間。

通事娶「番婦」，後者穿著漢服，「撇開臉上的刺青不論，看起來活生生就像極醜的廈門女，連我的嚮導都說她極像『女人』（woman），半點也不像

『番』（foreigner）。他
們的一對兒女，看起來也
是漢人模樣，」漢人認為
自己才是「人」，其他人
種都是「番」或「夷狄」
之類；其實泰雅族亦然，
他們自稱Atayal或Tayal就
是「人」的意思，只是
不稱別族「番」，大嵙
崁群稱閩南籍漢人「戴
斗笠的長髮人」（loyux
mukan），稱客家人「客
人」（Kelang）。稍後郇

▲泰雅少女紋面

〔總督府理蕃局，《Report on the Control of the Aborigines in Formosa》（1911）；陳政三翻拍〕

和針對漢族的「語言暴力」有所批評。他接著觀察甫抵達的土著，「男的蹲在
桌子四周抽煙、聊天；女的在牆角蹲成一排，照顧吊在胸前髒圍布裡的嬰兒。
不論男女，都顯得很髒。男人的手腳塗抹上鹿血，用以防止荊棘的刮傷，由於
天氣很熱，他們極其自然地脫掉下體兜襠布，完全無視婦女在場。男女都佩戴
切割成長方形的白貝項鍊，有的則另掛上藍、紅、黃色的貝珠頸飾，或配上金
穗飾物；也都在耳洞穿上半吋厚的短木，耳垂掛著白貝珠與三角形貝片組成的
垂飾，一位漂亮的女孩別出心裁，穿耳的樹枝前面還飄著金穗。除此之外，男
人斜背肩袋、隨身帶著煙草囊、火繩槍、鐵刀……等物。」

　　抽過煙，男性土著起身蹲在婦女旁邊，開始傳喝漢人用米、甘藷釀成的甜
酒，略用水稀釋，郇和說土著稱它"Waokiape,"曾數度深入北泰雅山區的德約翰
則記為"Poon-niek Ku Tsiah"。郇和也與他們蹲成一圈，「某位仁兄伸手環著我
的脖子，一使力，將我的臉湊近他的臉，要我與他同喝那杯酒，我抵死不從，
他轉而找另一邊的人共喝，然後一一和所有在場的男人同享友誼的飲料，最後
喝成大舌頭，講話也越來越粗暴。土著急於想知道我們是否漢人請來消滅他們
的槍手，也很想獲得我們帶來的任何一把槍，不過一位婦人說我那把來福槍才
是上選。他們問我們從哪裡來，我說『清國』（China），他們說很想去清國見

識見識，漢人聞言捧腹大笑。住在附近的漢人大都能說上幾句土著語言，彼此互有往來，關係良好。」

郇和聽到漢人對土著不正確的喪葬描述，「土著用布帛圍裹死者，葬在戶外，沒有墓碑，也未燒香，只在附近種幾棵樹。由於沒有出殯儀式，使得漢人相信這種行為比沒穿褲子更『番』！」

泰雅族的喪葬分為「善終」與「惡死」（橫死）。凡在家中有親屬陪伴而死亡者稱為「善終」，埋葬在室內死者的床下；自殺、難產、死前無人照顧、被害、戶外等非自然死亡，是為「惡死」，或就地埋葬，或戶外覓一地區成墳地，惡死於室內則葬在屋內，但生者棄屋、另建新居。不論「惡死」或「善終」，皆有守喪儀式，各社群略不同。1873年11月7日，夜宿南投東眼社（眉溪社）的美國博物學家史蒂瑞（Joseph Steere）、甘為霖牧師（Rev. William Campbell）等人，村民允許他們住的閒置空屋，有可能即是發生過惡死，遭棄置的「凶宅」；史氏還誤闖竹叢墳區，被潑水、灑土去邪。另外，宮本延人曾目睹可能是「惡死」的出殯，遺體用竹竿扛抬，在一處幾乎無法通過的彎道，兒子們不願接觸父親「不祥」遺體，吵了起來，看不過去的原住民裔巡查補罵他們：「幹什麼，他是你們的父

▲泰雅族紋面習俗〔總督府理蕃局（1911）；陳政三翻拍〕

親啊，還不趕快抬走！」在總督府推動「戶外葬」政策下，大正十三年（1924）2月8日，奎輝社頭目召開家長會議，與會33人同意設置公墓，遵行戶外葬；同日每戶出資1角5分，合買理髮器具，並請當地駐在所警察傳授理髮技術。顯示整個社群習俗的變遷。另一個跡象是，大正十四年大嵙崁群連續有人申請赴大溪街裝假牙，當局原以為是「愛美」作祟，調查後發現泰雅拔門牙毀飾習俗，造成咀嚼困難，且年輕輩認為「不時髦」，所以當年該族群共有16人裝假牙（6男、10女），內含奎輝社1男1女。

土著的農作物有粟（小米）、甘藷、煙草，但大部分的糧食從做山產交易的漢人「番割」（barter）取得。這種「重獵輕耕」的習慣到了1920年代漸有改變，1924年奎輝社已開墾水田四甲五分，並且逐年擴大面積；不過大部分土地都「移交」萬基公司了，該開發公司專在今石門水庫附近開墾水田、旱田，兼有少量茶園。

郇和發現原住民吃東西前不洗手，用手拿了就吃。有些婦女穿著類似內褲的遮陰布，小腿裹上綁腿，已婚的頭戴藍色頭巾，上面插著煙桿；未婚少女則將煙桿插在中分的髮叢裡。男女頭髮都中分、後梳，上戴貝珠頭環，在腦後纏成一結。「最漂亮的少女中意我的絲腰帶，我取下綁在她的腰際，作為禮物，族人大笑、評論之際，她為自己的任性而臉紅害羞。在族人的羨慕眼光下，她走了好一陣子臺步，然後去河邊清洗腰帶，吊起晾乾。少女出示兩條自織的雜色腰帶，要我選擇一條，作為回報。漢人笑我單純，居然把值5元的絲帶換取才幾百錢的東西。稍後，所到之處，幾乎每個人都知道我幹的這件『傻事』」。郇和也換得一把鐵刀，在屢次演講時展示給聽眾觀賞。至於彼此問候的方式，「一方伸出右手，以手掌朝對方胃的部位猛拍，左手則輕拍對方的背。另方為示善意，也以同樣的動作回應。」郇和顯然不矮，被拍到胃部；伊能嘉矩可能（應該吧）較矮，所以多次被輕打到胸膛，「與泰雅舊識碰面，我們兩人互相搥打對方胸膛，表示友善」。

通事的老婆答應帶郇和過河，到對岸去看大樟樹，可是那名酒醉的土著卻糾纏不清，「他拍拍我的頭，要我宣示彼此永久的友誼，還說我與他們是同國的，應該聯手將剃光頭的流氓趕出這片土地。我很想與他們的頭目會面，但聽說請頭目出來路程要4天，而且須花15元擺設筵席。我不吝惜花錢，但可沒時間

▲泰雅族簡易渡河藤橋
〔總督府理蕃局（1911）；陳政三翻拍〕

等待。土著分為七個小社，每一社約有300餘人，由4個大頭目，以及幾個小頭目管理，」郇和指的4大頭目，可能是分布在復興鄉奎輝、義盛、澤仁、霞雲4村的大嵙崁群首領。他發現相對於所居住的遼闊山區，土著人口卻極少，而且越來越少，原因在於漢人引入酒精的戕害，以及不明的原因造成，漢人甚至誇稱「再一個世紀，必然目睹他們滅族」，郇和雖也憂心漢人對土著的鯨吞蠶食，但認為土著憑著山區的屏障，應該還可熬上幾個世紀。他指出奎輝社之外的其他社群，「離此最近的大頭目住於義亨社（Geehingsear, 義盛村），約兩天路程，他被尊稱為『歹吼歹野』（Pai-ho-pai-yet）。再過去就是『憂面亞丹』（Yew-bin-ah-tan）大頭目控制的Tungsear」，這個Tungsear位於北縣烏來鄉，只是不知指的是烏來社（Urai, 昔又稱湯社）、拉卡社或洛仔社（Raga, 桶後社），或桶坪（壁）社，三社都屬屈尺群，與大嵙崁群雖同為賽考列克群的馬立巴系統，但生活圈有別。

原、漢與「紅毛番」的關係

▲山豬〔陳政三攝影〕

好不容易擺脫醉漢的糾纏，來到寬約40碼（約36.8公尺）的渡河處，就是「番漢」分界線了。北邊是已被漢人開墾的光禿禿山區，搭擺渡過河，南邊就是樹林茂密的土著勢力範圍，不過仍有幾位「愛錢、不怕死」的漢子，在河畔與森林間的狹小空地居住，種植水稻。河流南方的第一座山脈還算安全，再過去，除非

與土著熟悉，或是得到允許，否則必遭躲在暗處的土著襲擊。

　　早期許多通事或社商娶原住民女子，除了因漢女不多、可以拉近和部落的關係，增加「買賣」順利之外，也和原住民女子刻苦耐勞，還可提供「保護」作用有關。德約翰觀察道：「她們行為端莊、任勞任怨，是好妻子，但更像是奴隸，負擔家庭內外所有的勞動，因此10多歲貌美似花，不滿30即已滿臉皺紋，猶如老婦，不過依然親切、謙遜、善待陌生人。而且她們是最好的通行證，有其陪伴，探險山區才能確保我人頭還在。」

　　狩獵、馘首都是廣義的「出草」，最初原為打獵的意思，後來才包括、甚至專指獵首，泰雅亞族稱後者為Me-gaga。出草順利與否，全取決於「鳥占」，泰雅族觀察繡眼畫眉的飛行方向、棲息地點、啼叫方式，決定是否繼續狩獵或獵頭行動，郇和將這種眼眶有白圈的豔頭鳥繡眼畫眉命名為*Alcippe morrisonia*（Swinhoe），泰雅族稱之為Quilek, Sisil, 布農族稱為Xasxas, 其他族有叫做Silekku, Sisiri, Shire等，雖然鳥占似乎是原住民族（包括平埔族）共同的占卜文化，不過方式有地域性的差異。

▲梅花鹿群〔陳政三攝〕

▲長鬃山羊〔陳政三攝〕

春天正是獵鹿季節，此時棲息較低海拔的無斑點水鹿充滿活力，土著採用圍獵的方式，取得漢人熱愛的壯陽鹿茸，交換所需物資，郇和是19世紀第一位記錄水鹿的洋人，他把泰雅人稱作kamofu, 英文叫Formosan sambar的水鹿命名為*Cervus swinhoei*。至於活動於較高海拔的梅花鹿（*Cervus taiouanus*），當時數量已較少，目前野生種早就絕跡。「長鬃山羊（*Capricornus swinhoei*/ wild goat）肉質堅硬難嚼，不受歡迎。漢人喜吃羌仔（*Cervulus reevesi*/ muntiacus, 泰雅稱為para），但不懂得先把山羌肉吊起，晾曬些許時日，可使風味更佳。漢人對鳥啼十分敏感，阻止我射擊烏鴉，因為每當土著殺了人，牠們總是發出laou-wa的聒噪聲」。郇和學名式的鹿種分類有點難懂，中村孝志把早期臺灣鹿分為：花鹿、水鹿、麋鹿（山馬）、暹羅鹿（極少，可能早期輸入等待轉口時，不慎逃脫者）、麂（擅跑跳，毛黃黑，似麝）、麝（獐）、羌等。

「奎輝社的住屋用蔓藤將樹皮、粗厚的板材綁牢，上覆棕櫚枝葉即成。粗重的工作及扛物由婦女與老人負責，前者尚需負擔大部分的耕種勞務；年輕男子則出外狩獵。漢人番割以米糧、糖、鴉片渣、歐洲布料、火繩槍、珠飾等物品，與土著換取鹿茸、鹿皮、鹿肉、山地布、麻繩、草蓆、竹籃，」郇和用物品換得幾件男女土著家居、慶典衣物，都是以麻、芭蕉，以及不知名的樹木纖維為材料；紅、藍色的毛線則從與漢人換得的歐洲毛織品取下，用手工混織而成。華麗的衣物只在祭神、慶典，或結婚時穿著，「大喜之

▲水鹿〔陳政三攝影〕

日，全村聚集在新娘父親家門前，新郎
將出草取得的頭殼捧給新娘，新娘倒入
酒，與腦漿拌和，從頭目開始，一一輪
喝，最後才由新郎啜飲，」郇和接下來
的敘述顯然閱讀了荷治時期首位駐臺牧
師干治士（Rev. Georgeious Candidius）
的著作，而有了不正確的認識，「婚宴
後，新娘仍住娘家，直到36歲才遷出與
丈夫同住，在這之前，她不能懷孕。我
從在場的漢人得到這種說法，也與荷蘭
留下的記載一致，我想大概不會錯。」

36歲才准懷孕，實在有違常理，
也和原住民早婚、早亡的事實不符。
他徵詢漢人可謂「問道於盲」，也可
能出於翻譯錯誤或問法誤導而發生誤
解；干治士對西拉雅平埔族種種不正
確的說法，至今仍有人奉為經典。李
斯（Ludwig Riess）在《臺灣島史》
（*Gesehichte der Insel Formosa*）（1897）

▲泰雅婦女織布及家居情形
〔總督府理蕃局（1911）；陳政三翻拍〕

評道：「干治士忙於為新港社（Sincam）編寫辭典，沒有功夫考察實際情形，
關於臺灣的報告難免是不正確的」。即連自稱臺灣原住民、憑空想像寫出*An
Historical and Geographical Description of Formosa*（1704）的撒瑪納札（George
Psalmanaazaar）也振振有詞地辯稱：「干治士與我的著作，也不過五十步笑百
步之差而已！」而由郇和的敘述方式，他似乎只到了河畔南岸森林邊緣最北邊
大嵙崁溪左岸、鳳山溪支流上游的中奎輝，再往南大嵙崁溪左岸又有上奎輝、
內奎輝，只是不知內、外奎輝社曾否遷過村？

晚上回到離通事住處5哩路、位於深潭或枕頭（Chin-tam）的下榻處，主
人與幾位會說土著語言的鄉巴佬訝異於郇和居然聽不懂「番話」，他們自以為

▲泰雅族住屋，右側為穀倉

〔總督府理蕃局，《Report on the Control of the Aborigines in Formosa》（1911）；陳政三翻拍〕

是的認為，「全世界的『番』（foreigners）系出同源，應該說同樣語言，而像他們這種『人』（men）才是最優秀的種族，享有各種優勢，」郇和鐵定受夠被稱為「番」的鳥氣，花了大篇幅敘述漢人的語言暴力，「雖然他們承認有鐵甲艦的『甲板番』（Kapan or ship foreigner）勢力很大，但野蠻的山番卻是『奴才』（notsai or slaves）……為了區別兩者，漢人稱呼土著『生番』（raw fan）或『土番』（too fan），稱洋人『紅毛番』（red-haired foreigners）；福爾摩沙以及全清國的官員與知識分子則稱洋人為『夷人』（Ejin）。為了制止這種刺耳的稱呼繼續使用，額爾金勛爵特在最近的（天津）條約明訂公文書不准再使用『夷』字稱呼英國官民，而以『番人』（Fan-jin or foreigner man）或『外國人』（Wai-kwo-jin or outside country man）代替。但後者太長，從未被正式使用過；前者在福爾摩沙又被使用在稱呼土著上，聽了頗覺刺耳。」《天津條約》第51條規定：「免書夷字。嗣後各式公文，敘及英國官民，不得提書夷字」，並無郇和提到的用「番人」或「外國人」代替的字樣。總之，郇和認為包括閩南語在內的所有清國語言，都帶著嚴重的種族歧視味道。

郇和的一位漢僕說，「幾年前他的親戚全家遭土著殺害，倖存的小女孩被帶到山區收養；他曾再度見過已長大的女孩，成了不折不扣的土著，而且憎恨漢人的程度不下其他土著。漢人逃犯經常藏匿山區，與土著為伍，久之就被同化。一些逃家的小孩，也曾被發現與土著生活在一起。」這種說法，點出早期山區原住民與漢族融合、通婚的另一可能面向。至於漢族小孩為何逃家？離家後又為何投入大人口中的「凶番」懷抱？是否表示早期邊區移民生活不易、管

教過嚴，所以寧可投入山林？不過也顯示當地原住民的包容性，以及不濫殺無辜小孩的特質。日本總督府《蕃族調查報告書》（1915）指出，泰雅族出草有時會順便搶奪漢人4～5歲小孩，視如己出撫養；北泰雅大嵙崁、屈尺部落甚至很喜歡迎娶從小就被他們收養的漢女，因為後者聰慧、懂得織布。

返英養病

　　郇和這趟旅行為時至少3天以上，回到淡水，戴潮春事件正風起雲湧，他的熱病舊疾因這趟奎輝之旅更形惡化，5月20日將館務交給領事助理柏卓枝（George Braune, 或稱布老雲），離開淡水返回英國養病長達1年8個月。1863年10月離英，取道美國返臺，1864年1月31日才返抵淡水復職。停留倫敦期間，不忘根據他的「臺灣經驗」，就近向外相羅素勛爵（Lord Russell）反映該島動亂、民變頻繁，可考慮佔領，尤以東部為優先目標。他在1862年12月12日寫給羅素的建議函明言：

　　「臺灣東部已成罪犯窩藏的淵藪，殊堪利用。假如考慮在該地建立據點，我極樂意擬出關於該地優點的長篇報告。大清政府威權統治正遭遇島上會黨、敵對團體的反抗〔按：「戴潮春事件」〕，後者亟思獨立；如認為必要，我此時提出割讓，臺島納入囊中，應非難事。不過，建議目前仍以東部野蠻部落居住地區為首要下手目標。」

　　1863年9月24日，郇和再度致函外相：

　　「大清治權並未及於福爾摩沙東半部……我國應致力發掘該島天然資源，好讓科學界與一般大眾廣為瞭解。」

　　雖然外交部並未公開支持郇和的計畫，但同一天立即復函，並核發價值250英鎊的精密測量儀器給郇和，這當然大大鼓勵了雄心勃勃的青年業餘科學家，返回任所後繼續探險事業。

　　這段「養病」時間，也是他的「學術研究萌芽期」。除了廣受邀請，四處旅行演講，1862年下半年，他在《倫敦動物學學會期刊》（*Proceedings of the Zoological Society of London*）發表〈論福爾摩沙島哺乳動物〉（On the Mammals of the Island of Formosa），內容包括18種動物，奎輝之行至少有水鹿、梅花鹿、山羌、長鬃山羊四種列名其中；該年獲選為倫敦動物學學會終身研究員。當年，將臺灣博物鳥獸標本、原住民器物等資料送到「1862年巴黎國際博覽會」（the Great International Exhibition of 1862 at Paris）展示，榮獲褒獎與獎章。

　　1863年間，他在倫敦參與人種學學會（the Ethnological Society）、大不列顛協會（the British Association）兩次研討會，分別發表版本略為不同的〈福爾摩沙人種學筆記〉（Notes on the Ethnology of Formosa），皆述及奎輝之行。另外，單是1863年，至少還發表了〈福爾摩沙鳥學〉（The Ornithology of Formosa or Taiwan）、〈福爾摩沙爬蟲類及一種魚類〉（A List of the Formosan Reptiles, with Notes on a few of the Species, and some Remarks on a Fish），以及〈福爾摩沙島筆記〉（Notes on the Island of Formosa）3篇論文，〈福爾摩沙鳥學〉長達142頁，包含201種鳥類，是臺灣鳥類發現史的奠基巨著；〈福爾摩沙島筆記〉刊於1864年《皇家地理學會會刊》第34期。當年，郇和入選為皇家地理學會研究員、人種學學會通訊會員、倫敦國王學院名譽研究員。

頻創「臺灣第一」

　　郇和在臺灣創造了許多「第一」，包括此次奎輝社之行，目前尚無紀錄顯示在他之前有洋人深入此地，之後的19世紀末期，也絕少洋人曾深入。甘為霖牧師在*Formosa Under the Dutch,* p. 551稱許郇和，「他是自從1771年倍勇斯基伯爵（Count Benyowsky）訪臺後，第一個和原住民接觸的歐洲人；而且他敘述了包括新港社人、南部山區排灣族、北部山區奎輝社、東北部山區大魯閣族，以及東北平原噶瑪蘭族的某些有意思的實況，增加我們對原住民的瞭解」。郇和當然比漢人晚入該地，但後者都未留下第一手文字記載，這似乎是漢人的通病。雖然大嵙崁在乾隆初年已有漢人入墾，1854年板橋林家在該地設租館，不過仍無法深入山區。要到1886年（光緒十二年），劉銘傳在大嵙崁設全臺撫墾

總局，此後就是表面「撫番」，實為取得山產之利的開發，留下的盡是征戰記載；而非如郇和、德約翰較深入的描寫。

　　尤其在北臺定居長達26年（1864～1890）、差點成為「番駙馬」的德約翰，從他留下的書籍、文章，可看出其足跡遍及北臺東、西岸廣義的泛泰雅族區域，他的 "Extracts from Old Notes on the Camphor Districts in North Formosa," in: *Journal of A Blockaded Resident in North Formosa, During the Franco-Chinese War, 1884～5*（1888），更是經典之作，涵蓋早期大嵙崁原住民如何抵禦漢人入墾，以及交易、合作、衝突、媾和等情況，描寫之細膩與深入，尚無能出其右者，難怪James Davidson的巨著*The Island of Formosa, Past and Present*（1903）大篇幅引述德約翰的著作。有興趣者，可參閱拙著作、譯註《泡茶走西仔反：清法戰爭臺灣外記》及書中附錄三〈北臺樟腦產地印象〉。

　　對於抵達北部才4個月，只到大嵙崁山區3天或稍久的郇和，實在無法苛責他沒有太深入的描述；即便現在，我們也只能根據早期探險家和日本總督府留下的片段資料，加上該族口述資料，勾勒出不太完整的遷居過程及部落情形。不過郇和開風氣之先，引起更多探險家、博物學家、人類學者、洋商、外交官、攝影師、海關人員對Formosa產生興趣，紛紛來到他們口中的「未開發天堂」，從事各種採擷、發現與探險，為我們留下更多的「老臺灣」記憶。

「蘇澳風情畫」：
郇和蘇澳紀行

基隆

龜山島

- ➤ 去程
→ 返程

蘇澳
南方（風）澳

▲郇和蘇澳紀行

　　在倫敦調養身體、奔走仕途、拼
命發表有關臺灣的論文，兼四處巡迴
演講的郇和，終於在1863年10月離開
英國，取道錫蘭，參觀該島甘地（Candy）地區栽種咖啡情況，1864年1月31
日返抵淡水任所。睽違1年8個月的臺灣仍處在「戴潮春事件」的動亂中；淡
水港貿易仍沒起色，外商還是小貓兩三隻，那位賣烏龍茶的英商德約翰（John
Dodd）要到同年稍後才定居淡水，而搞宜蘭
大南澳開發事業導致破產的普魯士商人美利士
（James Milisch），則到1865年10月初方抵淡水
定居。

再訪消失的猴猴族

　　即使環境惡劣如昔，郇和的心境可已經大
不同了。因為他在「養病期間」拼命發表論
文、巡迴演講，甚獲好評，所以頂著「臺灣
通」、「年輕學者」的頭銜返臺；因為他直接
向外交部長羅素勳爵（Lord Russell）建議割
取動亂的臺灣，或至少取得無主的東部，得到
外交部核發價值250英鎊（約750銀元）的精
密儀器，意味著要他好生行走，考察各地人
文、自然資源。所以處理完代理館務的柏卓枝
（George Braune，生卒年可能是1838～1864年

▲戎克船——早期漢人最主要的船海工
　具〔取自小川一真，《臺灣史料集
　成》，陳政三翻拍〕

底）留下的爛攤子，1864年5月間，他先到雞籠（基隆），再搭輪船朝他心目
中理想的東岸「殖民地」（colony）首站蘇澳出發。這之前，可能靠著自稱的
「我投注大量時間、銀兩，僱用大批獵人、標本製作工人，盡可能廣蒐本地鳥
類標本，並搭蓋了一座鳥園，」而在3、4月間於淡水附近採到白琵鷺、黑面琵
鷺、白尾鴝（八哥鳥）、白頭鶇、黃腹琉璃、朱連雀、深山竹雞等標本；4月，
命名俗稱白腹或粗皮的刺鼠為 *Mus Coxinga*, 後改稱 *Rattus Coxinga*, 目前最新學名
Niviventer coxingi (Swinhoe)/ Spinous Country-Rat──「國姓爺刺鼠」；不知郇
和什麼意思？有人認為是「紀念」鄭成功；不過，筆者倒是反向思考，他可能
認為「國姓爺偷襲臺灣，行動像刺鼠一樣」。總之，他是閒不住的。

　　郇和搭乘的應是當時經常到蘇澳貿易的洋商小汽船（steamer），途經龜山
島試圖在西岬登陸，發現海水深不可測，遂繼續南航。龜山島又稱龜嶼，早期
西洋人稱峭島（Steep Island），日本人稱煙管島（キセル），是一座火山島。
道光初年（1821），或另說咸豐三年（1853），13戶漳籍海澄人定居該島，以
捕魚、農耕維生，稍後移民漸至；1977年因生活艱苦，全島住民移居頭城大溪
漁港。咸豐二年（1852）陳淑均纂修的《噶瑪蘭廳志》〈卷一·封域·山川
篇〉（頁12-13）上載：「龜山（一名龜嶼）：在廳治東六十里海島，以形得
名。岸臨無際，孤嶼聳起，與玉山〔按：雪山古名〕遙遙作對。其縈波礐礐，
近復與沙汕蜿蜒，天然作廳治門戶。形勢家所謂龜蛇把口是也。其龍從蘇澳穿
海而來，一路石礁，高者如拳，小者如卵，隱隱躍躍，如起似伏。山週二十餘
里，高二百餘丈，朝旭初升，變幻萬狀。蘭陽八景所謂『龜山朝日』者，此其
第一。將雨，則噓霧咽雷，聲如震鼓。中匯一潭，清澄徹水，春夏間時有漁人
結網焉」。

　　郇和未發現附近捕魚的龜山島人；要不就是龜山漁民遠遠發現汽船駛來，
急忙躲進暗澳。19世紀，洋人似乎只有馬偕牧師（George L. MacKay）於1888年
1月9日登陸該島，他發現龜山島四周海域湧出沸騰的硫磺泉，島上只有一座村
子，居民約300人，都很窮，但很好客，靠打魚維生，也種甘藷、玉米、蔬菜。
村子附近有一個時淡時鹹的水塘，退潮時淡水，漲潮為鹹水，似與海水相通，
經常有野鴨飛來聚居。

▲龜山島（Steep Island）
〔F. Guillemard,《Cruise of the Yacht Marchesa》（1886）；陳政三翻拍〕

　　汽船駛抵蘇澳灣，試圖進入南風（方）澳（Lamhongo），卻擦撞海圖未標出的水底暗礁，照《噶瑪蘭廳志》的說法，應該是被潛游海中的龍尾巴掃到，幸好不嚴重，急忙倒伸，停泊於港外深水處。「許多〔猴猴族〕平埔人（Pepos），大都是婦女，（划船前來）登上船，索取他們稱作brasko的空瓶子。日本人也用相似的發音稱瓶子，可能源自俄國的flaskor, 荷蘭的fleschen, 英語的flask」；郇和曾於〈福爾摩沙人種學筆記〉（1863）比較噶瑪蘭語和西班牙語的某些用詞，大膽猜測：「噶瑪蘭人是西班牙佔據南臺時，從南部移民一些傀儡人〔按：可能指排灣與魯凱族〕到此地生下的後裔」，雖然他的推測有誤，且他似乎一直把猴猴族列為噶瑪蘭的一支，不知為何這裡沒有提到蘇澳土著與西班牙的關係？事實上，宜蘭平埔族某些西方語言，可能源自西班牙，1634年西班牙神父迪沃斯（Teodoro Quiros de la Madre de Dios）曾在噶瑪蘭至少建立三座教堂（含蘇澳兩座）【參閱中村孝志〈十七世紀西班牙人在臺灣的佈教〉，收於賴永祥，《臺灣史研究初集》，頁128-129】，近10年佈道期間，受洗者達600餘人，當時噶瑪蘭人及猴猴人有直接接觸西班牙文化、語言的機會，因此他們均稱「瓶子」為類似pRasku或brasko的發音。

　　另依據人類學者Peter Bellwood、語言學者李壬癸的考據，稱猴猴族約於西元前200年，從太平洋西岸移居馬紹爾、加羅林群島（Caroline Islands）；

李王癸認為他們約在1千年前「回流」臺灣東岸。不管回流是有意或意外造成，〈1874年淡水海關年報〉登載帛琉群島（Pellew Islands, 位於加羅林群島附近）16名土著，搭乘三艘裝有側舷外支架的獨木舟（outrigged canoes），漂流1,600英里，於當年5月20日來到基隆。起初，漢人以為這些海上漂民來自臺灣東岸；歐洲籍海關人員則從面貌、外觀判斷，認為可能是巴士群島（Bashee islands, 今巴丹群島）土著，經過一番比手畫腳，最後找到一本澳洲東南的新南威爾斯（New South Wales）航海指南，這才知道他們是帛琉人。這些漂民幾乎奄奄一息，救活了15人，送到香港搭船，輾轉返回故里。這個記載，說明航海技術上，猴猴族或其他先住民族是可能以簡陋的船舶縱橫大洋、來到臺灣的；究竟從何處來臺，眾說不一，有關「「臺灣原鄉說」或「南島擴散來臺說」，留待〈郇和「排灣族點滴」〉再予敘述。至於是否「回流」，恐怕很難斷定。再就周鍾瑄《諸羅縣志》〈卷八·風俗志·「番」俗〉記載：「蛤仔難以南有猴猴族，云一、二日便至其地……各社夏秋華蟒甲，載鹿脯、通草、水藤諸物，順流出近社與漢人互市」；而一般認為臺灣南島語言缺少有關航海或舟船的詞彙，郇和收集到猴猴族「船」的字彙Boorrúar；李王癸教授已在〈臺灣南島語言的舟船同源詞〉【收於氏著《臺灣南島民族的族群與遷徙》。臺北：常民文化，1997，頁74-87】考證出包括凱達格蘭族、泰雅族、排灣語、西拉雅族等有關「漂流」、「轉方向」、「獨木舟」、「帆」、「船、獨木舟」的相關語言；另外，張鎮岳《噶瑪蘭族的特殊祭儀生活》（常民文化，1998，頁210-222）提及傳統的西拉雅族「嚎海祭」、不為文獻記載的噶瑪蘭族「祭海」（Sbau du lazin），以及迄今仍舉行的東岸阿美族「海祭」活動（花蓮北部的南勢阿美群稱Miladis；花蓮中部海岸群稱Misatsupo）。這些文獻或研究，在在顯示平埔族與部分「高山」原住民的「海洋性格」面向。

　　至於某些平埔族為何鍾情瓶子？可能與他們將壺神視為祖先的代表有關，因此有祀壺的文化，尤其西拉雅族迄今仍保存這種習俗；其他平埔族，則似無這種習俗，文獻也未提及。所以猴猴族鍾情於瓶子，是個頗值得研究的課題，可惜該族已經散入茫茫人海。西拉雅族所用的瓶子，據國分直一〈阿立祖巡禮記〉乙文（收於《民俗臺灣》2：7 & 8，1942）敘述，他在1942年曾看過西拉雅族祭祖的公廨（konkai）內部，祭祀的壺有明代、荷治、清代留下的各種陶

壺，甚至還發現玻璃製的啤酒瓶，以及瓶底印有Glasgow（蘇格蘭格拉斯哥）地名的上釉瓶子。他判斷後者可能是個威士忌酒瓶。

另外，1863年郇和在〈福爾摩沙人種學筆記〉（Notes on the Ethnology of Formosa）提到，有次郭德剛神父（Padre Fernando Sainz）探訪排灣族，「武裝傀儡人（Kalees, 排灣族）下山盤問，神父說只是來做親善拜訪，土著要求獻上給酋長的見面禮，神父答稱他是窮人，只有兩罐空啤酒瓶當薄禮。土著回報，沒想到酋長居然滿意得很，立即遣人迎接。」

此外，日治初期的「生蕃通」森丑之助在《生蕃行腳》（楊南郡譯註本，頁255）提到，1900年初他與鳥居龍藏至位於排灣族中北部的巴武馬群佳平社（Kapiyagan, 泰武鄉佳平村）探險，發現社人保存祖先傳下來的古老陶甕，當作「國寶級古物」，倍加珍惜。這些是極少數留存文獻，有關山區原住民中意「瓶子的故事」。

海上英豪訪蘇澳

▲1771年到過蘇澳的倍勇斯基伯爵
〔Imbault-Huart（1893）；陳政三翻拍〕

郇和在1857、58年訪問南風澳時，猴猴人很少看過洋船，也無索取東西的行為，只是「好奇地划著小快船、獨木舟繞行艦邊，唱著奇妙的歌謠」；在他之前，1771年8月28日至9月14日間，匈牙利裔倍勇斯基伯爵（Mauritius Augustus, Count de Benyowsky）似曾到過蘇澳——西班牙人、荷蘭人稱的聖羅倫索港或聖羅倫斯港（San Lorenzo, St. Laurence），將該地命名為模里斯港（Port Maurice），還曾率平埔族攻打過泰雅人。有興趣者，請參閱筆者發表於《臺灣風物》55：2（2005年6月號）考據文〈倍勇斯基闖蕩

臺灣19天（1771）〉。在郇和到訪之後，可能逐漸熟悉的關係，不但不怕外來的船舶，而且還會索取或交換物品。1860年代初期，經常環繞臺灣作貿易的普魯士二桅船颱風號（*Typhoon*）船長曼柯（Meincke）記載：「蘇澳灣居民雖然不是生番，但還是帶有野蠻氣息，我曾幾次停泊該港灣以避風湧，他們送過我雞、蛋、魚。1861年春季某個傍晚，我又彎靠該處。次晨，只見土著撐著小船過來，顯然又要到我們的船上，也不知為什麼，我突然心血來潮，下令升起普魯士旗幟，土著見狀立刻跳船，拼命游回岸上，跑到山區樹林躲起來了。」

▲倍勇斯基搭乘「聖彼耶、聖保羅號」軍船抵達臺灣東岸〔1790, Nicholson；1893, Imbault-Huart；陳政三翻拍〕

　　颱風號反常的升旗動作當然嚇壞了土著，因為早期船舶「升旗」有「求戰」之意味，海盜作戰，也以令旗指揮；而當地土著早有受害經驗。根據《噶瑪蘭廳志》〈卷二（上）‧規制‧海防篇〉（頁44）上載，蘇澳港向來海盜出沒頻繁，著名的「鑄砲打家己（自己）」的林道乾、「鎮海威武王」蔡牽，以及「海南王」朱濆都曾到此一遊，林道乾只是「據說」來過蘇澳，蔡、朱則為史實，「相傳自明嘉靖四十二年間（1563），林道乾寇海，曾踞數月；以夥伴病損過多，始行徙去。今自嘉慶二年春（1797），洋逆蔡牽攏靠沙崙，上岸打掠；十二年秋（1807），朱濆謀佔為巢，來此竄泊；至十五年夏（1810），尚有賊幫〔按：林喚〕再來游弋。而期間又有林日英結匪勾番，偽號千歲者。設

非附入版圖，則煙瘴雖除，而葦荇〔按：蘆荻叢生的沼澤〕終未艾也。現以道光五年（1825），安設弁汛，在澳巡防。該澳西南岸逼近斗史〔韜賽社？〕、大老閣〔按：太魯閣〕諸生番社，仍設有隘寮，民人自為募丁防守。由水而南更數里有一大窩，深廣不可以丈計，號曰東澳。再陸行百五十里，或舟行西南六、七十里，有七社蕃黎，名曰奇萊〔按：花蓮〕。近有漢人到墾其地，而諸番亦往附之。『蘇澳蜃市』亦蘭中八景之一」。

　　林道乾又名大乾，廣東潮州惠來人，曾任縣吏，橫跨黑白兩道，後投海，專職為寇，依附於和日本海盜勾結的吳平，時叛時降，他被都督俞大猷追到澎湖，再遁入臺灣的年代說法不一，康熙二十四年（1685）蔣毓英修的清代臺灣第一本方志《臺灣府志》記為嘉靖四十二年（1563），高拱乾《臺灣府志》（1694）、《噶瑪蘭廳志》襲之；《神宗實錄》及曹學佺《湘西紀行‧倭患始末篇》記為萬曆元年（1573）；西班牙孟多撒神父（Juan G. de Mendoza）在《中華大帝國》（*The Great Kingdom of China*）（1586）記載，「擁有六十艘船的林道乾，在一次海上火拼，被只有四十隻船的林鳳偷襲，道乾率五艘倖存船舶落荒而逃，去向不明」；周碩勳《潮州府志》認為林道乾是在嘉靖四十五年（1566），被俞大猷所逐，逃到臺灣北港，不過當時俞大猷攻海賊吳平不利，遭降為總兵，攻打的是廣東山賊。而且根據張增信〈明季東南海寇與巢外風氣（1567～1644）〉乙文的考據（收於《中國海洋發展史論文集（三）》），俞大猷存世的《正氣堂全集》未見討伐林道乾的記載，認為「嘉靖末俞大猷逐林寇入臺之事不確」。中村孝志、曹永和甚至都認為林道乾來臺灣，可能是林鳳的訛傳。

　　林鳳又名林阿鳳，潮州饒平人，海盜世家出身，昔時「海盜」與「海商」是一體兩面，「通」則為貿易商，「不通」用搶的，端視「商機」而定。他曾於1574年間由澎湖入臺，巢居今臺南縣北門鄉至急水溪，或是稍北八掌溪口嘉義布袋鎮好美里虎尾寮附近，當時皆通稱作魍港的地方；1574年11月底到1575年8月初，幾乎攻下馬尼拉，後佔據了呂宋北部的林家煙（玳瑁港），西班牙、菲律賓史籍將他的Lim-Ahong拆開、誤寫為Li-Ma-Hong，華僑有稱為「李馬奔」或「李馬芳」者，菲國歷史尊之為「王國締造者」（an Empire Builder）；假如

林鳳成功，那麼臺灣、菲律賓的歷史可能都要改寫。至於林道乾是否來過臺灣暫且不論，比較可笑的一個說法是他在安平港（有說打狗）「恣殺土番，取膏血造舟」，信者不疑；但是用血當黏劑、充塞物，遇海水不會融化嗎？

18、19世紀之交，福建福寧府三沙出身的蔡牽與老婆蔡牽嬤，駕乘大橫洋船縱橫東南沿海10餘年，1805年成立海上「光明王國」，到1809年9月下旬遭清代臺灣人官位幹到最高的

▲竹欄內搭建的守望樓
〔Adolf Fischer書（1889）；陳政三翻拍〕

「伯爵太子太保」、閩浙水師提督王得祿圍困，於臺州（一江山、大陳列島）魚山外洋沉舟自殺之前，曾八犯鹿耳門，十度在臺灣沿海搶奪、屯駐，1797年曾進犯噶瑪蘭。一般將蔡牽寫為同安人，係依據海盜同夥錯誤的說辭；根據嘉慶朝上諭檔，應是福寧府三沙人（今霞浦縣臺山列島三沙島；參閱《清代臺灣關係諭旨檔案彙編》第四冊，頁437、447、476、486）。

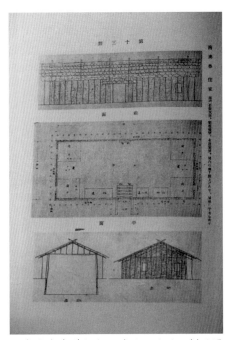

▲蘇澳西、南一帶泰雅族南澳群建築一（上兩圖）穀倉及平面圖；（下兩圖）望樓
〔森丑之助繪，《臺灣蕃族志》第一卷（1917）；陳政三翻拍〕

▲泰雅南澳群住家一前面、平面、側面圖〔森丑之助繪，《臺灣蕃族志》第一卷（1917）；陳政三翻拍〕

朱濆有說漳州人、有稱粵人，可能是閩粵交界的客家或潮州人，與蔡牽分分合合，勢力不下於蔡牽，1807年載著農具入蘇澳港，似有建立殖民地的企圖，被王得祿、楊廷理與地方頭人合力擊退；1809年陰曆正月十日，亡命海上、窮途末日的朱濆，死於金門鎮總兵許松年的追擊下。也因為有這些海上英豪的作為，清廷遂於嘉慶十五年（1810）將蛤仔難地區收入版圖，改稱噶瑪蘭，兩年後設噶瑪蘭廳，由楊廷理出任約三個月、短暫的首任通判。

「傳統」與「漢化」的拔河

第三度來到蘇澳的郇和，比較深入觀察此地，發現睽違6、7年的猴猴平埔族，正處在「維持傳統」與「持續漢化」間拔河，村子髒亂依舊，但規模變大了，已有政府設的「社學」，「有些人幾乎仍是有著大眼睛的純種土著

（natives），有些已多少混著漢人的血統。大多數的年輕男人剃頭辮髮，看起來簡直就像漢人；不過年紀較大的男人仍然長髮披肩，有部分人則只剃前頭，把後面尚剩的長髮綁成一結，所有人仍然使用土話交談。1857年來訪迄今，村子變大了，有位政府僱請的漢人夫子駐村，教導兒童空洞的孔子思想，但小孩平常說的還是母語。村子四周圍著柵欄，有一座守望樓閣（crow-loft），以防小偷〔按：應是以預防原住民偷襲為主要功能〕。不分男女老少，每晚在附近淡水池塘祖裼相見，清洗身體。屋內無隔間、無床鋪、無桌椅，在泥地鋪上木板權充床鋪，木柴及其他雜七雜八的東西堆置角落。他們幾乎不下田耕種，也沒必要，打魚已夠維生。近傍晚時刻，漁船陸續出港，點燃漁火，沿著海岸撈捕飛魚。吃剩的鮮魚，以蒸發海水製成的鹽巴，醃漬販售或儲存備用。不過當海象險惡，無法出海，而食物短缺時，村民全體出動射捕小鳥充飢。早春期，村民捕捉

▲馬來Sagai族兩端呈鳥喙狀的獨木舟
〔Edward Belcher,《Voyage of H. M. S. Samarang》（1848）；陳政三翻拍〕

大量的綠蠵龜（*Chelonia squamata*），曬乾後吃食。他們挺樂觀且自得其樂的，使盡各種說服技巧，希望從我們身上得到煙斗、煙草、瓶子」。郇和描寫漁民捕魚的情形，正如柯培元詩云：「帆影驚濤外，潮聲落照邊。黃昏燈火盛，水面聚人煙。」

蘇澳灣有各式的船隻，「平埔人使用船首、船尾兩端呈鳥喙狀的獨木舟，他們稱這種獨木舟為barroah, 外型與稱呼都與馬來人的尖型快船（Malay proa）近似。漢人則使用廈門形舢舨（sampan），這種船通用於蘇澳、雞籠、淡水等地，乘客臉朝前坐在船首橫板，船夫手持雙槳站在船尾划船。就如福爾摩沙其他港口一樣，沿岸貿易的小型戎克帆船也常彎靠此地，它們船舷高、船首圓，便以乘風破浪。」

郇和搭乘小船朝港灣中間漢人村落划去，進入流經村南入海的蘇澳小溪，即到達看起來挺順眼的長形散村，有許多磚造房子，還有一條長而體面的商店

▲蟒甲（艋舺）——為原住民的獨木舟
〔Adolf Fischer書（1889）；陳政三翻拍〕

▲竹架撐起的簡易瞭望臺，監視跟蹤
〔Adolf Fischer書（1889）；陳政三翻拍〕

街，販賣各色各樣的雜貨。村子後面有條深溝環繞，每隔一段距離就有一座竹
子搭建的守望樓，晚間村民在上面守衛，防範山區土著的窺伺、偷襲。附近種
植水稻，到處看得到三五成群的水牛，牧人手持長矛結隊守護牛群，不遠的山
腳綴滿長草、灌木林叢，山區土著一有機會，就從那裡潛出偷牛。

　　幾天前山區土著來襲，殺了5名漢人，「村民說，他們活逮一位生番，已
送到噶瑪蘭廳（Komalan Ting）去了。官府曾懸賞每個生番頭顱12銀兩〔4英
鎊〕，但現在已降價為4兩〔1鎊6先令8便士〕。」郇和還看到更早之前某次騷
動，被逮的一位「番婦」，已被富人收為小老婆了，「她有一管小而挺直的鷹
勾鼻，銳利的橫眸，紋面的臉龐，膚色極黑，穿著漢服，撇開她的頭部不看，

宛如漢女。她原先應已結過婚，但現在被一位漢人雜貨店主納為側房，看起來似乎還滿意現況，不過很害羞，不喜陌生人品頭論足的。」

1866年，郇和於《皇家地理學會會刊》（*Proceedings of the Royal Geographical Society*）發表〈福爾摩沙再記〉（Additional Notes on Formosa），記載此行，內文僅提到飛魚（flying-fish）、綠蠵龜（*Chelonia squamata*, 現學名 *C. mydas*），未對其他動植物有所著墨，不過他在蘇澳應採到不少貝類，隔年英國研究者康寧（Hugh Cumming）發表郇和採集到的96種貝類名單；培佛（L. Pfeiffrer）發表郇和的13種新品種貝類。

淡蘭古道、隆隆嶺古道

郇和另於文末指出蘇澳有一條山路通往雞籠。這條路應是凱達格蘭平埔人踏出的「淡蘭古道」，它可以是起自暖暖，經三貂嶺、雙溪，再從貢寮鄉遠望坑口入草嶺山路，直下頭城鎮大里天公廟，出山口就可遠眺龜山島，是目前熱門、易走的「草嶺古道」之旅。也可以是《噶瑪蘭廳志》（頁46-48）上面記載的「三貂官道」，廳志前三段引自姚瑩的《東槎紀略》（1821），中間那一段走的是更早的「隆隆嶺古道」（現稱隆嶺或萊萊）：沿福隆內林溪溯行，經草嶺隧道上方及七星堆，轉隆嶺溪源流，登上隆嶺，再直下石刀鼻（頭城鎮大澳海濱），沿海岸南下大里、頭城等地。《噶瑪蘭廳志》不但記載詳盡，而且寫實，點出沿途里數、風景、地形、駐兵，以及庶民生活，廳志把古道分為五段，以下試著用白話文簡要敘述：

由淡水地區進入噶瑪蘭里程如下：

第一段：艋舺街（萬華）走50里到暖暖（1華里等於0.576公里）。在暖暖住宿一晚。

「艋舺向東10里到錫口〔松山〕街市，再5里從南港進入崎嶇的山區。雞籠〔基隆〕河發源於三貂內山，流經暖暖，到滬美〔淡水〕出海。從南港可搭船，10里即到水返腳〔汐止〕，這裡就是臺北的邊緣了，有外委小軍官〔按：可為千總——上尉，把總——中尉，或額外外委的少尉〕駐守。如從水返腳向

東行，即可到後山四季多煙雨、充滿山嵐瘴霧的宜蘭，從天山嶺迎日東行15里可到一堵。但官道仍朝北行，過五堵、七堵、八堵，10里後抵達暖暖。暖暖座落於兩山之間，面臨水深的基隆河，當地人從山區伐木，製造木炭、板材，用小船運往西南的艋舺等下游處販售；居民在河邊低下狹小的地方搭蓋草屋、店舖，圍上籬笆。每年總兵、臺灣道來北部視察時，都會經過這裡，最近已經設有兵營及傳遞公文的舖舍了。」

第二段：暖暖東行轉東南，55里到雙溪鄉魚桁仔（魚行村）。在魚桁仔住宿一晚。

「由暖暖向東約2里，出現稍微平坦的300餘畝田地。再走3里，從碇內〔暖暖碇內里〕渡過基隆河到北岸，又向東2里抵達楓仔瀨〔瑞芳鎮上天里〕，過到河的南岸，向東3里到鯽魚坑〔瑞芳傑魚里〕。搭渡船過河，攀登開發蘭陽始鑿通的窄小山路，上山下山各2里險路，嶺下即是俗稱三貂仔〔瑞芳爪峰里三爪子？〕的地方，有小軍官駐防的『汛』〔略似今派出所〕。4里外到苧仔潭〔瑞芳柑坪里〕，彎曲深綠的水道兩旁都有民宿可供休息。也可直放3里外的三貂嶺下，開始攀爬山坡，沿途佈滿長草樹林，抬頭只能看到太陽；腳下深澗水聲憾地，宛如雷聲。長數十丈的蔓藤四處橫生攀爬，路旁間雜海棠花叢。接近陡峭滑溜的峰頂，這時轎子、抬椅幾乎都派不上用場。到了海拔525公尺的山巔，在這北路最高峰頂〔三貂嶺；不過東北角尚有更高的草山，海拔729公尺，或是攀爬此山？〕，可以俯瞰大小雞籠〔基隆、三芝〕，也可看見波濤洶湧的東南海面；由西北到東北，觀音、燭臺等海中礁嶼，八尺門、清水溝、跌死猴坑〔瑞芳濂洞、海濱里交界磅磅子〕、泖鼻〔三貂角苳蘭山〕等險要的地方，都看得一清二楚。下山8里路到牡丹坑，再6里抵粗坑口〔均位於雙溪鄉牡丹村〕，搭渡船過牡丹溪，走8里為頂雙溪渡口。又行8里到魚桁子，供休息的官舍位於田中央。」

第三段：從魚桁子到頭圍（宜蘭頭城鎮）65里路。夜宿頭城。

「沿雙溪川東行8里抵下雙坑，渡過與遠望坑溪交會處，設有民壯寮防守。1里左右，抵達淡水、噶瑪蘭分界的三貂大溪〔雙溪川〕，西邊為淡水廳，東屬噶瑪蘭廳管理。由溪北東行近隆隆嶺有一舖遞，每年千總軍官會到此輪防。由內

林溪到半山腰8里，再4里抵草嶺〔按：可能不是指目前的草嶺〕，山上可遠眺高度相當的龜山島，龜頭朝北、尾巴向南。下山10里，就可轉到大里簡〔頭城大里〕，有民壯寮，正面即龜嶼，這裡就是後山了。從牡丹坑到烏石港〔頭城港口里北港口〕共設有五座民壯寮，原用意在保護往來旅客不受番害，但目前已無安全問題，寮丁成了米蟲，還向旅客抽取保護費。從這裡開始，東邊都面向海洋，是噶瑪蘭的的北境，沒有住民、田地。沿著海岸線山麓南行10里到蕃薯寮〔大里里〕，再5里為曾經裁撤、後復設置的硬枋寮隘，又4里到北關（都在更新里），駐有外委兵房的北關舖。再行8里為烏石港，冷水溪支流頭城河源自叭哩沙喃〔三星鄉〕，在這裡入海。港口有一道蛇狀的沙汕，那些懂得勘輿風水的形勢家說，此地與龜山島形成龜蛇把口的態勢，當地人建了一座真武廟〔按：內祀龜蛇合體的玄天上帝〕把牠們鎮住。春天刮起南風，中國內地及雞籠、艋舺的澎仔船到港貿易；秋天北風吹起，港口堵塞，船舶無法進出。山上設有烏石港舖，建砲臺、駐官兵以防海寇侵擾。再2里路，即到達人口密集、熱鬧繁華的頭圍。縣丞〔正八品文官〕的官署在鎮南，守備〔正五品武官，約為資淺少校或資深上尉〕官署在北邊。設有常平倉，每月按時發放戍兵配給、薪水。」

以上三段引自曾於道光元年（1821），作過7個多月噶瑪蘭通判〔正五品〕的姚瑩著作《東槎紀略》；三段路程共170里，步行至少需3天2夜。有興趣者或可試走這趟真正的「淡蘭古道」。

第四段：頭圍經礁溪到蘭城（當時仍稱五圍或噶瑪蘭城）30里。嘉慶十七年（1812）設噶瑪蘭廳通判（正五品）駐於五圍；光緒元年（1875）改為宜蘭縣，設正七品知縣，通判移駐新設的基隆廳。

「沿途山形地勢，彎曲有如弓背。由縣丞署口過渡淇武蘭川，南行5里到二圍〔頭城鎮二城里〕，再10里到旱溪〔礁溪〕，該地出產硯石，但品質不夠堅固滑潤。又3里抵沙崙舖〔柴圍？今白鵝村〕，2里到四圍〔礁溪鄉四城村〕，8里為新店〔宜蘭市北門里〕，再2里抵蘭城舖。城外宜蘭河渡船頭有小船，到頭圍水路也是30里。」

第五段：蘭城50里至蘇澳。

「東行3里民壯圍〔壯圍鄉〕，7里奇立板〔壯圍東港村〕。轉向南10里抵達羅東小村，設兼管捕盜、監獄的巡檢一名〔從九品〕，仍駐五圍城。東南行6里為利澤簡〔五結鄉利澤村〕，設有隆恩莊，又6里猴猴莊〔皆在蘇澳鎮龍德里〕，3里到馬賽〔永樂里〕，10里南關〔按：後裁撤〕，有把總〔正七品武官，約為中尉〕駐防。再5里走出車路口，即為東界盡頭的蘇澳，有五方雜處的街市、住民。」

由頭圍到蘇澳，陸路80里，一天可到；如走海路，順利的話，約半天可達；再從頭圍到艋舺古道170里，至少需3天2夜，曠日費時，十分不便。同治年間《臺灣府輿圖纂要》記載「新關頭圍到艋舺捷徑」，一日即到：

「近年木拔道通，生番斂跡；頭圍新關小路一條，山程90餘里，可一日而抵艋舺。路由頭圍後山土地坑北行，越嶺15里樟崙，東轉下嶺至炭窯坑。繞山西行15里銃櫃（此處最為險要）；樹木陰翳，障避天日。循嶺而下，穿林度石，8里為虎尾寮〔按：坪林鄉上德村虎尾寮潭〕。西南行過溪，上大嶺8里大租坑〔坪林上德村〕，4里崙仔洋。過溪，平洋3里石亭〔石碇鄉石碇村〕、6里枋仔林（石碇豐林村）、3里深坑渡；儼然一片坦途。至萬順寮〔深坑鄉萬順村〕再上山崙，6里樟腳〔景美東南〕、3里六張犁〔臺北市〕。此去15里，一帶大路，直達艋舺武營頭〔艋舺中軍守備署，清代叫福地街，俗稱剝皮寮或北皮寮，今廣州街、三水街一帶〕出口（自虎尾寮潭以下，皆西南行）」。不過這條山路很窄，僅容旅客背負往來，輿馬礙難行走。日治時代，依舊徑開關，東段為今北宜公路前身，西段自坪林起，經石碇、深坑，到木柵，為今109縣道。

尾聲：再見淡水

郇和回到淡水任所，同（1864）年7月，閒不住的他陪同塔克上尉（Lieut. Tucker）搭乘鴇鳥號（*Bustard*）至打狗、澎湖、恆春半島搜尋失事的商船涅蛇比號（*Netherby*）下落，趁機深入湛湛庄（車城鄉新街村咚咚）、貓仔坑（恆春鎮仁壽里），走訪平埔族、排灣族。9月，赴廈門就醫。11月初，由廈門直接赴打狗，承租寶順洋行（Dent & Co.）的集貨船三葉號（*Ternate*）為辦公室兼住所，1864年11月7日，宣佈成立打狗副領事館，從此揮別淡水。

郇和「西拉雅與排灣族點滴」

　　郇和在1863年發表〈福爾摩沙人種學筆記〉（Notes on the Ethnology of Formosa），提到1861年7月至12月（實際為7月至9月），短期駐紮臺灣府（Taiwanfoo, 今臺南市）期間，曾聽當地人說：「城內有一些荷蘭人與「黑鬼」（black men）的墳墓，不過找不到墓碑加以佐證。」他也聽打狗猴山（Ape's Hill, 高雄壽山）的幾位英國籍船長提到，「臺灣府北方住著一群使用羅馬字母，自稱為荷蘭後裔的族群。」

新港平埔社的「紅毛情節」

▲臺南左鎮拔馬的西拉雅平埔族
〔John Thomson（1873）；陳政三翻拍〕

　　郇和聽後，自然好奇，急於想看看這群混血兒（hybridism）長成什麼樣子。有天早上，一名外表完全像漢人的軍官來訪，「他說他的祖先是個荷蘭紅毛人（a red-haired man, Dutchman），在國姓爺鄭成功攻佔臺灣之後（Kosinga's time），留下的三千荷蘭兵之一，大家都剃光了頭，宣示效忠大明（the Chinese）。軍官還說，他住的新港社（Sinkang, 臺南縣新市鄉永就村、社內村）主要由這些荷蘭紅毛兵的後代所組成，位於北門外北方10英里處，村民仍保存荷蘭祖先的衣物及文件。他還說新港社北方與南方各有一個類似村社，住著同樣的紅毛後裔，其他族人則與漢人通婚，已經散居不同的地方了。」

　　西拉雅平埔族新港社這位軍官「有三千荷蘭兵留在臺灣生根」的說法，可能因為時間的關係，不但失真且誇大。因為1660年9月范德蘭（Jan van der Laan）奉命從巴達維亞城（今雅加達）帶來臺灣的兵力有600名，加上原駐大員熱蘭遮城（安平古堡旁）的900名，共1,500名兵力。1661年8月12日，喀游（Jacob Caeuw）率抵大員海面的援兵有725名。不計戰鬥傷亡，總數也不過2,200多名。9月中旬荷蘭反攻、大敗，損失慘重；根據《巴達維亞城日記》，9月底、10月初，荷方兵力只剩老兵370人、菜鳥498人、傷兵300人，總數只有1,168人。1662年2月10日，國姓爺鄭成功與荷蘭駐臺長官揆一（Frederick Coyett）簽署和約；17日揆一率領荷蘭殘兵敗將離臺。

　　荷蘭人與平埔族通婚或同居，史有明載。第三任駐臺長官賴賜（或譯納茨，Pieter Nuyts）就被指控強納新港女寶記（Pocke）；這個平埔女可能是首任駐臺牧師干治士（Georgius Candidius）原本想結婚的對象，賴賜「橫刀奪愛」，又把牧師調離新港社，害他無法成為「臺灣女婿」。干治士雖然失戀，不過仍相當贊成民族融合，鼓勵荷蘭人與平埔女結婚。反過來說，漢人也有與荷蘭「金絲貓」婚配的情形，國姓爺鄭成功就強納了韓柏客牧師（Rev. Anthonius Hambroek）長相非常甜美的幼女；手下大將馬信也娶了一位越南父與日本母混血的16歲「幼齒」，後者過門後還綁了小腳；其他長相稍可、被俘虜的荷蘭女孩，也都被將領們一一接收；長相較差或年老者，則淪為士兵之「妻妾」或女傭。

　　另外，明鄭時期，並不剃頭；剃頭辮髮要在1683年底大清入主臺灣之後了。所以正確說法是「留下的少數荷蘭兵，在政權輪替後，大家都剃髮光著頭，宣示效忠大清（the Chinese）」。在外國人眼中，China或Chinese係指當時在中國中原執政政權的通稱；雖然各有各的國名。

　　後來郇和有機會再見到一大群新港人，令他大失所望的是，「只有少數老年人能說原來的語言（西拉雅語），其他人只會說「潮州話」（teekchew Chinese）。不多久我發現他們說的不是荷蘭話，比較像馬來語。他們帶來的文件〔按：『新港文書』〕裡面有些荷蘭字母，書寫雜亂無章，文件之間沒有前後順序可言，顯然由不知其用途的人所抄錄下來的。來者沒有人能夠讀出任何文件，只有偶爾唸出一個荷蘭單字或其中的數字而已。荷蘭駐廈門領事葛瑞傑

▲新港文書

〔Imbault-Huart,《L'ile Formosa》（1893）；
陳政三翻拍〕

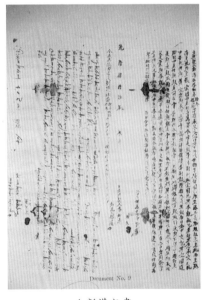

▲新港文書

〔村上直次郎《新港文書》（1933）；陳
政三翻拍〕

（De Grijs）曾嘗試解讀這些文件，但終歸失敗。」從這些字眼顯示，郇和至少收藏了兩件新港文書，只是不知道確切有多少件而已。

這群新港人還帶來兩件紅毛祖先的衣物給郇和觀看，一件說是荷蘭牧師的衣物，「那是件巨大平坦的短袖罩衫（smock），不像白袈裟（surplice），或許原是荷蘭傳教士所有。」第二件由兩件深紫色的絲織品組成，中間以微黑的布料縫接，上面繡著幾隻小金龍，有點像日本製品，「他們說是外套，不過在我看來，倒是比較像長沙發的罩布。」

郇和向來自菲律賓的西班牙裔郭德剛神父（Fernando Sainz, 1832～1895）請教這些漢人口中的平埔族（the Pepos）。郭神父說，「〔西拉雅〕平埔族男性像漢人一樣剃頭、辮髮，衣著已漢化；女性倒是保持馬來風格，她們像馬尼拉女人，在某些場合身上圍著一件及膝布料，頭髮中分，在腦後綁著半圓形髮髻。他們臣服清國政府的統治，但仍自選村社長老。」郭神父曾拜訪過幾座平埔社，但只記得其中4社的名字，「有兩社位於臺灣府東方，叫做新港及觀音（Kun-hieng，可能指大目降社，後稱觀音廟，今新化鎮觀音里），另兩社位於萬金庄（Ban-kin-shan, 屏東萬巒鄉萬金村）與杜君英

（Toa-kun-lieng, 屏東內埔鄉老埤、中林村）。」
郭神父還說這些族群的語言與菲律賓土著語相
似，「而且認為臺灣的平埔族與菲律賓土著確淵
源於馬來族（Malay origin）。」

郭德剛神父曾在菲律賓服務，對於菲律賓土
著有深入觀察，1865年到臺灣傳教，迄1869年離
臺，因此他對菲律賓與臺灣土著間的觀察、比
較，有其一定程度的依據。不過根據美國博物學
家史蒂瑞（Joseph Steere）於1873～1874年間在
臺灣與菲律賓兩地所蒐集的資料，臺灣平埔族與
傳統認定的臺灣原住民間的語言有共通性，也有
差異性；臺灣平埔族與呂宋島原住民塔加羅族及
菲律賓中部維薩雅群島（Visayan Islands）也是如
此。請參閱書末附錄〈原住民族語言對照〉。

▲西拉雅婦人與小孩
〔John Thomson（1875法文
版）；陳政三翻拍〕

排灣初相會

郇和與排灣族的接觸早自1857年（咸
豐七年）即開始，當年他搭乘英艦剛強號
（*Inflexible*）首度環島旅行，在屏東枋寮、
內寮附近「發現有些漢人迎娶排灣女子為
妻，後者膚色較漢女深，呈褐色；頭髮用紅
綿布纏繞，結成排灣族特有的辮狀；不過衣
著已經漢化」。1858年第二度搭剛強號環航
臺灣，在今車城鄉射寮登陸，「小村〔平
埔〕居民捕魚維生，為混血人種，有幾位女
人是純種山區（排灣）原住民」。當時恆春
半島「琅嶠下十八社」兇殘著名，外人聞之
喪膽，他們也不敢深入。

▲西拉雅少女
〔J. Thomson（1875）；陳政三翻拍〕

　　1861年7月10日至12月18日間，郇和在臺灣府（臺南）開設「英國駐臺副領事館」，雖然為時5個多月，但其間曾至廈門就醫，實際待的日子並不多，因此沒有時間外出探險。當時他向郭德剛神父請教，從神父口中得知不少有關排灣族的資訊。郭神父是清代首位來臺佈教的傳教士，主要傳教區在打狗（高雄市）與萬金庄（屏東縣萬巒鄉萬金村），郇和與美國駐廈門領事李仙得（Charles W. Le Gendre）都稱他 "Padre Sainz"; padre為西班牙文，「神父」或「教士」的意思。

　　郇和在〈福爾摩沙人種學筆記〉，內文坦承1861下半年駐節府城期間，沒有機會訪問排灣族，大部分資料來自郭德剛神父的筆記。郭神父敘述有次喬裝，想路過漢人村落，到排灣山區宣教，但被村民發現居然是個「洋鬼子」，不讓通過；神父不放棄，改乘小船沿著海岸南下，在一處山海交界的地方驚險地登陸，「立刻有武裝的傀儡人（Kalees, 排灣族）下山盤問，神父說只是來做親善拜訪，他們要求獻上給酋長的見面禮，神父答稱他是個窮人，只有兩罐空啤酒瓶當薄禮。土著回報酋長，沒想到酋長居然滿意得很，立即遣人迎接，兩位土著手臂交握，抬著神父上山。神父見到酋長的兩位兒子，還拿出左輪手

阿猴（屏東）附近排灣族酋長住屋〔Shinji Ishii 文：陳政三翻拍〕

槍，開了幾槍，以娛主人；主人大樂，邀請神父搬到部落來住，協助他們驅逐漢人。神父對此行深感滿意，表示假如澳門主教批准，他想搬到山區定居，以便傳布福音。」

　　這個部落可能不是郭德剛向郇和提到的Tanasia（丹林社或他那修社，屏東來義鄉丹林村），Ka-chassan（泰武鄉加走山社），Kisien（泰武鄉佳興村？當地為Puntei——佳興社或稱糞池社居地；還是錫干社？）三個部落之一，因為這它們並不靠海岸。根據王瑛曾《重修鳳山縣志》〈卷三·風土志·番社篇〉（宗青版，頁60）載，傀儡山歸化「生番」共二十七社，其中有陳阿修社（即他那修社）、加走山社與錫干社。據說三社共有6,000～7,000人，「無疑的是馬來族，很像呂宋土著」。他們擁有耕田的水牛，住在靠山洞的穴式屋內，男的蓄長髮，偶用頭巾包頭；除了神父見到的2位酋長兒子，穿著華服外，其他男人全赤身裸體。女的則只在下體圍上苧麻布。「他們喝漢人供應的米酒，也就是歐洲人熟知的「三酒」（Samshoo）」。早期洋人用samshoo, samshu或samsu等類似發音，描述漢人提供原住民喜飲的酒，偶譯為火酒、土酒、燒酒等。根據翁佳音的考據，應為古語「三白」或「三酒」之近似發音；〈周禮·天官·酒人〉載：「酒人掌為五齊三酒，祭祀則供奉之」。早期臺灣三酒的原料可為米、黍、粟、蕃薯等物。

　　土著先以竹杯承酒，用右手食指、中指沾酒朝三個方向彈灑，再敬在場人士，最後自己才喝，」這種喝前彈灑儀式，見諸許多其他原住民族群，有祭天敬祖之意。除了酒，排灣人用苧麻布、草蓆、鹿角等山產，與漢人交換所需之物。他們的長矛、鐵刀、弓箭等武器甚為傳統，顯見當時尚未擁有大批的火槍。郭神父認為幸虧有高山險阻，排灣人才能抵禦漢人的推進、拓墾。

　　1864年5月5日打狗（高雄）海關正式設立，

▲胸、手臂刺青的排灣男子
〔取自總督府理蕃局《Report on the Control of the Aborigines in Formosa》（1911）；陳政三翻拍〕

▲排灣族的人頭骨架〔總督府理蕃局；陳政三翻拍〕

此時已有淡水關（1862年7月18日）、雞籠關（1863年10月1日）營運，所以往來通商的船舶絡繹不絕；相對的，根據達飛聲（James Davidson）*The Island of Formosa, Past & Present* (1903, pp. 181-182) 的統計，該年至少就有六艘洋船在臺澎海域失事，僅次於1866年的七艘（原文稱八艘，不過不能記入7月宮古島觸礁的*Fairlight*號）失事事件。1864年的六艘中，確認是英國船籍的佔一半，三艘英船有兩艘分遭澎湖、鹿港附近居民洗劫，只有較幸運的蘇姍・道格拉斯號（*Susan Douglas*）於該年3月擱淺綠島，受到島民善心款待一個多月，船長搭小帆船到打狗求援，船員除了一名夏威夷人不幸病死，其餘均由英國砲船鴇鳥號（*Bustard*）前往救出。由於當時臺灣沿海百姓「靠海吃海」的惡名昭彰，於是英國海軍派遣軍艦分赴各地搜尋、「逞兇」。駐淡水副領事郇和當然把握機會，也責無旁貸，1864年7月跟著砲船鴇鳥號到茶船涅蛇比號（*Netherby*）同年4月間可能擱淺、遭搶的澎湖、恆春半島一帶察訪，因此有與排灣人更進一步接觸的機會。涅蛇比號雖然在澎湖北方岩礁擱淺、遭搶，但茶貨被搶一空，船身反而浮起，得能脫困，可謂塞翁失馬。不過郇和前往時，還不知道該船確切的下落及遭遇。

郇和於〈福爾摩沙再記〉

▲清末日初打狗港
〔取材自《臺灣鐵道》（1910）；陳華民翻拍〕

▲竹筏（竹排）
〔T. Kawata,《Formosa Today》（1917）；
陳政三翻拍〕

▲海岸登陸用之有帆竹筏
〔（Imbault-Huart書；陳政三翻拍）〕

（Additional Notes on Formosa）（1866）乙文詳細記載該行見聞。1864年7月間，他與鴞鳥號艦長塔克上尉（Lieut. Tucker），先到涅蛇比號可能擱淺、遭搶的澎湖海域探查，隨後轉往恆春半島一帶；可見7月間尚未確知該船失事地點就在澎湖。鴞鳥號航抵風港（屏東縣枋山鄉楓港村），那裡有座泉州移民大村，村民有幾艘漁船，偶爾出海捕魚。四周山區密林環繞，楓港溪由東而來，在村北入海，「沿溪山谷處，村民取得原住民許可開墾，每45袋米糧須繳納一袋的地租給後者」。楓港附近本為排灣族「琅嶠下十八社」之一射不力社之故居地，郇和稱的原住民，指的應是該社。根據美國廈門領事李仙得1869年訪問該地的報告，內載：「風港盆地以生產福爾摩沙島最好的米聞名，可惜產量不多。」

鴞鳥號繼續南行，停泊琅嶠灣（Lungkeaou Bay）。「中間的村子叫琅嶠，離沙灘有段距離，〔木柵〕城牆設兩座城門，挖有壕溝環繞，上鋪木板橋進出，我估計住約1,000漢人，」郇和稱的「琅嶠」即是柴城（今車城）的舊名，5年後李仙得在〈廈門與福爾摩沙島領事報告書〉（Reports on Amoy and the Island of Formosa）寫道：「柴城（Chasiang）在地圖上稱為Liangkiau, 在同名的海灣北邊，據說居民有2,000人」。琅嶠源出排灣族稱西海岸柴城一帶之名

稱，荷蘭音譯為Longkiaw或Lonkiu, 明鄭、清代寫為朗嬌、瑯嶠、琅嶠、琅璚或樂郊，至1875年設恆春縣城，瑯嶠地名才由車城一帶轉至原稱猴洞的恆春。至於它的原意有幾種說法：(1)指柴城附近的一種蘭科植物；(2)鳥居龍藏稱其老地名Bujabujau, 為鯊魚（Buja）出沒之處。這與卑南族稱恆春城為「多魚之處」（Vazia Vaziao）相吻合；(3)早期客家人則稱瑯嶠地區為「壟勾」；(4)李斯（Ludwig Riess）認為該地屬非排灣族、更早的先住民「瑯嶠人」（Lokjous）居住，後者極可能來自琉球，因此瑯嶠係「琉球」一詞的音轉。不論何種稱呼，皆為更早的瑯嶠語或稍後排灣語之音譯。

柴城（車城）

湛湛庄

貓仔坑

▲1864年7月郇和探訪恆春半島排灣族

探訪百步蛇子民

「瑯嶠人」的說法很有意思，代表「大魚吃小魚」的族群融合過程。排灣族信奉「蛇生起源說」；但另一族相信「太陽卵生起源」傳說的下排灣社（史排彎社, Spaiwan）可能即是「箕模人」（Chimo）的後代。據日治時代研究者，以及李亦園院士〈來義鄉排灣族中箕模人的探究〉乙文，箕模人係指原居住在山腳下，而與排灣人不同的族群，它是一個非常古老的族群，比排灣還久遠，不論是起源傳說、宗教信仰、生活習慣皆與排灣有別。目前箕模人已融入排灣族了，不過早年老一輩仍可分辨彼此的差異。只是不知道箕模人與李斯（Ludwig Riess）提到的、可能來自琉球群島的瑯嶠人（Lonkiu）是否有關？李斯引述荷蘭人的記載：「荷蘭人在島的南部高山中，發現瑯嶠人與裸體的蠻人雜居20個村中，他們與島上所有其他馬來人有人種學上的明顯差異。這種民族，比附近的村民開化得多，膚色比較好，體格較小，生活在貧窮的狀態。」

另外，兩者間的比較，在1874年3月中下旬，美國博物學家史蒂瑞（Joseph Steere）探訪中北排灣高燕社（或稱巴達煙社, Padain）、射鹿社（Tsarisi）時，並未發現、深究；有興趣者，請參閱筆者〈約會在伐灣—射鹿、高燕探險行〉

▲排灣族人面雕刻立柱
〔國立臺灣博物館提供〕

▲排灣族木盾
〔國立臺灣博物館提供〕

▲排灣大鐵刀
〔國立臺灣博物館提供〕

▲排灣族琉璃珠頸飾
〔國立臺灣博物館提供〕

▲排灣族陶壺
〔國立臺灣博物館提供〕

▲排灣族陶壺
〔國立臺灣博物館提供〕

▲排灣族佩帶
〔國立臺灣博物館提供〕

▲排灣族石板屋〔陳政三攝〕

▲排灣石板屋
〔取自總督府理蕃局（1911）；陳政三翻拍〕

（收於《紅毛探親記》臺北：五南，2013）對信奉「蛇生起源說」的射鹿（Tsarisi）、高燕社，與定居伊達布魯溪西邊對岸、信奉「太陽卵生說」的下排灣社（史排灣社, Supaiwan）之族群差異的考證；前兩社為排灣族，後者有可能是殘存的箕模人。三社目前都位於屏東瑪家鄉筏灣村。

郇和描述抵達後初步觀察，以及當地人的反應，「海灣北邊有（田中央及海口庄）二、三座小村落。村民警告我們，過了海灣，往南那裡的漢人住民甚為桀傲不遜，不可輕信；同時拜託不要讓水兵在（四重溪）河口沙洲外洗澡」。沿岸灌木林由內地延伸到海濱，據說山區土著常在晨間潛伏林叢、伺機而動，難怪到海濱迎接郇和等人的琅嶠村民都攜帶長矛、弓箭，這也是他們外出的基本配備。訪客被迎近柴城，庄內部分建築為磚造房屋，生活似乎過得不錯，「從女人的髮式判斷，她們大部分多多少少都有原住民血統」。

第二天，郇和與軍官率領3名武裝水兵，偕同攜帶劍、長矛、短拐杖的「3位琅嶠、1位附近村莊頭人」，一齊出發，穿過水田田埂，南行1.5哩來到保力溪北的小村。郇和指的3位頭人，可能是「柴城的董煥瓊、田中央的林國明，以及新街庄的張光清」，他們在1874年「牡丹社事件」前後十分活躍，

曾導覽樺山資紀、
水野遵探險恆春一
帶，協助日軍征討
牡丹社、高士佛
社。柴城南邊、保
力溪北，有道光初
年（1851）閩籍張
光清建的新街庄；
以及乾隆末年閩籍
陳元品與潘姓平埔
族及排灣貓仔社通
婚，而形成的湛湛
庄（車城鄉新街村
咚咚）；郇和指的

▲排灣族少年會所

〔《Report on the Control of the Aborigines in Formosa》（1911）；陳政三翻拍〕

▶排灣族樹蔭下的搖籃曲〔臺灣總督府理蕃局，《Report on the Control of the Aborigines in Formosa》（1911）；陳政三翻拍〕

溪北小村應是後者，「雖然該村的男人剃頭辮髮，頭戴漢人瓜子帽，但大部分男性及所有的婦女，仍深具原住民血統。大部分村民都在耳垂穿孔，插入鑲銀的扁平小木棍，有些婦女另掛上彩色玻璃珠做的耳飾。所有的女人用紅絲線把頭髮挽起兩層，上年紀的老嫗看起來很醜陋。」

這個地方為何不是保力庄（車城鄉保力村）呢？一則保力在柴城的「東南方」，二則乾隆初年即有大批客家人移墾的保力，雖也是原、漢混居的村落，但當時已非「小村」。根據美國駐廈門領事李仙得（Charles W. Le Gendre）1867年9、10月間，來臺處理「羅妹號事件」所提出的報告，保力（Poliac）為客家人、原住民混居的村莊，是山區土著的物品供應中心，除可購買到火藥、子彈，甚至還可從當地火槍製造廠，買到比清國士兵所使用、更先進的槍械。參閱Davidson, p. 119; Robert Eskildsen編輯*Foreign Adventure and the Aborigines of Southern Taiwan, 1867～1874*（臺北：中研院臺史所，2005），p. 75.

至於郇和為何將另一名頭人單獨列出，這名「附近村莊頭人」不知是否為社寮（今射寮）平埔村頭人？如是，他就是曾在1867年以後，以及牡丹社事件（1874）擔任過日軍翻譯的綿仔（Miya）之父親；根據任教美國Reed College的費德廉（Douglas Fix），於2005年11月24日在中研院臺史所「國家與原住民」研討會發表的 "Political Economy on the Hengchun Peninsula, 1850～1874" 論文（p. 10），內載Miya「漢名」是Yeu Tick-tchien; Robert Eskildsen（p. 165）則稱Mia漢名Yen Ticktchien；u或n常在書寫時因筆法關係而誤判，兩者都是根據李仙得向美國國務院提出的報告資料。Yeu或Yen可能是楊（Yang）的閩南臺音，似名叫「楊德（竹）清」的類似發音，因為射寮當地楊家，迄今每年陰曆九月初九，仍有類似平埔「跳戲」習俗。參閱《臺灣地名辭書卷四：屏東縣》（南投：省文獻會，2001），頁703。

一行人頂著大太陽，沿保力溪北岸滿佈尖石、頁岩的河床旁小徑東行，湍急的溪水在山腳處沖刷形成深潭。順著一條橫跨淺水處的牛車路，涉渡過溪南，這個地方應該已是當時排灣貓仔社居住的貓仔坑，目前恆春鎮仁壽里境內。沿著樹蔭遮蔽、景色秀麗的牛車大道前行，路旁出現圈養牛群的牧場，兩位攜帶弓箭、健壯的原住民青年正在照顧牛隻，「他們剃頭辮髮，幾乎全裸，

只在腰際前後圍上遮
陰布，兩塊腰布在左
側重疊，右側則完全
洞開；臉部鼓起，
四肢發達，膚色深
褐，表情看起來挺順
眼的，但散發著野
性」。

繼續前行，在一
位漢人開墾戶住家

▲早期清朝及日治前期二輪牛車〔Davidson書；陳政三翻拍〕

略事休息，再到附近幾位傀儡人住的小聚落參觀。「他們合住一間泥壁茅草搭
蓋的長屋，裡面再用泥壁格成幾戶，各包含一間主臥房與邊間的住家單位。房
間狹小、低矮，只有中間門戶滲入的光線照明。長屋另端，連著幾間簡陋小茅
屋。每個房間有張桌子、幾條粗板凳，一張置於地面、沒有床腳、未罩蚊帳、
上鋪草蓆的木板床。陶器用品中，有幾個漢人製的藍色飯碗。刷得粉白的牆上
裝飾帶角雄鹿頭，鹿角也兼作槍架來用，上掛擦拭晶亮的火槍，」郇和認為排
灣人已經受到漢文化的影響，屋前堆著剛收割的稻穗，顯示已經逐漸注重農業
栽種。

「男王」與「女王」

「這裡的土著隸屬於傀儡族豬勝束社（the Choojuy tribe of Kalees, 滿州鄉
里德村），在大頭目卓杞篤（Tok-ke-tok）及4位兒子管轄下的村社共有一萬
人，」郇和此處點出「琅嶠下十八社」神秘的大頭人卓杞篤有4個兒子的說法
或事實：這與George Taylor在"Formosa: Characteristic Traits of the Island and Its
Aboriginal Inhabitants," in: *Proceedings of the Royal Geographical Society*（April
1889, pp. 224-239）說的「老卓杞篤酗酒而死，繼任的3位也是喝死的，目前的
第四位繼承者〔按：朱雷〕也喝得趴呆趴呆」的說法似乎相呼應。如此，更可
確定潘文杰不可能是1874年隨日軍征臺的豪士（Edward House）或長住臺灣的

甘為霖牧師（William Campbell）認為的「幼子」（youngest son）了。這在解開某些疑點，如清末日初著名的潘文杰是否為他的「兒子」、主類或朱雷·土結（小卓杞篤）與潘萬金（Vankim）的身分等，十分重要。不過這個複雜的、可能永遠解不開的家譜考據，留待另文討論。

郇和聽說的下十八社人口可能高估，根據1874年隨日軍採訪牡丹社事件的《紐約前鋒報》（*The New York Herald*）記者豪士（Edward House）《征臺紀事》（*The Japanese Expedition to Formosa*）（Tokio: 1875）的記載：「琅嶠山谷移民村漢裔頭人估計，目前琅嶠下十八社擁有的武力約有2,360人」。下十八社只是一個籠統的說法，每個時期數目不一定相同。《恆春縣志》（1894）頁310-311內載：「琅王喬下十八社（今添兩社）：豬勝束社、文率社、龜仔角社、牡丹社（內附爾乃中社大社）、高仕佛社、加芝來社、八姑角阿眉社、射麻裏社、四林格社、八磘社、竹社、上快社、下快社、射不力社（更名善化社，內有五社）、射麻裏阿眉大社、萬里得阿眉社、八磘阿眉社、羅佛阿眉社、麻仔社（內有山頂、山腳之分）、龍鑾社（附大坂垺社）」。鳥居龍藏在1898年底調查結果，宣稱「下蕃社」共有二十八社，戶數854，人口3,405人。另外，李仙得與豪士都發現：「老卓杞篤在下十八社的統治權威並不像外界想像中的那麼穩固，實際上只不過是豬勝束社小部落的頭人而已。他之所以擁有這樣的虛名，乃是龜仔角人肇禍，招來外力入侵，所展現的傑出危機處理能力，因而獲得其他社的尊敬」。

郇和另指出一項同時代其他人未曾提過，但英國外交文書有載，挺有意思的「排灣女王」說法，「傀儡族都效忠於一位世代傳承的『女卜師』（a woman, Potsoo），據說她曾在臺灣府附近的山區召開部落會議」。往前推200餘年，1660年10月至1662年2月定居臺灣，曾目睹國姓爺攻臺的瑞士籍荷蘭傭兵何波（Albrecht Herport），在〈臺灣旅行記〉也提到距離大員（安平）4天航程，約南臺灣恆春半島附近的Cardanang地區，由一位女王統治，她善待荷蘭人，因此荷蘭人就稱她Cardanang女王。排灣族為「長嗣制」，不論生男、生女皆由長女或長男繼承，無重男輕女觀念，即便目前仍有女子出任頭目。

郇和看到的排灣族布曹爾亞族（Butsul）南排灣人都剃頭辮髮，與漢關

係良好,「不過兩族間仍互不信任,離家時都隨身攜帶武器。」他摘記一些恆春南排灣語數字及詞彙,如將郇和的採集和1874年初美國博物學家史蒂瑞(Joseph Steere),*Formosa and Its Inhabitants*(臺北:中研院臺史所,2002)搜集的屏東瑪家鄉排灣村,布曹爾亞族高燕社(Padain)、射鹿社(Tsarisi)中北排灣語;1903年達飛聲(James Davidson),*The Island of Formosa, Past and Present*(N.Y., London & Yokohama: 1903),附錄所載排灣語;以及1990～1999年,張秀絹,《排灣語參考語法》(臺北:遠流,2000)搜集屏東三地鄉賽嘉村、三和村為主的拉瓦爾亞族(Raval)北排灣語相比,則形成跨時空、不同地區的有趣對照。每個詞彙,第一字為郇和搜集、第二字史蒂瑞(附有音調標幟)、第三字達飛聲、第四字張秀絹:

1:Eeta / ītā / Ita / ita   2:Lusa / dūsā / Rusa / Dusa

3:Tolo / tīrū / Tsru / tjeLu'   4:S'pat / spāt / Spat / sepatj

5:Lima / sīmā / Rima / Lima   6:Unnum / ŭnūm / Unum / unem

7:Pecho / pī tū / Pitu / pitu   8:Haloo / hārū / Aru / aLu

9:Siva / shīvā / Siva / siva   10:Polo / tāpūrū / Puru / puLu'

100:Tai-tai / S缺 / D缺 / taidai   1,000:Koo-joo / S缺 / D缺 / 張缺

銀:Hwaneekeo / S缺 / D缺 / 張缺   火:Sapooy / sāpūī / Sapoi / sapuy

(註:史蒂瑞蒐集、現存的29件「新港文書」,其中乾隆三十四年正月立契的第23件Text 16,西拉雅語「銀子」或「銀兩」記為vanitok; *see Formosa and Its Inhabitants*, pp. 192, 203.)

　　由上述比較,可知道南、北排灣語差異不大;如果將之與早期或近期魯凱族語相對照,也可發現排灣、魯凱語言共同性極高。難怪兩族曾被清代通稱為「傀儡人」,日治初期魯凱族一度被稱做「澤利先」,納入排灣族群中的一支。

臺灣──南島民族原鄉?

　　郇和遇到一位少年土著,單耳掛著大耳環,一副傻樣子,「漢人說他近乎白痴,屬於北部阿美斯或卡美斯族(Ah-mees or Kahmees),小時候即被擄來,所以不懂母語。據說該族住在離此十天路程的地方,他們稱『火』為Laman, 與

〔北泰雅大嵙崁群〕奎輝社〔桃園縣復興鄉奎輝村〕相同」。奎輝社屬北泰雅，稱火Ponnyak；蘇澳猴猴族與宜蘭噶瑪蘭族才稱火為Laman或Ramah類似阿美的Laman或Ramal發音，郇和可能搞混了他曾到過的宜蘭平埔及泰雅奎輝社的在地話了。清代，北部阿美自稱「邦咱」（pangtsax,「人」或「同族人」之意），南部阿美族自稱「阿美斯」（Ah-mees）（「北方」──北部遷居來的意思），官方文獻統稱為「阿美」或「阿眉」，從早期中文文獻記載來看，住在恆春半島的阿眉族人；早期日本人類學者則以「阿眉」統稱阿美族。郇和指該族亦稱卡美斯族（Kahmees）；此語源出古南島語qamiS,「北方」的意思。

近期學者如Malcohm Ross（1994）認為：「Amis這個字，似乎是古南島語qamiS衍生出來的，可能是遷居南方島語的族人仍記得他們居住原鄉（臺灣）的親人」。他用這種說法呼應Lawrence Reid（1982）提出的「阿美族向南擴散到波里尼西亞語區」的說法；換句話說，也就是Peter Bellwood(1991), Darrell Tryon（1995）, Jared Diamond（2000）提出的「臺灣是南島民族的原鄉說」。不過Tryon無法解決「那麼在定居臺灣之前，又來自何處？」的問題，他附加「南島民族是在5,000多年從中國南方遷居臺灣；定居一段長時間後，其中有一支可能住在臺灣東南的族群，向南擴散到菲律賓，再從菲律賓擴散到婆羅洲、蘇門達臘、爪哇……等地」。「臺灣原鄉說」尚無定論；但Ross的說法有矛盾，如果成立，那麼說法應改為「古南島語qamiS這個字，似乎是Amis衍生出來的」。

多元族群的半島

郇和發現小聚落附近的排灣人不論身高、膚色、臉孔、鼻子都長得不一致，「有的傀儡人身材高壯，有的矮胖；有的膚色像漢裔勞動階層般的黃褐色，有的是深褐色；有的頭部及下巴很大，像馬來人，有的則似蒙古型。眼皮深而內陷，雙眼分開極遠。鼻子形狀不一，沒有扁凹狀，大小適中；鼻孔不太朝天，鼻樑位於正中。一位瘦小黝黑的老人令我不禁想起幾乎相似的某位奎輝社老頭，兩族之間似乎有所關聯」。郇和未解釋為何恆春半島的排灣族，外觀差異如此之大。這肇因於半島排灣人與卑南、平埔、阿眉、漢人間的通婚、混

血造成。下十八社中，卓杞篤的豬朥束社，以及射麻裏社（Sawali, 屏東縣滿洲鄉永靖村）、龍鑾社（Lingluan, 恆春鎮南灣里龍鑾山）、貓（麻）仔社（Baya or Biah, 恆春鎮網紗里貓仔坑內及仁壽里貓仔坑）為來自卑南族知本社的移民，被稱為「斯卡羅族」（Suqaro 或 Su-garogaro），即「排灣化的卑南人」；日治時代研究者認為，即連牡丹社（Botan, 牡丹鄉牡丹村）、四林格社（Chinakai, 牡丹鄉四林村），也可能是來自卑南族。另外，阿眉人陸續移入，成為附庸於排灣族的「工奴」，加上四散的馬卡道平埔族，洶湧而至的漢籍拓荒者，原居的琅嶠人、排灣族，構成繽紛的恆春風情與人種。筆者曾解讀Baya（House用詞）或Biah（D. Cassel用法）為八瑤社（拙譯註《征臺紀事》，頁142）；但後來發現根據House的 *The Japanese Expedition to Formosa*（p. 114）所附地圖，以及他刊登於1874年8月17日《紐約前鋒報》的報導，Baya社位於社寮東方、竹社南方的中央山區，那麼就非位處東岸的「八瑤社」（牡丹鄉高士村）、而是「貓仔社」或「麻仔社」了。Baya應發音為「麻啊」或「麻仔」，貓意為「山貓屬」，閩南臺音發作「麻啊（仔）」。

郁和遇到的恆春排灣男人髮式就像漢人，雖也剃頭辮髮，但仍不忘戴上喜歡的花花草草頭飾。他們上身穿著傳統無袖馬甲，但用的衣鈕已是漢式。為了不妨礙射箭扳拉弓弦，下身褲裙開口在右側。衣物顏色以藍色、紫色、淡褐色為主。右肩側揹白金屬鍊帶斜至左邊，再以紅玉髓珠串吊掛小包囊。鐵刀收於單框刀鞘內，插在腰後衣帶。有的還持長矛，或弓箭，箭尾無羽毛。根據鳥居龍藏的考察，早期先住民只有居住海拔極高的布農族與鄒族使用帶羽翎箭，其他族群則深怕公雞啼叫聲暴露部落所在，都不養雞，所以缺少翎羽來源。男女皆穿耳洞，男的插上竹管或木材當飾品，女人則喜佩帶彩珠小耳環或紅穗棉花梗，類似奎輝社的女性一樣；男女同樣都喜佩帶貝珠項鍊。女人的短袖上衣短到僅蓋過胸部，腹部外露，腰裙及膝。郁和覺得此地女性與蘇澳的女人衣著大體相似。如此看來，前陣曾流行時髦女子露肚臍的裝扮，可不就是「復古」裝扮？而且是「南島風復古裝」。

就像在奎輝社一樣，與土著見面似乎總要比畫一番，他們在屋旁山腳灌木林試槍，「步槍與手槍的威力讓土著頗為吃驚，他們不服氣地展示弓箭準度，

不過堅持等接近標靶數碼才射出箭，」他在〈福爾摩沙再記〉花了大篇幅描述排灣原始武器，「弓極為粗糙，用硬木造成，中間凹口供擺箭瞄準；箭長約2.25呎，用堅韌的有節蘆葦桿做成，無尾翎，箭鏃用鐵器或鯊魚牙齒作成，雖然尖銳，但射程不遠。射箭時，右手食指、中指、拇指拉弓，左手握弓架箭。長矛或為竹竿或為木竿，一端插入鐵矛頭，再用樹藤綁牢。傀儡鐵刀與前次我在貴學會年會，所展示的那把奎輝鐵刀極相似。不過琅嶠土著沒有紋身習慣」。他指的「前次」應是1863年12月14日在皇家地理學會年會發表、介紹奎輝社的〈福爾摩沙島筆記〉（Notes on the Island of Formosa），該文後登於學會1864年會刊。

排灣人稱紋身為"Butsik"（「賦予形狀」或「具像化」之意），男性刺在胸前、背後、手臂及小腿上；女性只在手腕、手背刺青；不過沒有紋面習俗。而且限於貴族才可紋身，或是用納貢的方式，「買得」可以刺上非屬貴族專利的某些紋飾權利。郇和見到的排灣人顯然是買不起紋身權利的平民佃農。鴇鳥號繼續往南灣巡弋，當時的南灣港澳尚是一片密林，而下排灣族正是人人聞之色變的族群，他們不敢登岸深入。

打狗生活

返回淡水，郇和又陷入「探險後總要大病一場」的惡性循環，1864年9月間到廈門就醫，11月5日由廈門搭乘漢堡籍帆船日本號（*Japan*）直接赴打狗（高雄），7日抵達，承租寶順洋行（Dent & Co.）的集貨船三葉號（*Ternate*）為辦公室兼住所，租約半年；7日當天即宣布成立「打狗副領事館」。儘管公務纏身、身體違和，1864年除了發表〈四種臺灣新鳥種與鳥類筆記〉（Descriptions of Four New Species of Formosan Birds, with Further Notes on the Ornithology）（刊於《朱鷺》季刊——*Ibis*）、〈國姓爺刺鼠〉（On a New Rat from Formosa）及〈臺灣黑熊〉（The Formosan Bear）（刊於《倫敦動物學會會刊》），還在《中華與日本文庫報》（*Chinese and Japanese Repository*）發表〈福爾摩沙島簡述〉（General Description of the Island of Formosa）、在《動物學家》（*Zoologist*）發表〈福爾摩沙博物學隨筆〉（Natural History Notes, principally from Formosa）二文。如果他不是外交官，而是專業學者，也不得不令人佩服是位用功且多產的研究者。或者稱他是「專業博物學家」、「兼差外交官」，更符合實情。

郇和在1865年元月初至2月初間不假外出，神秘失蹤一個月，開小差到香港、廈門。雖然擅離職守東窗事發，被暫代理駐清公使館務的漢文正使威妥瑪（Thomas Wade, 1871～1882任駐清公使）發覺，卻無礙英國外交部於2月21日正式發布人事命令，升他為駐臺領事；4月底，打狗副領事館正式升格為領事館。該年也仍如以往一樣，陸續發表序列探險、研究文章：〈福爾摩沙原住民筆記〉（Notes on the Aborigines of Formosa）、〈福爾摩沙蓪草紙〉（The Rice-paper of Formosa），以及《朱鷺》季刊5篇有關鳥類的讀者投書（*Ibis*, 2: pp. 107-112, 121-123, 230-234, 346-359, 538-546）。另外還翻譯余文儀《續修臺灣府志》第十八卷上載的41種鳥類、13種獸類，在《皇家亞洲學會北華上海分會會刊》發表〈福爾摩沙鳥類與野獸：譯自《續修臺灣府志》，附加觀察筆記〉（Neau-Show: Birds and Beasts of Formosa. Translated from 18th Chap. Of revised edition of the *Tai-wan-foo-chi*《*Statistics of Taiwan*》：with critical Notes and Observations）。

1865年5月初，三葉號租約到期；遷入位於打狗港入口北邊、猴山麓哨船頭東側山丘民宅，作為英國領事館館舍。1866年2月底奉調駐廈門領事，4月4日正式接任。駐打狗前後17個月期間，還兼任普魯士、葡萄牙、丹麥副領事，一度遭威妥瑪懷疑他「兼差搞錢」；不過，當時大清各地常有英美領事兼任其他國家的領事事務，兼差者多少撈點「合法」的「好處」，也是理所當然。郇和當然有機會到處旅行、探險，包括外界知道的1866年1月底茇濃溪、2月底六龜之旅。同年年底，接獲景仰甚久的「進化論」大師達爾文（Charles Robert Darwin, 1809～1882）回信，鼓勵他在博物研究方面繼續努力；這是1862～1874年間，達爾文唯一答覆熱情景仰者郇和17封去函的回音。

1866年他在《朱鷺》季刊（*Ibis*, 1866, 2: pp. 108-112, 129-138, 292-316, 351-358, 392- 406, 543-546）發表6篇臺灣鳥類新發現文章：其中pp. 292-316登載 "Description of New Species of Formosan Birds with Further Notes on the

Ornithology of the Island," 記錄粉紅鸚嘴、大冠鷲（蛇鵰）、青背山雀、山紅頭（畫眉科）、綠鳩、鴛鴦、灰林鴿、白眉黃鶲；pp. 392-406介紹黃胸青鶲、小鶯的新紀錄；pp. 543-546登載"Descriptions of Two New Formasan Birds: *Turnix rostrata*（棕三趾鶉），*Cuculus monosyllabicus*（單聲杜鵑）"。

再見福爾摩沙·再見英格蘭

　　郇和於1867年8月2日在《德臣西報》（*China Mail*）發表〈傀儡人的數字〉（*Kali numerals*），應該是1864年7月搭鴇鳥號南行蒐集的成果。1867年8月底，他搭乘雷那多號（*Rinaldo*）軍艦到澎湖青螺澳（今澎湖湖西鄉青螺村）虎頭山探勘當地的煤藏；當年9月2日仍以駐廈門領事身分提出一份調查報告（Consul Swinhoe to Sir R. Alcock, British Consulate, Amoy, Sept. 2, 1867）。有稱他於1867年調駐寧波領事〔可能未上任，或上任不久即長期請病假〕。1868年11月底，因樟腦糾紛、洋教案引爆「英船砲擊安平事件」，郇和奉命以「駐臺領事」（the Consul of Taiwan）身分返任，12月11日搭乘雷那多號（*Rinaldo*）軍艦抵臺處理善後事宜，迄翌年1月底前滯留南臺；不過他贊成署領事吉必勳（John Gibson）的做法，不但未執行上級要他暫時接管吉必勳職務的命令，而且仍縱容後者繼續擔任領事工作，使得清英交涉愈加惡化。1869年1月底他迫不及待地「稱病」離臺，2-3月（或至4月）間搭乘鴿子號砲船（*Dove*），上溯楊子江，遠至四川考察長江流域及航道。當年6月間再度來臺接管領事事務，吉必勳則被免職。郇和於該年在《朱鷺》季刊（*Ibis*, 1868, 4: pp. 52-65, 353-354）發表2篇文章，分別介紹廈門4種新鳥類文章及4月上旬到海南島旅行的見聞；下半年又請1年半病假。

　　1869年發表介紹海南島太陽鳥——其中叉尾太陽鳥（*Aethopyga christinae*/ Fork-tailed Sunbird）係以郇和夫人克麗絲緹娜Christina的名字命名，並介紹海南鹿類，以及大陸鳥類文章各一篇。另曾以讀者投書 "Letter Concerning Collingwood's 'Rambles of A Naturalist on the Shores and Waters of the China Seas'" 在《朱鷺》季刊（*Ibis*, 1869, 5: pp. 347-348）發表，對柯靈巫（Cuthbert Collingwood）無法鑑定遠東行所發現的鳥類提出批評；但對柯氏「北方三島」

——彭佳嶼（Agincourt Island）、棉花嶼（Craig Is.）、花瓶嶼（Pinnacle Is.）的簡短描述評價頗高；他在1868年12月～1869年1月處理「安平砲擊事件」的同時，另寫了 "A Trip to Kalgan（張家口）in the Autumn of 1868"（後來刊於*J. R. Geogr. Soc.* 1870, 40: pp. 83-85）。上述2文係在1869年1月15日及18日寄自打狗，當時他不用心處理砲擊事件，卻「分心」鳥獸、旅行見聞，看得出不想涉入事件是非的心態。1869年下半他返英休假，該年《朱鷺》（*Ibis*, 5: p. 463）刊登9月27日他從倫敦投寄的〈我從清國返鄉〉（Letter Announcing Return From China）。

1870年是個著作頗豐的一年：(1)在《倫敦動物學會會刊》（*Proc. Zoological Soc. London*）發表 "List of Birds by Mr. Cuthbert Collingwood during a Cruise in the China and Japan Seas, with Notes," 評述柯靈巫1866～1867年遠東行採擷的33種鳥類，其中5種係1866年在臺收集者。(2)在《倫敦動物學會會刊》發表〈清國揚子江以南與臺灣島的哺乳類目錄〉（Catalogue of the Mammals of China（South of the River Yang-tze）and of the Island of Formosa），內含39種臺灣哺乳類，其中14種冠上郇和姓氏。(3)在《博物學期刊》（*Ann. Of Nat. Hist.*）發表 "On Four New Species of Birds from China," 其中黃嘴角鴞（*Ephialtes hambroecki* Swinhoe/ Mountain Scops Owl）及領角鴞（*Ephialtes glabripes* Swinhoe/ Collared Scops Owl）2種產自臺灣。

1871年5月返任所，正式接任駐寧波領事，並兼任奧匈帝國、丹麥駐寧波領事；在《倫敦動物學會會刊》發表 "A Revised Catalogue of the Birds of China and Its Islands, with Descriptions of New Species, References to Former Notes, and Occasional Remarks"。1872年發表2篇寧波附近的動物文章。郇和最遲於1873年4月底前調駐煙臺（芝罘）；8月，在大不列顛協會發表〈福爾摩沙筆記〉（Notes on Formosa），另外同年至少發表有關大陸北方及日本動物文章11篇。

關於1873年他因中風癱瘓，10月底回到倫敦就醫、中間是否曾再度來華，以及何年退休？有不同的說法，茲整理如下：Philip B. Hall, "The Published Writing of Robert Swinhoe," p. 1, in: Url: http://home.gwi.net/～pineking/RS/MAINLIST.htm網站（2006年1月26日修正版），以及中國社會科學社編纂，

《近代來華外國人名辭典》（北京：編者，1981，頁464）均稱：「1873年退休返英」。張譽騰〈英國博物學家史溫侯在臺灣的自然史調查經過及相關史料〉，收於《臺灣史研究》1：1（臺北：中研院臺史所，1994，頁139、145），稱「1873年10月因下肢癱瘓返英休養（中間未有再返任記載），1875年8月25日退休，最後2年（至1877）卜居倫敦附近的雀兒喜（Chelsea）〔按：市中心西南方、泰晤士河北岸〕」；Y. Takahashi（高橋良一），"Biography of Robert Swinhoe", reprinted in: *Quarterly Journal of the Taiwan Museum*（臺北：《臺灣省立博物館季刊》），18(3/4), 1965（p. 337）載「1875年中風癱瘓（paralysis or stroke），被迫返回倫敦」；朱耀沂《臺灣昆蟲學史話（1684～1945）》（臺北：玉山社，2005，頁75）稱他於「1875年10月由於得了一種痳痺症，辦理退休返回英國」。

　　筆者就現有史料研判，「郇和於1873年10月初離開清國駐所，1873年底或1874年初返抵英國就醫，中間不曾再返回清國復任，因病況未好轉，而於1875年8月正式辦理退休」；最後3年多（最遲從1874年9月起至1877年10月卒）卜居倫敦市中心西南方、泰晤士河北岸的雀兒喜區（Chelsea）卡萊麗廣場33號（33 Carlyle Square）。上述推測係根據P. Hall（p. 27）記載：「1874年9月18日，郇和發自倫敦泰晤士河北岸雀兒喜區（Chelsea）卡萊麗廣場33號（33 Carlyle Square）寓所，"Letter Regarding Questions of Identification"（*Ibis*, 1874, 4: pp. 463-464）」，以及Geographers' A-Z Map Co. Ltd., *A-Z London Street Atlas and Index*（ISBN 0-85039-013-3, pp. 76, 148）上標卡萊麗廣場位於目前倫敦SW3區，國王路（King's Road）與老教堂街（Old Church Street）交叉口。郇和從1873年年底或翌年初返英，可能即卜居該地，1874年9月中旬以後，他在致函《朱鷺》季刊（*Ibis*）信中，有多篇皆註明「發自卡萊麗廣場」，最晚有標明住所的一篇為1876年11月26日寄出的 "Letter to the Editor regarding *Ixos Hainanus*（海南島黑冠鵯），" 該文後刊於*Ibis*, 1877, 1: p. 128。

　　1874年至少發表7篇關於寧波、滿洲、煙臺、日本動物的文章。1875年在《朱鷺》發表日本、煙臺鳥類文章各一篇，另投書《朱鷺》2文獲刊。1876年獲選為英國皇家學會會員；在《法蘭克福動物雜誌》（*Zool. Garten, Frankfurt*）及

《朱鷺》，發表大陸、北日本鳥類文章各一篇，前文只完成一半；另投書《朱鷺》一篇，述及田雞（*Porzana Exquisita*）。

1877年，他在「倫敦萬國博覽會」（the London Exhibition of 1877）設置「臺灣專櫃」（Formosan Booth），榮獲獎章及獎金；另外幫美國博物學家史蒂瑞（Joseph Steere）鑑定鳥類新品種，以史蒂瑞姓氏命名為*Liocichla steerii*（「藪鳥」或稱「黃胸藪眉」）；10月郇和以藪鳥為內容，在《朱鷺》（*Ibis*, 1: pp. 473-474）發表〈福爾摩沙來的新鳥種〉（On a New Bird from Formosa），應該是生前最後發表的文章。同年稍前，在《朱鷺》發表關於海南島、日本、東亞鳥類文章3篇（*Ibis*, 1:pp. 128, 144-147, 203-205）；在*Ornithological Miscellany*（pp. 255-257）發表"Nesting and Eggs of White's Thrush（白氏畫眉），*Oreocincla Varia*（*Pall.*）"1篇。1877年10月28日因癌症，病逝於倫敦，得年僅41歲。

達飛聲（James Davidson）稱：「沒有任何外國人，能像已過世的郇和那樣，將他的名字如此緊密的與福爾摩沙連在一起，他的名字後面經常被冠上F.R.G.S.或F.Z.S.，這代表了一切。」F.R.G.S.是Fellow of the Royal Geographical Society（皇家地理學會會員）的縮寫；F.Z.S.表示Fellow of the Zoological Society（皇家動物學會會員）。另外，也常冠上F.R.S.，代表Fellow of the Royal Society（皇家學會會員）。英國動物學會主席施克雷特（P. L. Sclater）於1875年年會，稱讚郇和：「他是最努力，也是成就最高的『探險型』博物學家（exploring naturalists）之一。」

悠遊晚清動物世界的鳥人郇和

（Birdman Robert Swinhoe and his Founal Kingdom in the Late Qing Dynasty）

　　一個為時41年又2個月的生命，能成就之事大體不會太多，但總有少數人相當突出，在各行各業散發光芒，或許生前沒沒無聞，但死後百餘年仍被記憶，仍被歌頌。晚清時期，英國派駐大清的郇和（Robert Swinhoe, 1836.9.1～1877.10.28卒）恰是這樣的人物。

郇和的外交生涯

求學期

　　1836年9月1日，生於英國殖民地印度加爾各答，家庭幾代都為英屬印度政府服務，父親為公訴律師（solicitor）。[1]1852年負笈倫敦，進入國王學院（King's College）就讀：1853年在倫敦大學（London University）註冊，仍在國王學院研習。曾蒐集英國鳥類、鳥巢、鳥蛋交予英國自然科學博物館（the British Museum of Natural History）蒐藏，展現出他對博物，尤其是鳥類的興趣。

　　與他生年同年成立、自由主義者創辦的倫敦大學（London University），屬「非英國國教系統」（non-conformist），係為對抗「國教系統」的牛津、劍橋大學而設立，是「行政管理統一體」，不招收學生，大英帝國任何學校學生都可在該校註冊，只要通過考試，即可獲頒學位；後來包含未在任何大學就讀者，也可循此登記考試程序，獲得學位；1900年起該大學才開始在校本部授

1.Samuel Stephenson, "Robert Swinhoe, 1 September 1836-28 October 1877," p. 1, in http://academic.reed.edu/formosa/texts/texts.htm網站。

課，又稱University of London，在所屬院校就讀的學生稱「校內生」，不在該校入學者稱「校外生」；目前轄有國王學院（King's College）、大學本部學院（University College）及成人教育的白背客學院（Birkbeck College），人數遠超過牛津、劍橋的總和。[2]

　　1854年年初，郇和通過英國外交官考試，輟學，獲聘英國駐香港領事館臨時翻譯員（supernumerary interpreter）。5月啟程赴香港實習1年，並學習華語（廣東話？）。[3]後來他在1862年下半至1863年10月返英停留倫敦期間，應有機會循著倫敦大學「登記考試程序」取得學位，但1863年才27歲的郇和已榮獲母校頒發國王學院榮譽會員（Honorary Fellow of King's College, London）了，所以應該沒有必要多此一舉。何況英國各行各業一向重視「學徒制」（apprenticeship tradition），遠勝過學歷。

外交新手

　　1855年轉調英國駐廈門領事館，稍後升任駐廈門二等書記官；另有說係在1856年升任駐廈門兼上海英領館二等助理（2nd assistant）。[4]駐廈門期間，除了館務、學習閩南語之外，他還在住處蓄養了穿山甲（pangolin）、大貓頭鷹（a great owl, 可能是體型最大的黃魚鴞）各1隻，以及一窩小獵隼（young falcons）。

2.James Davidson, *The Island of Formosa* (Yokohama: Kelly & Walsh, 1903), p. 177; Anthony Sampson, *The Changing Anatomy of Britain* (Great Britain: Hodder and Stoughton, 1982), pp. 161-162；廖瑞銘主編《大不列顛百科全書》9冊（臺北：丹青，1987），頁454。
3.Philip B. Hall, "The Published Writings of Robert Swinhoe," p. 2, in Url: http://home.gwi.net/~pineking/RS/MAINLIST.htm網站。有說4月13日抵達香港（S. Stephenson, p. 1）。
4.Philip Hall, "Robert Swinhoe (1836-1877), FRS, FZS, FRGS; A Victorian Naturalist in Treaty Port China," *The Geographical Journal* 153, i (March 1987), p. 39；S. Stephenson, p. 1。J. Davidson (p. 177) & Y. Takahashi（高橋良一），"Biography of Robert Swinhoe," *Quarterly Journal of the Taiwan Museum*（臺北：《臺灣省立博物館季刊》），18(3/4), 1965（pp. 335-339）則稱1856年升廈門兼上海二等助理。

　　1857～1858年擔任英法聯軍英國全權代表額爾金伯爵（Earl Elgin）貼身小翻譯；1860年9～10月，擔任英國陸軍總司令格蘭特（T. Hope Grant）[5]翻譯，隨英法聯軍攻入北京，火燒圓明園，後來不但出版《1860年華北戰記》（*Narrative of the North China Campaign of 1860*）（London: Smith Elder & Co., 1861），且因立有「戰功」，獲賞識，1860年12月22日，被指派為「駐臺灣府副領事」。當時英國首任駐北京公使卜魯斯（Frederick Bruce）在12月6日照會總理衙門的公文上，仍將他的名字寫為「士委諾」。[6]

駐臺

　　1861年7月6日，搭金龜子號（*Cockchafer*）砲船抵打狗；7月12日，抵達臺灣府就任，暫住西城外、五條港區風神廟迎賓館（今臺南市民權路3段143巷8號）；13日，住進當時臺灣首富、秀才出身的金茂號（Kim Mo-hop or Kinmohop，又稱金和合）店東許遜榮府邸；29日，以月租60銀元，承租許遜榮位於府署東鄰兩層樓的卯橋別墅，正式設立「英國駐府城副領事館」，開始使用「郇和」對外，不過往後的中文公文書，仍出現過「勳嘉」用名。[7]這位還

5. T. Hope Grant與海軍司令James Hope（何伯）常被搞混，如中國社會科學社編纂，《近代來華外國人名辭典》（北京：編者，1981，頁177-8）就誤載。

6. 中研院近代史研究所藏，《總理衙門清檔》，〈各國使領・英國各口領事〉，清字367號，咸豐十年十月廿四日收英國公使照會。

7. 葉振輝〈臺南首富許遜榮傳奇〉，《臺灣族群社會變遷研討會論文集》（南投：省文獻會，1999），頁112；George W. Carrington, *Foreigners in Formosa, 1841-1874* (San Francisco: Chinese Material Center, 1978), p. 178；《籌辦夷務始末選輯》（臺北：臺銀臺灣文叢203），頁410-412。黃富三〈臺灣開港前後怡和洋行對臺貿易體制的演變〉，《臺灣商業傳統論文集》（臺北：中研院臺史所，1999），頁89、92-93，也使用金茂號（Kim-mo-hop）：「據《怡和檔》，許遜榮（Koa Son Jeea）別名Kim-mo-hop，即金茂號，實則一為人名、一為商號」；黃嘉謨，《美國與臺灣》（臺北：中研院近史所，1966），頁106-107，引述現存哈佛商學院圖書館〈許遜榮與美商瓊記洋行（Augustine Heard & Co.）合約〉中文原件，上載店號為「金和合」。Sophia Yu-fei Yen, *Taiwan in China's Foreign Relations, 1836-1874* (Hamden, CT: Shoe String Press, 1965), p. 98, 稱「約在7月10日府城開館」，有誤。

未滿25歲、乳臭未乾的副領事，不但飽受臺灣府當局冷落，且水土不服，12月
赴廈門治療熱病，順便到福州賞鳥；12月18日，宣布遷館淡水。20日，直接從
廈門搭乘巧手號（*Handy*）砲艇抵淡水，將使館及住處暫設在怡和洋行冒險號
（*Adventure*）集貨船上。

　　1862年1月1日，郇和發出1861年領事報告，也是臺灣首件領事報告 "Report
of Trade in Formosa Previous to 1862," 內稱：廈門、福州的大盤批發商進口頗多
臺茶，和較好的茶摻雜後出售；同年分送茶葉樣品給3位品茶人鑑賞，成為第一
位向西方介紹臺茶的人。

　　1月中上旬，承租滬尾岸邊一間三合院，每月租金24元，先預付4個月，充
當館舍。4月13日，爆發「戴潮春事件」，他不坐鎮淡水，卻在19日溯大漢溪探
訪泰雅族大嵙崁群奎輝社（桃園復興鄉奎輝村），來回行程至少3天以上。1862
年5月10日，離開淡水、返倫敦養病；迄1864年1月31日才再回到淡水任所，前
後長達1年8個多月。[8]

　　返英期間，可說他的「學術萌芽期間」，不但參加各種研討會發表論文、
接受演說邀請，入選為倫敦動物學學會終身會員（F.Z.S., Life Fellow of the
Zoological Society, 1862）、皇家地理學會會員（F.R.G.S., Fellow of the Royal
Geographical Society, 1863）、倫敦國王學院榮譽會員（1863）、人種學學會會
員（F.E.S., Fellow of the Ethnological Society, 1863～1864），還將臺灣博物送到
「1862年巴黎國際博覽會」（the Great International Exhibition of 1862）展示，
榮獲褒獎與獎章。[9]他念念不忘拓展「日不落國」疆土雄心，1862年12月12日，
致函外相羅素勳爵（Lord Russell），提出割取臺灣全島並不困難，尤其取得原
住民、罪犯居住的東岸地區更是輕而易舉的看法。1863年9月24日，再度向羅素

8.G. Carrington, p. 110; Sophia Yen, pp. 99-101; B. Mearns & R. Mearns, *Biographies for Bird
　Watchers* (London: Academic Press, 1988), pp. 367-368；張譽騰〈英國博物學家史溫侯在
　臺灣的自然史調查經過及相關史料〉，《臺灣史研究》1：1（臺北：中研院臺史所，
　1994），頁138。
9.Davidson, p. 177。S. Stephenson（p. 3）稱該年在倫敦展覽會（London Exhibition）參展
　獲獎。

勛爵建議探測臺灣自然資源，好讓英國大眾周知開發「寶島」的好處；9月30日，外交部函覆郇和，同意撥交價值250英鎊（約值750銀元）的精密儀器，供其「發掘臺灣」之用。[10]

1864年1月31日，頂著「臺灣通」、「年輕學者」、「外交科學家」頭銜，以及外交部核發的精密儀器，「載譽」返抵淡水任所。除了在淡水附近試用儀器，採到琵鷺（*舊學名Platalea major*；*新學名Platalea leucorodia*/ Eurasian Spoonbill）、黑面琵鷺（*Platalea minor*/ Black-faced Spoonbill）、白尾鴝（White-tailed Blue Robin）、白頭鶇（Island Thrush）、黃腹琉璃（黃腹青鶲, Rufous-bellied Blue Flycatcher）、朱連雀（Japanese Waxwing）、深山竹雞（Formosan Hill Partridge）標本；5月，第三度到他理想的東岸殖民地首站──蘇澳踏查。7月，搭乘鴇鳥號（*Bustard*）赴打狗、澎湖、恆春半島搜尋失事的茶船涅蛇比號（*Netherby*）下落。[11]深入湛湛庄（車城鄉新街村咚咚）、貓仔坑（恆春鎮仁壽里），走訪平埔族、排灣族。[12]

之後，他「又生病了」，9月赴廈門就醫。11月5日，由廈門搭乘漢堡籍帆船日本號（*Japan*）直接赴打狗，7日抵達，承租寶順洋行（Dent & Co.）的集貨船三葉號（*Ternate*）作為辦公室兼住所，租期半年，當天即宣佈成立「打狗副領事館」。[13]1865年1月初至2月初，開小差神秘失蹤一個月，赴香港、廈門；雖然被查出擅離職守，仍無礙於該年2月升為領事。4月底打狗副領事館正式以

10. Sophia Yen, pp. 100-101, 123, 335; B.F.O. 17/397, Swinhoe to Russell, Sept. 24, 1863; B.F.O. 17/397, Hammond to Swinhoe, Sept. 30, 1863。S. Stephenson（p. 3）誤稱係因參與1862年倫敦展覽而獲的獎金。

11. R. Swinhoe, "Additional Notes on Formosa," in: *Proceedings of the Royal Geographical Society*, vol. 10, pp. 123-126; James Davidson, p. 181。高橋良一將茶船*Netherby*誤植為 *Nerthly.*

12. 地點考證，參閱陳政三〈郇和排灣族點滴〉，《臺灣博物》季刊92/25：4（2006.12）；或本書第五章。

13. Carrington, p. 179; Sophia Yen, p. 102.

「英國駐打狗領事館」名義對外。[14]5月初，三葉號租約到期；改租哨船頭東側山丘處民宅（天利行所有）為館舍。[15]

移駐清國大陸

1866年2月中下旬荖濃溪、六龜10日之旅，在靠近新高山（玉山）附近山區觀察水鹿；他發現山中似蘊藏著石油與煤礦，該山區似乎適合種植咖啡。2月底，無預警地奉調駐廈門領事，3月赴廈門交接，4月4日正式接任駐廈門領事。駐打狗前後17個月期間，兼任普魯士、葡萄牙、丹麥副領事。[16]

1868年4月上旬赴海南島旅行，秋季到張家口（Kalgan）旅行。臺灣樟腦糾紛、洋教案引爆「英船砲擊安平事件」（11月底），郇和奉命以「駐臺領事」（the Consul of Taiwan）身分返任，搭乘*Rinaldo*號軍艦於1868年12月11日抵南臺處理，停留至翌年1月底「抱病」離臺。其實，依據1868年10月29日英公使阿禮國（R. Alcock）照會總署恭親王函，可知郇和係在該日之前，即奉命前往臺灣處理日漸升高的緊張局勢；換句話說是在11月25日發生「英船砲擊安平事件」

---

14. B.F.O. 228/397, p. 48, Wade to Swinhoe, October 18, 1865; B.F.O. 228/397, pp. 85-186, 191-192, 257-285, Apr. 4, 1865, Apr. 27 and June 20, 1865, Swinhoe to Wade; 葉振輝，《清季臺灣開舖之研究》，頁135-139、147；葉振輝，《打狗英領館的文化故事》（高雄：市政府文化局，2004），頁7。英國外交部領事派令於該年2月21日發文，6月20日郇和收到北京公使館的轉文，而他於4月27日即用領事銜對外，可能先聽到風聲。

15. *British Parliamentary Papers*, China vol. 2 (Irish University Press, 1971), p. 231; 葉振輝，《打狗英領館的文化故事》，頁8-11。

16 〈1865年英駐打狗領事貿易報告〉，pp. 211-212；〈1865年英駐廈門領事貿易報告〉，p. 219; Sophia Yen, p. 102。本年3月8日有封發自廈門給《朱鷺》（刊於*Ibis*, 1866, 2: pp. 392-406）的投書；詳⑧b。顯見已在3月赴廈門履新。根據該投書，他於3月11日離開打狗，13日抵達廈門（劉克襄，頁49），但發信日期卻註明3月8日發自廈門（Hall, p. 14），或許中間曾往來兩岸，根據〈1865年英駐廈門領事貿易報告〉，他在4月4日才正式接任駐廈門領事。高橋良一（p. 337）誤為「5月離打狗，赴廈門就職，從此未再來臺」。事實上，郇和曾於1867年8月底赴澎湖探勘煤礦；1868年12月中旬、1869年6月兩度至打狗處理「樟腦戰爭事件」。

之前近一個月。郇和不火速赴臺處理，卻慢條斯理於12月11日方抵打狗，可能因身體違和，或不願涉入，拒絕接管善後事宜，反命令火爆的駐臺署理領事吉必勳（J. Gibson）繼續處理，自己卻利用時間寫了2篇文章（評論Collingwood東亞行及介紹張家口之旅），於1869年1月15日及18日分別從打狗（高雄）寄出。有點置身事外「不沾鍋」的心態：[17]從英外交檔案，顯示他已不再留戀雖使他生病，卻是學術奠基的「美麗島」了。

他可能在1869年1月底「抱病」離臺。英國公使阿禮國於2月12日致函郇和，稱「你（郇和）只是回任領事……由於健康欠佳，無法長期擔任該職；所以你不必留在那裡」；當時郇和早溜之大吉，離開南臺了。[18]之後（可能在2-4月間）「抱病」歡天喜地搭乘鴿子號砲船（*Dove*）上溯揚子江，沿鄱陽湖（Poyang Lake）、漢口，奉命儘可能遠至四川重慶府（Ching-king-foo in Szechnen）等地考察，除了蒐集一般情報，並瞭解輪船可上溯長江至何處。[19]不過6月初仍再度來臺接管署領事吉必勳事務，調查「英艦砲擊安平事件」，並尋求改善與臺灣地方當局的關係。[20]

1869年下半年請病假，長達1年半，取道日本、舊金山，搭火車橫跨美國，從美東搭船，9月返抵倫敦。該年《朱鷺》（*Ibis*, 5: p. 463）刊登9月27日他從倫敦投書的〈我從清國返鄉〉（Letter Announcing Return From China），他於12月

---

17. Parliamentary Papers, China, No. 3（1869）: Inclosure 3 in No. 6, p. 12, Gibson to Sir R. Alcock, Dec. 14, 1868 & Inclosure 14 in No. 18, p. 51, Sir R. Alcock to the Prince Kung, Jan. 28, 1869；《籌辦夷務始末選輯》（臺北：臺銀文叢203），頁411-413；Hall, p. 16。G. Carrington（p. 236）將郇和抵臺日期誤植為12月10日；S. Stephenson（p. 2）誤稱「12月21-24日在『廈門』出席一件謀殺洋人案」，應是處理南臺洋教及德記洋行夏禮（J. Hardie）案。

18. Inclosure 1 in No. 19, p. 53, Sir R. Alcock to Consul Swinhoe, Feb. 12, 1869 & Inclosure 3 in No. 19, p. 54, Sir R. Alcock to Acting Consul Gibson, Feb. 12, 1869. 1868年底至1869年中，郇和似乎以「駐臺領事」名義對外。《籌辦夷務始末選輯》（頁411-413）阿禮國2封致清當局函，均稱郇和為「本任臺灣府領事官郇」。

19. Inclosure 4 in No. 19, pp. 54-55, Sir R. Alcock to Vice-admiral Sir H. Keppel, Feb. 12, 1869.

20. J. Davidson, p. 198; Sophia Yen, p. 112.

28日還從倫敦寄出投稿。[21]滯留倫敦期間，至少發表23篇文章。

1871年返駐所，5月回任寧波領事；兼任奧匈帝國、丹麥駐寧波領事。[22]

1873年初輕微中風，暫離寧波領事職位；最慢於4月底調駐芝罘（煙臺）領事。[23]終因下肢癱瘓，1873年10月1日離開駐所返英就醫；1875年8月25日因無法痊癒，正式辦理退休。[24]

郇和的動物世界

郇和首度來臺係在1856年3月間搭葡萄牙籍老閘船（Portuguese lorcha）至新竹Hongsan or Hongshan（高橋良一解讀為香山鄉——Hsiang Shan；但依據原文發音，筆者以為似應是湖口鄉鳳山村）停留2週，有說還到了雞籠（基隆），記錄了93種鳥類、17種哺乳類（他做了一些採集，不過鳥獸種類沒這麼多），所以一般認為係作博物採集；不過「奉派密訪，搜尋歐美船難漂民」可能才是當

---

21. Hall, pp. 16, 18; S. Stephenson, p. 2.
22. S. Stephenson, p. 3.
23. P. Hall, p. 26; S. Stephenson, p. 3. 另從1873年4月30日寄自芝罘（煙臺）的「投書」，可知他在4月底以前已經調至芝罘。
24. P. Hall, p. 1，以及《近代來華外國人名辭典》，頁464，均稱「1873年退休返英」。張譽騰〈英國博物學家史溫侯在臺灣的自然史調查經過及相關史料〉（頁139、145）稱：「1873年10月因下肢癱瘓返英休養（中間未有再返任記載），1875年8月25日退休，最後2年卜居倫敦附近的雀兒喜（Chelsea）（按市中心南方、泰晤士河北岸）」；劉克襄（頁154）稱「10月1日，離開中國，回倫敦，退休」。S. Stephenson（p. 3）稱「第3度中風，被迫返英，1875年退休」；高橋良一（p. 337）載「1875年10月中風癱瘓（paralysis or stroke），被迫返回倫敦」；朱耀沂，《臺灣昆蟲學史話（1684-1945）》（臺北：玉山社，2005），頁75稱他於「1875年10月由於得了一種癱瘓症，辦理退休返回英國」。筆者根據他發自倫敦多封信上註明的日期推測，應是1873年返英就醫，期間未曾離開倫敦，後因無法痊癒，而於1875年正式辦理退休。

時「熱門的」主要任務。[25]

　　第二度來臺在1857年，搭乘剛強號（*Inflexible*）首度環航臺灣，搜尋歐美船難漂民，兼偵測民情、礦產、海岸、港口情形。郇和至少在 "Notes on the Ethnology of Formosa"（1863）及 "Additional Notes on Formosa"（1866）2篇文章多處提及1857年之行。[26]第三次在1858年，仍搭乘剛強號再度環航臺灣：6月9日抵國聖港（Kok-si-kon，臺南縣七股鄉曾文溪出海口一帶），[27]逆時針方向繞行臺灣各港一週，6月30日再航抵國聖港，前後共22天。取道澎湖，7月1日返抵廈門。

　　再來就是1861年7月至1866年3月駐臺期間的「業餘專業」興趣——臺灣動物與原住民族，而非外交建樹，造就他在臺灣博物史的地位。1868年12月至1869年6月「回任駐臺領事」，似乎只是個有名無實的過水虛銜。調駐大陸期間對當地及日本鳥獸也多所著墨，所撰有關臺灣、海南島、清國本土，以及日本博物，尤其是鳥類的的重要文章如下：

涉臺文章

1859年

⑴7月20日，在「皇家亞洲學會北華上海分會」發表〈福爾摩沙島記行〉

---

25. 參閱 R. Swinhoe, "Ornithological Notes from Formosa," *Ibis*, p. 309; Y. Takahashi（高橋良一），"Biography of Robert Swinhoe," pp. 335-339. 鳳山村在新豐鄉紅毛港（新豐村）稍南，濱海公路貫穿海邊鳳鼻山，有條相當長的鳳鼻隧道；再往南則有流經竹北的鳳山溪。不論用閩南音或客家話，「香山」都不發音成Hongsan or Hongshan。Portuguese lorcha也可能是「葡萄牙籍老閘船」。高橋良一（p. 335）稱搭的是"a Chinese steamer"；Stephenson（p. 1）載"a Chinese junk,"並至基隆。

26. 陳政三〈郇和臺灣記行（一）：環遊臺灣首記〉，《臺灣博物季刊》88/ 24：4（2005. 12），頁34、39；甘為霖，*Formosa Under the Dutch*, p. 555.

27. Robert Swinhoe, "Narrative of a Visit to the Island of Formosa," *Journal of The North Branch of The Royal Asiatic Society*, No. Ⅱ, May 1859, p. 145. 高橋良一誤為Putai（布袋）。Y. Takahashi, "Biography of Robert Swinhoe," p. 335.

（Narrative of a Visit to the Island of Formosa）：文章刊於該會會刊*Journal of the North China Branch of the Royal Asiatic Society*, 1859, 1⑵：145-164.

⑵"Notes on Some New Species of Birds Found on the Island of Formosa,"《皇家亞洲學會北華上海分會會刊》, 1859, 1⑵: pp. 225-230，發表7種臺灣鳥類新種的發現：[28]

※棕扇尾鶯（舊稱*Calamanthella tinnabulans* Swinhoe/ Formosan Tinkler；新學名*Cisticola juncidis* (Rafinesque)/ Zitting Cisticola或Streaked Fantail Warbler）。以下有並列2種學名者，舊學名在前，新學名在後。[29]

※黃頭扇尾鶯（*Calamanthella volitans*/ Small Formosan Tinkler; *Cisticola exilis* (Vigors & Horsfield)/ Bright-capped Cisticola或Pale-headed Fantail Warbler）。

※斑紋鷦鶯（*Prinia striata*/ Long-tailed Warbler; *Prinia criniger*/ Strated Prinia）。

※河烏（*Hydrobata marila*/ Formosan Dipper; *Cinclus pallasii*/ Brown Dipper）。

※臺灣畫眉（*Garrulax taewanus*/ Formosan Hwamei; *Garrulax canorus* (Linnaeus)/ Taiwan Hwamei）。

---

28. Philip B. Hall, *op. cit.*, p. 2；吳永華，《臺灣動物探險》（臺中：晨星，2001），頁45。吳書多了玄燕鷗（*Anous stolidus*/ Common Noddy）。早期鳥類學名後皆不加括號的命名人；目前依分類學慣例，現用學名與命名人之原命名相同者，命名人不加括弧；與原命名不同者，原則加上括弧。本文與郇和有關者都加以標出，其他未標者係由他人命名。

29. 林文宏，頁329。原舊學名後面冠上（Swinhoe），表示他為最早發現人（1859），前陣子新學名後面冠上（Swinhoe）；後來發現Rafinesque氏在1810年比郇和更早發現，因此更改發現者。以下凡舊學名標有Swinhoe, 而「現用（新）學名」未標（Swinhoe）或Swinhoe者，表示新學名已冠上其他人姓氏，不再另標；有標者係近幾年替代Swinhoe的發現人。新學名，參閱林文宏，《臺灣鳥類發現史》；或下述網站http://www2.darc.ntu.edu.tw/newdarc/darc/index.jsp或http://www.catalogueoflife.org/search.php.

▲小彎嘴〔《Ibis》（1863）；陳政三〕

※小彎嘴（*Pomatorhinus musicus*/ Formosan Song-thrush; *Pomatorhinus ruficollis* (Hodgson)/ Streaked-breasted Scimitar Babbler或Lesser Scimitar Babbler）。

　　※番鵑（*Centropus dimidiatus*/ Formosan Larkheel; *Centropus bengalensis*/ Bengal Crow Pheasant或Lesser Coucal）。

(3)7月19日，在「皇家亞洲學會北華上海分會」發表〈清國小雲雀〉（The Small Chinese Lark），介紹*Alauda coelivox*（新學名 *Alauda gulgula* (Franklin)/ Oriental Skylark），並刊於該會會刊1858～1859年期，pp. 287-292；*Newman's Zoologist*, pp. 6723-6727轉載。

1861年

(1)發表〈論日本與臺灣鹿類〉（On the Japanese and Formosan Deer），《博物學期刊》（*Annal and Magazine of Natural History*, Ser. 3, 7:192）。

(2)〈郇和有關臺灣鹿類之投書〉（Extract from his Letter respecting the Formosan Deer），《倫敦動物學會會刊》（*Proceedings of the Zoological Society of London*, p. 235）。

1862年

(1)下半年，在《倫敦動物學會會刊》（3:347-365）發表〈論福爾摩沙島哺乳動物〉（On the Mammals of the Island of Formosa），內容包括18種動物，為臺灣哺乳類研究的開山作品。包括臺灣種的獼猴（Rock Monkey or Formosan Macaque）、野豬（Formosan Mountain-pig or Wild-pig）、臺灣雲豹（Formosan Clouded Leopard）、白鼻心（白鼻貓，Formosan Gem-faced Cat）、鼬獾（Formosan Ferret-badger）、臺灣鼺鼠

（Temminck's Mole）、
大赤鼯鼠（Formosan
Red Flying Squirrel）、
小鼯鼠（Kalee Flying
Squirrel or Tufted Flying
Squirrel）（以上8種
為新發現種）、黑熊
（Sun Bear or Formosan
Black Bear）、梅
花鹿（Formosan
Sika Deer）、水鹿
（Swinhoe's Rusa
Deer or Formosan
Sambar）、山羌
（Reeve's Muntjac）、
長鬃山羊（Swinhoe's
Goat-antelope）、石虎

▲小鼯鼠
〔Harter,《Animals》(1979)；歐陽盛芝提供〕

（Tiger Cat）、筆貓或麝香貓（Spotted Civet）、赤腹松鼠（Chestnut-bellied Squirrel）、條紋松鼠（M'clelland's Squirrel）、野兔（Hare）。

⑵9月1日在倫敦寄出給《朱鷺》季刊（*Ibis*）關於臺灣朱鸝（大緋鳥，Red or Maroon Oriole）的投書，刊於*Ibis*, 4:363-365。

▲雲豹〔李子寧提供〕

▲（郇和發現的）水鹿
〔《Pro. Zool. SOC.》（1862）；陳政三翻拍〕

▲山羌
〔《Pro. Zool. SOC.》（1875）；陳政三翻拍〕

▲朱鸝〔《Ibis》（1863）；陳政三翻拍〕

1863年

(1)8月在倫敦參加人種學學會（the Ethnological Society）、大不列顛協會
（the British Association）兩次研討會，分別發表版本略為不同的〈福爾
摩沙人種學筆記〉（Notes on the Ethnology of Formosa），皆述及1857年
環島之旅與1862年奎輝行。同年，郇和自行印刊該文（London: Frederick
Bell, 1863）。

(2)～(4)〈福爾摩沙鳥學〉系列三篇（The Ornithology of Formosa, or Taiwan）
（*Ibis*, 5: Part 1, pp. 198-219; Part 2, pp. 250-311; Part 3, pp. 377- 435），長達
143頁，包含201種鳥類，是臺灣鳥類發現史的奠基巨著。包括：

※鵂鶹（舊稱*Athene pardalota*/ Spotted Owl；現名*Glaucidium brodiei
pardalotum* (Swinhoe) / Collared Pigmy Owl）。

※褐林鴞（*Bubo caligatus*/ Booted Owl; *Strix leptogrammica caligata*
(Swinhoe)/ Brown Wood Owl）。

※夜鷹（*Caprimulgus stictomus* / Bared-footed Goatsucker; *Caprimulgus
affinis stictomas* Swinhoe/ Savanna Nightjar）。

※紅山椒鳥（*Pericrocotus griseigularis*/ Gray-chinned Minivet; *Pericrocotus
solaris*/Grey Throated Minivet）。

※花翅山椒鳥；大鵑鵙（*Graucalus rex-pineti*/ Pine King; *Coracina
novaehollandiae* (J.F. Gmelin)/ Large Cuckoo-Shrike）。

※小捲尾（*Chaptia brauniana*/ Braune's Drongo; *Dicrurus aeneus* (Vieillot)/
Bronzed Drongo）。

※棕背伯勞（*Lanius schach var. formosae*/ Formosan Butcher-bird; *Lanius
schach* (Linnaeus); Long-tailed or Rufous-backed Shrike）。

※虎鶇（*Oreocincla hancii*/ Hance's Thrush; *Zoothera dauma*/ Golden
Mountain Thrush）。

※紫嘯鶇（又名瑠璃鳥，*Myiophoneus insularis*/ Formosan Blue Whistling Thrush）。

※白喉笑鶇（*Garrulax ruficeps; Garrulax albogularis*/ White-throated Laughing Thrush）。

※竹鳥（又稱棕噪眉，*Garrulax poecilorhynchus*; Gray-sided LaughingThrush）。[30]

※大彎嘴（舊稱大彎嘴畫眉，*Pomatorhinus erythrocnemis; Pomatorhinus erythrogenys*/ Rusty-cheeked Scimitar Babble）。

※紅嘴黑鵯（*Hypsipetes nigerrima; Hypsipetes madagascariensis*/ Black Bulbul）

※赤腹山雀（*Parus castaneiventris; Parus varius*/ Varied Tit）。

※褐頭鷦鶯（Drymoeca flavirostris/ *Shorted-bikked Warbler*; Prinia subflava / *Tawny-flanked Prinia*）

※斑文鳥（*Munia topela*/ Formosan Munia; *Lonchura punctulata* (Linnaeus)/ Spotted *Munia*）。

※臺灣藍鵲（又稱長尾山娘，*Urocissa caerulea*/ Formosan Blue Magpie）。2007年網路票選榮登臺灣「國鳥」。

※松鴉（橿鳥，*Garrulus taivanus*/ Formosan Jay; *Garrulus glandarius*/ Jay）。

※樹鵲（*Dendrocitta sinensis formosae*/ Formosan Treepie; *Dendrocitta formosae* Swinhoe/ Tree Pie）。

※五色鳥（*Cyanops nuchalis*/ Embroidered Barbet; *Megalaima oorti*/ Black-browed Barbet或Muller's Barbet）。

※綠啄木（*Gecinus tancola*/ Green Woodpecker; *Picus canus*/ Taiwan Gray-headed Woodpecker）。

---

30. 林文宏，頁312。

※大赤啄木（Picus insularis; Dendrocopos leucotos 或 Picoides leucotos/
White-backed Woodpecker）。[31]

※小啄木（*Picus kaleensis*/ Kalee Wood-tapper; *Dendrocopos canicapillus*
或 *Picoides canicapillus* (Blyth)/Gray-capped Woodpecker 或 Pigmy
Woodpecker）。

※中杜鵑（基隆杜鵑, *Cuculus kelungensis* Swinhoe/ Kelung Cuckoo;
Cuculus saturatus Blyth/ Blyth's Cuckoo）。

※紅頭綠鳩（*Treron formosae* Swinhoe/ Formosan Green Pigeon;Whistling 或
Red-capped Green Pigeon）。

※環頸雉（臺灣雉雞, *Phasianus torquatus*/ Formosa Pheasant; *Phasianus
colchicus*/ Common or Ring-necked Pheasant）。

※藍腹鷴（山雞, *Euplocamus swinhoii*/ Formosan Wakoe Fireback; *Lophura
swinhoii*/ Swinhoe's Blue Pheasant）。

※黦鷸（*Numenius rufescens*/ Tamsuy Rufous Curlew; *Numenius
madagascariensis*/ Madagascar Curlew）。[32]

(5)〈福爾摩沙爬蟲類及一種魚類〉（A List of the Formosan Reptiles, with
Notes on a Few of the Species, and Some Remarks on a Fish (*Orthagoriscus*)）
（刊於*Ann. Of Nat. Hist.*, Ser. 3, 12: pp. 219-226），記載15種爬蟲類，以及
淡水人稱作太陽魚（sunfish）的大型翻車魚。翻車魚在臺灣附近海面產
卵，垂直迴游可深達600公尺，深潛後為恢復體溫，浮上水面作日光浴，
因此又稱太陽魚；2003年起，花蓮縣政府將之改名「曼波魚」，推動觀

---

31. 大赤啄木*Picoides leucotos*學名，取自Hall（p. 8）、林文宏（頁265）；小啄木同。或
是最新學名。
32. Hall, p. 9；吳永華，頁227；劉克襄，《臺灣鳥類研究開拓史（1840-1912）》，頁
161；《重修臺灣省通志・卷二・博物篇動物章》第一冊，第二章第五節〈鳥類〉
（南投：省文獻會，1998）（下略為《重修通志動物章》），頁595。

光魚季，造成吃食風潮，魚源有枯竭現象。[33]

(6)1863年12月14日在皇家地理學會發表〈福爾摩沙島筆記〉（Notes on the Island of Formosa）（34: pp. 6-18）：次年刊於《皇家地理學會會刊》（pp. 23-28）。

介紹臺灣茶葉、硫磺、樟腦、木材、石油（rock oil）等產業，文中提到淡水附近的茶葉品質雖非絕佳，但仍有利可圖；並攜帶石油樣品返倫敦化驗。他另曾寄送65種以上的木材樣本參展「1862年巴黎國際博覽會」，展後送「秋園」（Royal Botanical Gardens at Kew）收藏。[34]

▲太陽魚

〔Harter,《Animals》(1979)：歐陽盛芝提供〕

33. 15種爬蟲類：鱉、斑龜、食蛇龜、綠蠵龜、玳瑁、守宮（壁虎）、中國石龍子、斯文豪氏郇和攀蜥、紅點錦蛇、斯文豪郇和遊蛇、赤腹遊蛇、花浪蛇、雨傘節、黑背海蛇、百步蛇。G. Jones, p. 123；吳永華，前引書，頁66-67、69-70：2006年8月10日《自由時報》A10版。
34. R. Swinhoe, "Notes on the Island of Formosa," *Journal of the Royal Geographical Society*, 34（1864）: pp. 6-18；Carrington, pp. 111-114.

▲三角湧（三峽）茶農粗製茶葉情形
〔取自J. Davidson, 《The Island of
Formosa》（1903），陳政三翻拍〕

▲往昔樟腦茂密，而今已砍伐殆盡
〔Fischer書；陳政三翻拍〕

▲郇和很早即提到臺灣產石油;圖為中
油出礦坑參觀油井〔陳政三攝影〕

▲製茶〔陳政三攝影〕

1864年

⑴發表鳥類 "Descriptions of Four New Species of Formosan Birds, with Further Notes on the Ornithology of the Island" (*Ibis*, 6: 361-370, 423-428),介紹白耳畫眉(*Heterophasia auricularis* (Swinhoe)/ White-eared Sibia)、白頭鶇(*Turdus poliocephalus*/ Island Thrush)、白尾鴝(白尾鶲,*Cinclidium leucurum* (Hodgson)/ White-tailed Blue Robin)、黃腹琉璃鳥(黃腹青鶲,*Niltava vivida* (Swinhoe), Rufous-bellied Blue Flycatcher)等臺灣4新種鳥類。[35]

⑵1864年4月4日、30日及6月2日發自淡水的3封投書刊於《朱鷺》(*Ibis*, 6: pp. 423-428),內容提及白頭翁(Snowy Headed Bulbul)、臺灣山鷓鴣或深山竹雞(Formosan Hill Partridge)、巨嘴鴉(Colonist Crow or Formosan Black Crow)、八色鳥(Mountain Pitta)。

35. 此處都為新名稱。舊拉丁學名可參考吳永華《臺灣動物探險》,頁52;新舊拉丁學名及英文名稱可參考P. Hall, p. 10;林文宏,頁298、304、318、343。加入或修改命名人,參考林文宏書及《重修通志動物章》,頁673、675、683、695。另有畫眉(*Garrulax canorus* (LinnaeusSwinhoe))、繡眼畫眉(*Alcippe morrisonia* (Swinhoe))的發現。《重修通志動物章》,頁680、683。

▲白頭鷚〔《Ibis》（1866）陳政三翻拍〕

▲黃腹琉璃〔《Ibis》（1866）陳政三翻拍〕

(3)5月10日發表〈國姓爺刺鼠〉（On a New Rat from Formosa: *Mus coninga*）及（刊於《倫敦動物學會會刊》, pp. 185-187）。原標題刺鼠的*coninga*拼法有誤，後來被改為*Rattus coxinga* (Swinhoe)/ Spinous Country-Rat; 現稱 *Niviventer coxingi* (Swinhoe)。[36]

(4)～(7)發表4篇〈福爾摩沙島簡述〉系列（General Description of the Island of Formosa）（刊於*Chinese and Japanese Repository*, 4月號，pp. 161-176；5月號，pp. 217-223；11月號，pp. 159-166；12月號，pp. 191-198）。

(8)〈福爾摩沙博物史隨筆〉（Natural History Notes, principally from Formosa）（4月11日及5月19日2封信分別發自淡水，合刊於*Zoologist*, 22: pp. 9224-9229）。

(9)〈福爾摩沙蓪草紙〉（Notice of the Rice Paper Plant, *Aralia Papyrifera*）（刊於*Pharmacological Journal*, p. 52）。

(10)11月8日發表〈臺灣黑熊〉（The Formosan Bear），原文"Extracts from Three Letters to Dr. J.E. Gray"分別於7月27日寄自福州、8月10日寄自淡水的三封信組成，在倫敦動物學會宣讀，內容包括福州麝香貓，後刊於

36. P. Hall. p. 11；G. Jones, p. 123；《重修通志動物章》，頁745。

▲巨嘴鳥〔李子寧提供〕

《倫敦動物學會會刊》，pp. 378-383。[37]

⑾〈福爾摩沙或臺灣島植物名單〉（List of Plants from the Island of Formosa or Taiwan），內載他與Charles Wilford採集到的246種植物；本文由標本館館長Alan Black撰寫，郇和撰寫前言，未發表，收藏於倫敦市郊的英國皇家植物園——「秋園」（Royal Botanical Gardens at Kew）。[38]

1865年

⑴發表〈福爾摩沙原住民筆記〉（Notes on the Aborigines of Formosa）（British Association代宣讀，論文另刊行）。

⑵《博物學期刊》（*Ann. Of Nat. Hist.*, 15: pp.71-73）轉載（國姓爺刺鼠）。

---

37. P. Hall. p. 11。Hall懷疑8月10日寄自淡水的信，可能發自打狗（Takow）；不過9月初郇和仍在淡水，稍後赴廈門就醫、療傷，11月7日才由廈門直接移館打狗。

38. W. Campbell, p. 608; G. Jones, pp. 123-124；張譽騰，前引文，頁145-146；吳永華，《臺灣植物探險》（臺中：晨星，1999），頁46-47。

投書《朱鷺》5件〔(3)〜(7)〕：**[39]**

(3)*Ibis*, 2: pp. 107-112。發自去（1864）年8月11日淡水及10月5日廈門。包括小杜鵑（*Cuculus tamsuicus*/ Tamsuy Cuckoo; *Cuculus poliocephalus*/ Little Cuckoo）、白腹鰹鳥（*Sula sinicadvena*/ Chinese Gannet; *Sula Leucogaster*）。

(4)*Ibis*, 2: pp. 230-234。去年12月1日發自打狗。

(5)*Ibis*, 2: pp. 346-359。2月27日、4月1日各一封發自打狗。內含鵪鶉（Caine's Quail）、臺灣黑頭（粟腹）文鳥（Black-headed Munia）、翠翼鳩（*Chalcophaps formosana*/ Ground-pigeon）。

(6)*Ibis*, 2: pp. 538-546。6月1日發自打狗。介紹棕三趾鶉（Barred Button-Quail）及*Cuculus monosyllabicus*/ One-note Cuckoo（單聲杜鵑）。單聲杜鵑的學名演變：*Cuculus monosyllabicus* = *Cuculus saturates horstieldi* = *Cuculus optatus*（目前學名）的異名。

(7)*Ibis*, 2: pp. 121-123, "Letter on Formosan Ornithology," 7月1日發自打狗。

(8)翻譯乾隆二十九年（1764）余文儀《續修臺灣府志》上載的41種鳥類、13種野獸類，發

▲鵪鶉
〔Harter,《Animals》(1979)；歐陽盛芝提供〕

39. P. Hall, pp. 12-13.

表於1865年《皇家亞洲學會北華上海分會會刊》（2: pp. 39-52）：〈福爾摩沙鳥類與野獸：譯自《續修臺灣府志》，附加觀察筆記〉（Neau-Show: Birds and Beasts of Formosa. Translated from 18th Chap. of Revised Edition of the *Tai-wan-foo-chi* (Statistics of Taiwan); with Critical Notes and Observations）。

(9)《倫敦動物學會會刊》（p. 196）發表〈臺灣軟體動物〉上篇（List of Species of Mollusks Collected in Formosa）。

(10)～(11)本年從打狗發出4封致倫敦動物學會投書：3月27日寄出，6月27日在該會宣讀，後刊於會刊p. 510，內容不詳；5月18日、7月25日、8月8日3信，於11月28日宣讀，收入會刊pp. 677-678。

▲郇和採集的臺灣貝類
〔《Pro. Zool. SOC.》（1866）；陳政三翻拍〕

1866年

(1)《皇家地理學會會刊》（*Proceedings of the Royal Geographical Society*, 10: pp. 122-128）發表〈福爾摩沙再記〉（Additional Notes on Formosa），記載1864年5月蘇澳行，內文僅提到飛魚、綠蠵龜，未對其他動植物有所著墨；不過他在蘇澳應採到不少貝類，1865年英國研究者康寧（Hugh Cumming）發表郇和採集到的96種貝類名單；培佛（L. Pfeiffrer）發表郇和的13種新品種貝類。[40]

(2)《倫敦動物學會會刊》（p. 146）發表〈臺灣軟體動物〉下篇（List of Species of Mollusks Collected in Formosa）。

(3)《博物學期刊》（*Ann. Of Nat. Hist.*, Ser. 3, 18: p. 286）發表"On a New Species of

Beech-Marten from Formosa," 介紹臺灣黃喉貂（*Martes chrysospila/* *Formosan Beech-Marten; Martes flavigula chrysospila Swinhoe/* Yellow-throated Marten）新種（6月22日寄自廈門）。

⑷《德國動植物期刊》*Abh. Zool. Bot. Verhandl.*, Wien（16: pp. 438- 447）譯載郇和的〈福爾摩沙鳥類與野獸：譯自《續修臺灣府志》，附加觀察筆記。

在《朱鷺》季刊〔*Ibis*〕發表6篇臺灣鳥類新發現文章〔⑸～⑽〕：**41**

⑸"Description of Three New Formosan Birds: *Accipiter virgatus*（松雀鷹）， *Sula sinicadvena*（白腹鰹鳥），*Pelecanus*（pelican, 鵜鶘），" *Ibis*, 2: pp. 108-112.

⑹～⑻"Description of New Species of Formosan Birds with Further Notes on the Ornithology of the Island," *Ibis*, 2: pp. 129-138, 292-316, 392- 406，收入去年（1865）10月1日及12月30日、本年（1866）2月1日發自打狗，以及3月8日發自廈門的信函。其中p. 138記載黃鶺鴒（*Motacilla flava* Linnaeus/

▶鵜鶘〔李子寧提供〕

---

41. G. Jones, p. 124。篇名文字，Jones大都以小寫列出。依通例，除冠詞、介係詞，每字第一個字母都改為大寫。

▲郇和發現的粉紅鸚嘴
〔《Ibis》（1866）；陳政三翻拍〕

Yellow Wagtail）；pp. 292-316記載粉紅鸚嘴（*Paradoxornis webbianus* (Gould)/Vinous-throated Parrotbill）、大冠鷲（蛇鵰, *Spilornis cheela* (Latham)/ Snake Eagle or Crested Serpent Eagle)、青背山雀（*Parus monticolus* (Vigors)/ Green-backed Tit）、山紅頭（畫眉科, *Stachyris ruficeps* (Blyth)/ Rufous-capped Babbler）、綠鳩（*Treron sieboldii* (Temminck) / White-bellied Pigeon）、灰林鴿（*Palumbus pulchricollis*/ Fungshan Pigeon）、[42]琵嘴鴨（*Anas clypeata Linnaeus* / Girdle-billed Duck）；pp. 392-406介紹黃胸青鶲（*Ficedula hyperythra* (Blyth)/ Tangled Siphia or Snowy-browed lycatcher）、草鴞（*Tyto capensis* (Smith)/ Grass owl）、小鶯（*Cettia fortipes* (Hodgson)/ Oakbush Warbler）的新紀錄。[43]

⑼"Description of Three New Formosan Birds: *Coturnix caincana*（可能指鵪鶉），[44]*Munia formosana*（黑頭文鳥），*Chalcophaps formosana*（翠翼

42. Hall（p. 14）載*Treron chaeroboatis*/ Fungshan Pigeon, 指灰林鴿，又稱山粉鳥。林文宏，頁235。

43. G. Jones, p. 124; P. Hall, p. 14; 吳永華，《臺灣動物探險》，頁54、56-57。新學名摘自林文宏，頁145、247、324、342，略參考P. Hall（p. 14）；英文名參考P. Hall。P. Hall（p. 14）則使用"A Voice on Ornithology from Formosa"為篇名。

44. 可能是雉科一般稱的鵪鶉（*Coturnix communis* / common quail；現稱*Coturnix coturnix* / Japanese Quail or Common Quail）。小鵪鶉（*Excalfactoria chinensis*；現稱*Coturnix chinensis* / Painted Quail）。J. D. De La Touche, "The Land Birds of Formosa," in James Davidson, *The Island of Formosa*, pp. ix, xiv；《重修通志動物章》，頁574；林文宏，頁169、170。

鳩）” *Ibis*, 2: pp. 351-358.[45]

⑽“Description of Two New Formosan Birds: Turnix rostrata（棕三趾鶉）、[46] *Cuculus monosyllabicus*（單聲杜鵑）” *Ibis*, 2: 543-546.

⑾大英博物館根據郇和在臺灣蒐集、寄送的昆蟲標本，發表2篇報告：[47]

a. Henry W. Bates, “On a Collection of *Coleoptera* from Formosa, Sent Home by R. Swinhoe,” *Proc. Zoological Soc. London,* pp. 339-355。內文提及郇和採集的285種甲蟲中的51種。

b. A. R. Wallace and F. Moore, “List of *Lepidopterous* Insects. Collected at Takau, Formosa, by Mr. Swinhoe,” *Proc. Zoological Soc. London*, pp. 355-365。記載郇和在打狗採集的46種蝶類、93種蛾類。

1867年

在8月2日《德臣西報》（*China Mail*）發表〈傀儡人的數字〉（Kali numerals），介紹排灣與魯凱族的數詞。

1869年

在《朱鷺》發表評述柯靈巫（Cuthbert Collingwood）著作投書 “Letter Concerning Collingwood’s ‘Rambles of A Naturalist on the Shores and Waters of the China Seas’,” *Ibis*, 5: 347-348；指出柯氏不熟悉鳥類鑑別，不過臺灣北方三島的描述頗具價值。1月15日寄自打狗，當時他還正「忙著」處理安平砲擊事件。[48]

45. J. D. De La Touche, “ The Land Birds of Formosa,” p. x；吳永華，頁247；《重修通志動物章》，頁626、704。黑頭文鳥又稱栗腹文鳥，現學名*Lonchura malacca*（Swinhoe）；翠翼鳩現稱*Chalcophaps indica*。
46. J. D. De La Touche, p. ix；吳永華，頁249。原稱*Turnix rostrata Swinhoe*；後改稱*Turnix suscitator Swinhoe*；現稱Turnix suscitator (Gmelin)。《重修通志動物章》，頁579；林文宏，頁176。
47. 朱耀沂，《臺灣昆蟲學史話（1684-1945）》，頁78-79。
48. P. Hall, p. 16；吳永華，《臺灣動物探險》，頁108；林文宏，頁9。

1870年

(1)《倫敦動物學會會刊》（*Proc. Zoological Soc. London*, pp. 600-604）發表 "List of Birds Collected by Mr. Cuthbert Collingwood during a Cruise in the China and Japan Seas, with Notes," 評述柯靈巫1866～1867年遠東行採擷的33種鳥類，其中灰面鵟鷹、家燕、磯鷸、白腹鰹鳥、玄燕鷗等5種係柯氏1866年在臺灣東部及東北部沿岸收集者。

(2)《倫敦動物學會會刊》（pp. 615-653）發表〈清國揚子江以南與臺灣島的哺乳類目錄〉（Catalogue of the Mammals of China (South of the River Yang-tsze) and of the Island of Formosa），內含39種臺灣哺乳類。[49]

(3)發表 "On Four New Species of Birds from China," in: *Ann. Of Nat. Hist.*, Ser., 4, 152 -154。其中黃嘴角鴞（*Ephialtes hambroecki* Swinhoe/ Mountain Scops Owl; *Otus spilocephalus* (Blyth)/ Spotted Scops Owl）及領角鴞（*Ephialtes glabripes* Swinhoe/ Collared Scops Owl; *Otus bakkamoena* (Pennant)）2種產自臺灣；另有杜鵑科的Cuculus michieanus/ Michie's Cuckoo, 以及灰背叉尾鳥（Slaty - backed Forktail）。[50]

1871年

在《倫敦動物學會會刊》（pp. 337- 423）發表 "A Revised 'Catalogue of the Birds of China and Its Islands', with Descriptions of New Species, References to Former Notes, and Occasional Remarks," 介紹清國（含臺灣）675種鳥類，內含茶鵰（Tawny Eagle）、北方腹紋燕（Northern Striped-Belly Swallow）、五十雀（Eurasian Nuthatch）、中國短翅樹鶯（Chinese Bush Warbler）、貝

---

49. 吳永華，《臺灣動物探險》，頁63-65。張譽騰（頁139）則稱38種。依據吳書，其中有14種冠上郇和的姓氏。

50. 吳永華，《臺灣動物探險》，頁57；《重修通志動物章》頁631、632；林文宏，頁249、251。不過P. Hall（p. 21）把同篇列在1871年；G. Jones（p. 125）引用的篇名是 "Descriptions of new species of birds from China"（1870）。P. Hall文章列出大部分新、舊學名對照。

加爾湖白鶺鴒（Baikal White Wagtail）、灰頭白環鸚嘴鵯（Grey-headed or Collared Finch-bill Bulbul）、四川粉紅鸚嘴（Vinous-throated Parrotbill）、紅尾伯勞（Red-tailed Shrike）、大捲尾（烏秋，Black Drongo）、紅嘴短趾山鴉（Red-billed Chough）、遠東小雲雀及亞洲雲雀（Oriental & Asian Skylark）、石雞（Rosy Chukar Partridge）、棕三趾鶉（Blakiston's Barred Button Quail）、林三趾鶉（Chinese Button Quail）、中國黑背白腹蠣鴴（Chinese Oyster Catcher）等。[51]

1877年

10月在《朱鷺》（*Ibis*, 1: pp. 473-474）發表〈福爾摩沙來的新鳥種〉（On a New Bird from Formosa），介紹美博物學家史蒂瑞（Joseph Steere）採集的新種，郇和乃以史蒂瑞姓氏命名為*Liocichla steerii* (Swinhoe)/ Steere's Babbler——「黃胸藪眉」（藪鳥）（畫眉科），是生前最後發表的文章。[52]

郇和有關大陸及日本動物之文章

1857年11月17日，在「廈門文學及科學學會」（The Literary and Scientific Society of Amoy）發表個人生平首篇論文〈對廈門動物的評論〉（A Few Remarks on the Fauna of Amoy）；同年12月17日刊於*Hong Kong Mail*（應

▲郇和用史蒂瑞姓氏命名的新種鳥類－藪鳥〔取自《Ibis》（1877）；陳政三翻拍〕

51. P. Hall, pp. 22-23; G. Jones, p. 126；吳永華，《臺灣動物探險》，頁58；林文宏，頁73。
52. G. Jones, p. 127; P. Hall, p. 29；《重修通志動物章》，頁681；張萬福，《臺灣的陸鳥》（臺中：禽影，1985），頁21。藪鳥英文名稱為Steere's Babbler或Steere's Liocichla.

是*China Mail*——《德臣西報》）：1858年收入*Newman's Zoologist*:6222-6231.[53]

1860年

⑴在英國鳥類學人協會（British Ornithologists' Union）1859《朱鷺》
（*Ibis*, 1860, 2: 45-68, 130-133）發表〈廈門鳥類學誌〉（Ornithology of
Amoy），提及20種鳥類；同年加爾各答的《皇家亞洲學會孟加拉分會會
刊》轉載（29: 241-266）。如下：

※2種夜鶯——Dytiscus Nightjar & Savannh Nightjar.

※廈門小縫葉鶯（Amoy Little Tailorbird）。

※灰頭鷦鶯（Yellow-bellied Prinia）。

※褐頭長尾鷦鶯（Long-tailored Wren-warbler）。

※廈門大嘴柳鶯（Amoy Large-billed Leaf Warbler）。

※黃眉柳鶯（Black-browed Reed Warbler）。

※短翅樹鶯（Japanese Bush Warbler）。

※短翅樹鶯亞種（Smaller Songful Bush Warbler）。

※白腳柳鶯（Pale-legged Leaf Warbler）。

※綠色柳鶯（Green Wood Warbler）。

※棕尾褐翁（*Hemichelidon rutilata / Muscicapa ferruginea*）。

※鵐科（*Emberiza canascens*）。

※唐白鷺（Chinese Egret）。

※綠腳田鳥（*Ardeola prascinoceles*/ Green-legged Paddybird）。

※極北柳鶯（Arctic Warbler）。

---

53. P. Hall, p. 2。Stephenson（p. 1）誤載為1856年11月。當時香港並無*Hong Kong Mail*，
應是創於1845年的*China Mail*——《德臣西報》。曾虛白主編，《中國新聞史》（臺
北：政大新研所，1973），頁161。

※洋鶇（*Turdus advena* / Foreign Thrush）。

※白腹青鶲（White-bellied Flycatcher）。

※豆雁（*Anser fabalis serrirostris*/ Chinese Bean Goose）。

※皺褶笑鶇（*Garrulax rugillatus*/ Wrinkled Laughing Thrush）。

(2)發表〈廈門鳥類學誌增錄及修正〉（Additions and Corrections to the "Ornithology of Amoy"）, *Ibis*, 2: 130-133.

(3)發表〈廈門鳥類學誌再增錄及修正〉（Further Corrections and Additions to the "Ornithology of Amoy", with Some Remarks on the Birds of Formosa）, *Ibis*, 2: 357-361.

(4)《動物學家期刊》（*Zoologist*, 18: 6923-6925）發表〈清國海岸的野天鵝〉（Wild Swans on the Coast of China）。

(5)《動物學家期刊》（18: 7102-7103）發表〈廈門的鳥類〉（Birds of Amoy）。[54]

1861年

(1)"Note of the Ornithology of Hong Kong, Macao and Canton, Made during the Latter End of February, March April, and the Beginning of May, 1860"（刊於 *Ibis*, 3: 23-57），內文提到White-eyed Wagtail（p.35，現稱Streaked-eyed Wagtail，黑眼線鶺鴒，白鶺鴒亞種）及Canton Minivet（p. 42, Swinhoe's Minivet，廣東山椒鳥）。

(2)6封給《朱鷺》的投書，刊於*Ibis*, 3: 262-268（"On the Ornithology of Amoy and Foochow"），介紹棕頸鉤嘴鶥（*Pomatorhinus stidulus*/ Rattling; *P. ruficollis* / Streaked-breasted Scimitar Babbler）、何氏白環鸚嘴鵯（Holt's Mountain Bulbul）、白環鸚嘴鵯（Collared Finch-billed Bulbul）及Plain

54.(1)-(5)參閱P. Hall, pp. 2-4; Gwilym S. Jones, " The Publications of Robert Swinhoe," *Q. J. Taiwan Museum,* 26(1/2), Taipei: 1973, p. 122.

Robin（*Larvivora gracili*, 鶲科）；pp. 408-415（"Extracts from Four Letter"）；pp.428-429（ "Letter", dated 'At Sea'16 June 1860）。

(3)"Notes on the Birds Observed about Talien Bay (N. China) from June 21 to July 25, 1860"（刊於*Ibis*, 3: 251-262），關於在大連灣觀賞到的遼東雲雀（Leautung Lark）、原鴿（舊名*Columba leucozonora*/ Girdled Promontory Rock Pigeon；新稱*Columba livia*/ Rock Dove）等。[55]

(4)"Notes on the Ornithology Taken between Takoo and Peking, in the Neighbourhood of the Peiho River, Province of Chelee, North China, from August to December 1860"（刊於*Ibis*, 3: 323-345），記錄在大沽口及北京採擷的鳥類烏鶲或稱西伯利亞灰斑鶲（Grey-spotted Flycatcher）、鷦鶯（Leaden-legged Wren）、綠繡眼（South China White-eye）及灰腹繡眼鳥（Japanese White-eye）、中地鷸（Chinese Snipe or Swinhoe's Snipe）。

(5)"Letter concerning the Chinese Otter,"刊《倫敦動物學會會刊》, pp. 389-391。「水獺」乙文於1861年12月10日年會，由他人代宣讀。

1862年

(1)～(2)上半年在《朱鷺》（*Ibis*, 4: pp. 253-265, 304-307）刊登2篇投書，首篇描述他在去年12月赴廈門「養病」期間，順便到福州賞鳥的故事；後篇於1862年1月17日從淡水發出。[56]

(3)在《倫敦動物學會會刊》（3: pp. 286-287, 315-320）發表"On a Bird Supposed to be the Female of *Crossoptilon Auritum, Pallas,* from Northern China," 提及滿洲帶毛穗松雞（Manchurian Eared Pheasant）。

(4)"On Some Tientsin Birds, Collected by Mr. Flaming, R.A., in the Possession of Mr. Whiteley,"討論天津白喉磯鶇（*Monticola gularis*/ White-throated Rock Thrush）、2種毛腳燕（House Martin）。[57]

---

55. P. Hall, pp. 2-3; G. Jones, p. 122。Hall文將頁數標為pp. 258-261.
56. P. Hall, pp. 5-6.
57. P. Hall, p. 6.

1863年

(1)"Additions and Corrections to the Ornithology of Northern China"（*Ibis*, 5: 87-97），內容提及灰冠小啄木鳥（Small Pied or Gray-capped Woodpecker）等鳥類。

(2)"Notes on the Ornithology of Northern Japan"（*Ibis*, 5: 442 -445）.[58]

(3)"On New and Little-known Birds from China"（《倫敦動物學會會刊》, pp. 87-94），提及福州赤褐色啄木鳥（Brown or Rufous Woodpecker）、北京及上海雲雀、白背鷚（Rock-Pipit）、廈門黑色食米鳥（Smoky Reed-bird）、水蒲葦鶯（Sedge-Warbler or Speckled Reed-warbler）、黑斑雲雀（Grasshopper-Lark）。[59]

(4)"On the Species of *Zosterops* inhabiting China and Japan with the Description of a New Species"（《倫敦動物學會會刊》, pp. 203-204），介紹灰腹繡眼鳥（Oriental White-eye）。

(5)"Catalogue of the Birds of China, with Remarks Principally on their Geographical distribution"（《倫敦動物學會會刊》, pp. 259-339），介紹日本鶺鴒（Japan Wagtail）、山椒鳥（Shabby Minivet）、短尾樹鶯（Scaly or Short-tailed Bush-Warbler）、紅尾林鴝（Rufous-Tailed Robin）、極北柳鶯（Larger or Arctic Willow-Warbler）、家八哥（Schomburgk's Mynah）、橿鳥（Chinese Jay）等。

1864年

(1)4月26日一篇"Letter with Observations upon Some Chinese Deer"文章在倫敦動物學會宣讀，內含滿洲梅花鹿（Manchurian Sika）；後收入當年該會

---

58. 依據P. Hall, p. 9。G. Jones（p. 123）將本文記為"Notes on the Ornithology of Northern China."
59. 依據P. Hall, p. 9。G. Jones（p. 123）將本文誤植為"On New and Little-known Birds from Japan."本文英文名如載2名者，前為舊稱，後者新名。

會刊（pp. 168-169）。

⑵6月28日在倫敦動物學會發表 "Amendments to the 'Catalogue of the Birds of China'," 《倫敦動物學會會刊》, pp. 271-272。

1865年

《倫敦動物學會會刊》（1865; pp. 1-2）收錄有關滿洲鹿文章 "Letter to Dr. Gray on the New Manchurian Deer"；1864年10月6日寄自廈門。[60]

1866年

談論香港猴類 "On a Monkey from the Island of North Lena, near Hongkong: *Inuus sancti-johannis*, sp. n.,"9月7日廈門寄出，12月13日在倫敦動物學會宣讀，收入《倫敦動物學會會刊》（1866, p. 556）。[61]

1867年

發表〈我的廈門鳥類筆記〉（Jottings on Birds from My Amoy Journal）, *Ibis*, 3: 226-237, 385-413。包括長腿鸛（Long-legred Stork）、郇和中國海燕（Chinese or Swinhoe's Storm Petrel）、雀科蘆鵐屬（Giglioli's Bunting）、鸕鷀科（Island Shag）、鷸科（Cassin's Curlew）、反嘴鴴（Chinese Avocet）、白眉噪鶥（笑鶇）（White-browed Laughing-Thrush）、白伯勞（Pale Shrike）。[62]

▲鸕鷀〔李子寧提供〕

60. P. Hall, p. 13。G. Jones（p. 124）標題為 "Letter on the Cervus Mantchuricus, mihi."
61. P. Hall, p. 15; G. Jones, p. 124。這種猴子英文叫做St. John's Monkey.
62. P. Hall, p. 15。本文臺灣鳥類以外地區的中譯名，大抵參考柯林‧哈里森（Colin Harrison）、亞倫‧格林史密斯（Alan Greensmith），《鳥類圖鑑》（*Birds of the World*）（臺北：貓頭鷹，1995），上載大致相對應的學名，再加以比對而得。

1868年

(1)發表1篇介紹廈門新鳥類4種："Ornithological Notes from Amoy, with Descriptions of Four New Species: *Porphyrio coelestis*（Purple Moorhen/ 秧雞科，紫紅冠水雞），*Pterorhinus davidi*（David's Laughing Thrush/ 躁鶥或笑鶇類），*Drymoeca pekinensis, Aegithaliscus*（Chinese Hill Warbler/ 中國斑紋鶇鶯），*Aegithaliscus anophrys*（Long-tailed Titmouse/ 長尾小山雀）" [63] 並介紹白頰山雀（*Parus commixtus; Parus major* (Linnaeus)/ Great Tit） [64]，*Ibis,* 4: 52-65.

(2)4月上旬赴海南島旅行，4月20日從香港寄出 "Letter Concerning Hainan Trip," 刊於*Ibis,* 4: 353-354.

1869年

發表海南島太陽鳥（花蜜鳥）、鹿類，以及大陸鳥類文章各一篇。[65]

(1)"Descriptions of Two New Species of Sun-birds from the Island of Hainan," *Ann. Of Nat. Hist.*, ser. 4, 4: 436。包含以郇和夫人Christina名字命名的叉尾太陽鳥（*Aethopyga Christinae*/ Fork-

▲太陽鳥

〔Harter, 《Animals》(1979)；歐陽盛芝提供〕

---

63. G. Jones, p. 124; P. Hall, p. 15。英文名稱參考P. Hall；中文譯名參考《鳥類圖鑑》（頁126-127、158、319）。
64. 白頰山雀，參考Philip B. Hall, p. 15；張萬福，頁43；《重修通志動物章》，頁697-698；林文宏，頁347。新學名原後面冠上（Swinhoe），目前已改冠（Linnaeus）。
65. P. Hall, p. 16; G. Jones, p. 125.

tailed Sunbird）及黑冠黃褐背花蜜鳥（Black-crowned & Olive-backed Sunbird）。

⑵"Letter Concerning Collingwood's 'Rambles of A Naturalist on the Shores and Waters of the China Seas'," *Ibis*, 5: 347-348。1月15日寄自打狗，當時他還正「忙著」處理安平砲擊事件。

⑶《朱鷺》（*Ibis*, 5: 463）刊登9月27日他從倫敦投書的〈我從清國返鄉〉（Letter Announcing Return From China）。

⑷"On the Cervine Animals（鹿科）of the Islands of Hainan(China)," *Proc. Zool. Soc. London*, pp. 652-660。12月9日在該會宣讀。

1870年

本年在倫敦「養病」，至少發表了前述有關臺灣文章3篇，以及下述16篇關於清國大陸及海南島的文章。可謂創作頗豐，但有害健康。

⑴"Description of Three New Species of Birds from China," in *Ann. Of Nat. Hist.*, Ser., 4, 5: 173-175。介紹3新鳥種──小秧雞（Mandarin Crake）、條紋鳳鶥（Striated Yuhina）、黃腹鵯（Brown-breasted Bulbul）。

⑵"Proposed Name for the Large Barbet（熱帶巨嘴鳥）of the Himalayas: *Megalaema marshallorum*," *Ann. Of Nat. Hist.*, Ser. 4, 6: 348.

⑶1868年秋季張家口之旅 "A Trip to Kalgan in the Autumn of 1868," *J. R. Geogr. Soc.*, 1870, 40: 83-85。1869年1月18日寄自打狗。[66]

⑷揚子江之行 "Special Mission up the Yang-tsze-Kiang," *J. R. Geogr. Soc.*, 40: 268-289，5 月9日在該會宣讀；另有篇長達200頁的官方考察報告 "Report by Consul Swinhoe of His Special Mission up the Yang-tsze-Kiang," *British Sessional Papers*, China No. 2, Vol. LXV 1870: 100-299.[67]

---

66. P. Hall, p. 16.
67. G. Jones, p. 125; P. Hall, pp. 16, 21.

(5)"On the Ornithology of Hainan," in *Ibis*, 6: 77-97, 230-256, 342-367。介紹海南島鳥類——蛇雕（Spotted Snake Eagle）、小雨燕（Lesser Asian Palm Swift）、赤褐色啄木鳥（Rufous Woodpecker）、海南黑眉熱帶巨嘴鳥（Hainan Black-browed Barbet）、綠啄花鳥（Hainan Plain Flowerpecker）、黑翼山椒鳥（Black-winged Cuckoo-Shrike）、深紅山椒鳥（Scarlet Minivet）、灰捲尾（Ashy Drongo）、黑喉躁鶥（笑鶇）（Black-throated Laughing Thrush）、海南小彎嘴畫眉（Hainan Streaked-breasted Scimitar Babbler）、紅嘴黑鵯（Hainan Black Bulbul）、栗色鵯（Chestnut Bulbul）、灰喉鵯（Grey-throated Bulbul）、黑冠鵯（Black-capped Bulbul）、橙腹木葉鳥（Orange-bellied Leafbird）、海南朱鸝（Hainan Maroon Oriole）、海南領角鴞（Hainan Collared Scops Owl）、海南及中國九官鳥（Hainan & Chinese Grackles）、小雲雀（Oriental Skylark）、橘胸綠鳩（Orange-breasted Green Pigeon）等。**68**

(6)清國新鹿種"On a New Deer from China: *Hydropotes inermis*," *Proc. Zool. Soc. London*, pp. 89-92.

(7)"On the Pied Wagtails（白鶺鴒）of China," *Proc. Zool. Soc. London*, 120-123, 129-130。並介紹Serendipitous Wagtail（寶藏鶺鴒），Yangtsze Wagtail（揚子江鶺鴒），Francis's Wagtail及Black-browed Wagtail（黑眉鶺鴒）等4種鶺鴒科鳥種。

(8)"On a New Species of Accentor from North China," *Proc. Zool. Soc. London*, 124-125。介紹高山山鷚（Alpine Accentor）。

(9)"Descriptions of Seven New species of Birds Procured during a Cruise up the River Yang-tsze（China），" *Proc. Zool. Soc. London*, 131-136。介紹伯勞科（Lord Walden's Butcher-bird）、棕面鶯（Rufous-faced Fly-Warbler）、紅側腹繡眼鳥（Rosy-Flanked White-Eye）、白頰黃腹山雀（Yellow-Bellied Tit）、攀雀（Penduline Tit）、黃喉鵐（Yellow-throated Bunting）、無頸

68. P. Hall, p. 17。新、舊學名可參考該頁。

環雉雞（Ringless Pheasant）。**69**

(10)"On the Plovers of the *Genus Aegialites* Found in China," *Proc. Zool. Soc. London,* pp. 136-142。介紹沙鴴（Harting's Sand Plover）、東方環頸鴴（Kentish Plover）等。

(11)"On the Mammals of Hainan," *Proc. Zool. Soc. London*, pp. 224-239.

(12)"List of Reptiles（爬蟲類）and Batrachians（無尾兩棲類）Collected in the Island of Hainan (China) with Notes," *Proc. Zool. Soc. London*, pp. 239-242.

(13)"Note on Reptiles and Batrachians Collected in Various Parts of China," *Proc. Zool. Soc. London,* pp. 409-412.

(14)"Zoological Notes of a Journey from Canton to Peking and Kalgan," *Proc. Zool. Soc. London*, pp. 427-451. 介紹從廣東沿路到北京、張家口見到的朱鷺（Chinese Ibis）、天鵝（David's Swan）、北京雨燕（Peking Swift）、紅喙白腹鳥（Ridgeway Red Crossbill）、黃腹啄木鳥（Brown-bellied Woodpecker）、食米鳥（Fleming's Reed-Bird）、白眉鵐（Tristram's Bunting）、北京茶隼（Peking Kestrel）、蒙古鳴雀（Mongolian Trumpeter Finch）、縱紋腹小鴞（Little Owl）等。

▲朱鷺〔李子寧提供〕

▲黑天鵝〔李子寧提供〕

⒂投書《朱鷺》（*Ibis*, 1870, 6: 154-156）"Regarding David's *Parus Pekinensis*（北京山雀）,"1869年12月28日寄自倫敦。

⒃"Products of the Island of Hainan," *Pharmaceutical Journal*, p. 529.

1871年

⑴《倫敦動物學會會刊》（pp. 273-275）發表 "On a New Chinese Gull: *Chroicocephalus saundersi*," 介紹河鷗（River-Gull）。

⑵四種亞洲新鳥種"On Four New Species of Asiatic Birds: *Pellorneum subochraceum, Poecile baicalensis, Mirafra borneensis, Mirafra parva*," Ann. Of Nat. Hist., Ser. 4, 7: p. 257.[70]

⑶投書《朱鷺》（*Ibis*, 1871, pp. 206-207）"Notice of a Letter from Swinhoe."[71]

1872年

⑴《倫敦動物學會會刊》（pp. 550-554）發表 "Descriptions of two New Pheasants and a New *Garrulax*（躁鶥屬）from Ningpo, China "（pp. 550-554），介紹在寧波發現的Elliot's Pheasan（環頸雉）及Darwin Koklass Pheasant（達爾文雉雞），Chinese Collared Laughing -Thrush（黑領躁鶥？）。[72]

⑵《倫敦動物學會會刊》（pp. 813-817）發表寧波附近的哺乳類動物文章 "Notes on Chinese Mammalia Observed Near Ningpo," 內含Sclater's Muntjak（山羌或麂）。

⑶《皇家亞洲學會北華上海分會會刊》（pp. 25-40）發表海南島原住民 "The Aborigines of Hainan," 3月25日在該會宣讀。

⑷《皇家亞洲學會北華上海分會會刊》（pp. 41-91）發表海南島探密 "Narrative of an Exploring Visit to Hainan," 5月13日在該會宣讀。

[70]. 這些都是舊學名，已不使用；筆者遍查群書，仍無所獲，顯見「鳥事」學養欠佳，留點空白待他日再努力。
[71]. P. Hall, p. 22.
[72]. P. Hall, p. 23；哈里森、格林史密斯，《鳥類圖鑑》，頁297。中國地區的*Garrulax*（躁鶥）為畫眉科，有黑領躁鶥（Great Necklaced Laughing -Thrush分布在華南）、眼紋躁鶥（分布在西南），本處似指前者。

1873年

⑴8月，在大不列顛協會發表〈福爾摩沙筆記〉（Notes on Formosa）。

至少發表有關大陸北方及日本動物文章11篇〔⑵～⑿〕：

⑵"On a New Species of *Nettapus*（Cotton-teal, 白尾鳧、水鴨）from the River Yang-tsze, China: *N. kopschii*," *Ann. Of Nat. Hist*., Ser. 4, 11: 15-17.

⑶"On Three Species of Birds from Chefoo（North China），" *Ann. Of Nat. Hist*., Ser. 4, 12: 373-377。包含金翼灰鶇（*Turdus campbelli*/ Golden-Sided Grey Thrush; 新名*Turdus chrysopleurus*）、[73]金嘴小三趾鶉（Golden-billed Button-Quail）、白翅秧雞（White-winged Quail Crake）。

⑷"On a Scaup Duck（Fulix, 白胸鴨）Found in China," *Proc. Zool. Soc. London*（《倫敦動物學會會刊》），pp. 411-413.

⑸"On the White Stork（*Ciconia boyciana*/ 白鸛）of Japan," *Proc. Zool. Soc. London,* pp. 512-514.

⑹"On Chinese Deer, with the Descriptions of an Apparently New Species: *Cervus kopschii*", *Proc. Zool. Soc. London*, pp. 572-576。介紹華南梅花鹿（South China Sika）。

⑺"On the Long-tailed Jay of Northern China, with Further Notes on Chinese Ornithology," *Proc. Zool. Soc. London*, pp. 687-690. 介紹紅嘴長尾藍鵲（Red-billed Blue Magpie）。

⑻"On a Black Albatross（黑色信天翁）of the China Seas: *Diomedea derogata*, n. sp.", *Proc. Zool. Soc. London*, pp. 784-786.

⑼"On a New Species of Little Bittern（紫背葦鳽）from China,（*Ardetta eurhythma* / *Ixobrychus earhythmus*）," *Ibis*, 3: 73-74.

⑽"On a New Chinese Owl of the *Genus Ketupa*（*K. manifica*），" *Ibis*, 3:127-129。介紹大型黃魚鴞（Magnificent Fish Owl）。

⑾"On the Rosy Ibis of China and Japan（*Ibis nippon*），" Ibis, 3:249-253. 介紹

---

73. 筆者無法查到此鳥，中文名為意譯。

▲魚鴞〔Harter,《Animals》(1979)；歐陽盛芝提供〕

清國及日本朱鷺（Ibis）。

⑿ "Notes on Chinese ornithology（Shanghai）," *Ibis*, 3:361-372.

投書4篇獲刊〔⒀～⒃〕：

⒀ "Transmission of a Letter from A. David, to the Editor," 刊於*Proc. Zool. Soc. London,* pp, 555-556.

⒁ "Letter to Editor Re Visits from Heude and David," 1872年8月21日寄自寧波，刊於*Ibis*, 1873, 3:95-96.

⒂ "Letter to Editor on Various Topics," 1872年12月寄自寧波，刊*Ibis*, 1873, 3: 227-231.

⒃ "Letter to Editor Re Final Shanghai Observations," 1873年4月30日寄自芝罘（煙臺），刊*Ibis*, 1873, 3: 423-427.

1874年

至少發表7篇關於寧波、滿洲、煙臺、日本動物的文章。

⑴ "On Some Birds from Hakodadi（北海道函館〔按：Hakodate〕）, in Northern Japan（Ⅰ）," *Ibis*, 1874, 4: 150-166。包括勘察加半島的蝗雀（Grasshopper Lark）。

⑵ "Notes on *Cervus euopis* Swinhoe," *Pro. Zool. Soc. London*, pp. 151-152.

⑶ "Two Letters concerning Chinese Ornithology," *Ibis*, 4: 182-183.

⑷ "Notes on Chinese Ornithology（Ⅱ）," *Ibis*, 4: 266 -270。含煙臺的領角鴞（Chestnut-kneed Owl/ Collared Scops Owl, 俗稱貓頭鷹）。

⑸ "On a Small, Tufted, Hornless deer from the Mountains near Ningpo," *Pro. Zool. Soc. London*, pp. 452-454.

⑹ "Ornithological Notes Made at Chefoo (Province of Shantung, North China)," Part 1, in *Ibis*, 4: 422-447。包括Steven's Hawk（可能是中國大陸北方的赤腹鷹──Chinese Goshawk或蒼鷹──Northern Goshawk）、金翼灰鶇（Golden-sided Grey Thrush）。

⑺ "Letter Regarding Questions of Identification," 1874年9月18日發自倫敦泰

晤士河北岸雀兒喜區（Chelsea）卡萊麗廣場33號（33 Carlyle Square）寓所；刊*Ibis*, 1874, 4: 463-464.[74]

1875年

發表日本、煙臺鳥類文章各1篇。

⑴"On Some Birds from Hakodadi, in Northern Japan（Ⅱ），" *Ibis*, 5:447-458.

⑵"Ornithological Notes Made at Chefoo (Province of Shantung, North China)," Part2, in *Ibis*, 5: 114-140.

投書《朱鷺》：[75]

⑶"More Letters Re Identification," *Ibis*, 1875, 5: pp. 143-146；1874年12月19日寄自卡萊麗廣場寓所。

⑷"Letter to the Editor Regarding *Turdus chrysopleurus*（金翼灰鶇, Golden-sided Grey Thrush），"[76]*Ibis*, 1875, 5: 519-520。1875年12月22日寄自卡萊麗廣場寓所。

1876年

發表大陸、北日本鳥類文及投書共3篇：

⑴法蘭克福動物雜誌（*Zool. Garten, Frankfurt*, 17: 24-27, 61-66）發表"Notes on Chinese Ornithology," 該文只完成一半。

⑵在*Ibis*（6:330-335）發表"On Some Birds from Hakodadi, in Northern Japan（Ⅲ），"介紹南大葦鶯（Blackiston's Reed-Warbler，可能指Clamorous Reed Warbler）、蘆鵐（*Emberiza schoeniclus*/ Common Reed Bunting）。[77]

⑶"Letter to the Editor Concerning *Porzana Exquisita*（田雞）" *Ibis*,

74. P. Hall, p. 27.
75. P. Hall, pp. 27-28.
76. 不知是否為赤腹鶇，*Turdus chrysolaus*/ Brown Thrush or Red-bellied Thrush?《重修通志動物章》，頁676；張萬福，《臺灣的陸鳥》，頁160；林文宏，頁305。
77. 《鳥類圖鑑》，頁302、334。

6:507-508；1876年9月28日寄自卡萊麗廣場寓所。[78]

1877年

在《朱鷺》（*Ibis*, 1: 128, 144-147, 203-205）發表3篇海南島、日本、東亞鳥類文章：

⑴"Letter to the Editor Regarding *Ixus Hainanus*（Blacked-capped Bulbul, 黑冠鵯）," 1876年11月26日寄自卡萊麗廣場寓所。

⑵"On Some Birds from Hakodadi, in Northern Japan（Ⅳ）."

⑶"On a New Form of Reed-bird（食米鳥）from Eastern Asia."

另在《鳥類學雜錄》發表

⑷"Nesting and Eggs of White's Thrush, *Oreocincla Varia*（*Pall.*）（虎鶇）" *Ornithological Miscellany*, pp. 255-257.[79]

泰晤士河畔斜陽

1873年底（12月底）或1874年初，未滿38歲的郇和回到倫敦，陪伴他的是太太克麗絲汀娜（Christina），以及2個女兒。我們從1869年他以太太的名字命名海南島叉尾太陽鳥（*Aethopyga christinae*/ Fork-tailed Sunbird）才得知她的名字，至於女兒們似未與鳥類名字有連結。1875年8月25日，久病不癒的他辦理退休。

從1874年9月18日投書《朱鷺》的住處註記，可知郇和在最後歲月（最遲從1874年9月起，至1877年10月卒）卜居倫敦市中心西南方、泰晤士河北岸的雀兒喜區（Chelsea）卡萊麗廣場33號（33 Carlyle Square），位於目前倫敦SW3區，泰晤士河北岸King's Road與Old Church Street交叉口，離河濱只有一個街區（block）距離。[80]1873年底或74年初返抵英國，可能即卜居該地。可以想像，

78. P. Hall, p. 28.
79. 虎鶇最早學名為*Oreocincla hancii* Swinhoe，表示1863年郇和在臺灣發現、命名。德拉圖什於1896年命名為*Geocichla varies*; 1907年他與O.-Grant合作改為*Oreocincla Varia*；目前已修正為*Zoothera dauma* (Latham)，因為L君在1790年即在其他地方發現到了。J. D. De La Touche, p. iv；林文宏，頁302。
80. P. Hall, p. 27; Geographers' A-Z Map Co. Ltd., *A-Z London Street Atlas and Index* (Bucks: Hazell Watson &Viney Limited), ISBN 0-85039-013-3, pp. 76, 148。

克麗絲汀娜經常推著輪移，陪伴郇和來到泰晤士河畔，欣賞悠悠流水，以及飛翔河面的鳥兒。

即便有病在身，他可沒閒著，1874～1877年間發表了19篇文章，包括死前最後幾天1篇介紹史蒂瑞（Joseph Steere）在臺灣發現的黃胸藪眉（藪鳥），為他在臺灣鳥界地位畫下了美麗的句點。因為他的成就，1876年獲選入英國皇家學會會員（F.R.S., Fellow of the Royal Society）。[81]1877年還在「倫敦萬國博覽會」（The London Exhibition of 1877）設置「臺灣專櫃」（Formosan Booth），榮獲獎章及獎金。[82]

他長期中風臥病，1877年10月28日逝世於倫敦，得年僅41歲又2個月。[83]筆者在《大不列顛百科全書》查不到他的名字，畢竟以前、甚至現在的臺灣，都只是英國的邊陲地區——「異域中的異域」。但這無損他在博物學方面的建樹，尤其是鳥類方面。

▲田間常見覓食的白鷺絲〔陳政三攝影〕

▲白鷺絲〔陳政三攝影〕

81. J. Davidson, p. 177.

82. Harold M. Otness, *One Thousand Westerners in Taiwan* (Taipei: Institute of Taiwan History, Academia Sinica, 1999), p. 152.

83. J. Davidson, p. 177；Y. Takahashi, p. 337。朱耀沂（頁75）稱「因癌症過世」，另說研究東亞蝶、蛾類著名的Charles Swinhoe（1836-1923），是郇和「胞弟」。2人都在1836年出生，郇和生於該年9月1日，或為雙胞胎；或Charles是生於1836年年初的「胞兄」，而郇和早產？

附錄一
郇和生涯一覽表（Robert Swinhoe, 1836～1877）

1836年

9月1日，出生於印度加爾各答。家庭幾代都為英屬印度政府服務，父親為公訴律師（solicitor）。

1852年

負笈倫敦，在國王學院（King's College）就讀。

1853年

在自由主義者創辦的「非英國國教系統」（non-conformist）倫敦大學（London University）註冊，仍就讀該大學所屬國王學院；期間曾蒐集英國鳥類、鳥巢、鳥蛋交予大英博物館（the British Museum）蒐藏。

1854年

通過英國外交官考試，輟學，獲聘英國駐香港公使館臨時翻譯員（supernumerary interpreter）。5月啟程赴香港，1年期間學習華語。

1855年

⑴轉調英國駐廈門領事館，稍後升任二等助理（2nd assistant）。

⑵除了館務、學習閩南語之外，在住處蓄養穿山甲（pangolin）、大貓頭鷹（a great owl, 可能是黃魚鴞）各1隻，以及一窩小獵隼（young falcons）。

1856年

3月間搭葡萄牙籍老閘船（Portuguese lorcha）至新竹Hongsan or Hongshan（高橋良一解讀為香山鄉——Hsiang Shan；但筆者以為應是湖口鄉鳳山村）停留2週，記錄了93種鳥類、17種哺乳類，所以一般認為係作博物採集；不過「奉派密訪，搜尋歐美船難漂民」可能才是主要任務。

1857年

(1)搭乘剛強號（*Inflexible*）首度環航臺灣，搜尋歐美船難漂民，兼偵測民情、礦產、海岸、港口情形。

(2)擔任英法聯軍英國全權代表額爾金伯爵（Earl Elgin）貼身小翻譯（迄1858年）。

(3)11月17日，在「廈門文學及科學學會」（The Literary and Scientific Society of Amoy）發表個人生平首篇論文〈對廈門動物的評論〉（A Few Remarks on the Fauna of Amoy）；同年12月17日刊於*Hong Kong Mail*（應是*China Mail*——《德臣西報》）；1858年收入*Newman's Zoologist*, pp.6222-6231.

1858年

(1)搭乘剛強號第二度環航臺灣：6月9日抵國聖港（Kok-si-kon, 臺南縣七股鄉三股村、十份村，曾文溪出海口一帶），逆時針方向繞行臺灣各港一週，6月30日再航抵國聖港，前後共22天。取道澎湖，7月1日返抵廈門。

(2)7月20日，在「皇家亞洲學會北華上海分會」發表〈福爾摩沙島記行〉（Narrative of a Visit to the Island of Formosa）；文章刊於該會會刊*Journal of the North China Branch of the Royal Asiatic Society*, 1858-59, 4(1), 或編號No. II, May 1859: pp. 145-164.

1859年

(1)發表7種臺灣鳥類新種的發現："Notes on Some New Species of Birds Found on the Island of Formosa"（《皇家亞洲學會北華上海分會會刊》, 1(2): pp. 225-230）。

1860年

(1)9～10月，擔任英國陸軍總司令格蘭特（T. Hope Grant）翻譯，隨英法聯軍攻入北京，火燒圓明園。

(2)12月22日，派駐臺灣府副領事。英國首任駐北京公使卜魯斯（Frederick Bruce）12月6日照會總理衙門的公文上，仍將他的名字寫為「士委諾」。

1861年

(1)1月至3月間，從廈門到淡水盤旋，目的不詳（根據高橋良一，"Biography of Robert Swinhoe," *Q. J. Taiwan Museum,* 1965, 18（3 & 4），p. 336之說法；惟筆者尚無法從其他資料找到佐證）。

(2)7月6日，搭金龜子號（*Cockchafer*）砲船抵打狗（今高雄）；7月12日，抵達臺灣府就任，暫住西城外、五條港區風神廟迎賓館（今臺南市民權路3段143巷8號）；13日，住進當時臺灣首富、秀才出身的金茂號（Kim Mo-hop or Kinmohop，又稱金和合）店東許遜榮府邸；29日，以月租60銀元，承租許遜榮位於府署東鄰兩層樓的卯橋別墅，正式設立英國駐府城副領事館。開始使用「郇和」對外，不過往後的中文公文書，仍出現過「勳嘉」用名。

(3)12月，赴廈門治療熱病，順便到福州賞鳥；12月18日，宣佈遷館淡水。20日，搭乘巧手號（*Handy*）砲艇抵淡水，將使館及住處暫設在怡和洋行冒險號（*Adventure*）集貨船上。

(4)出版《1860年華北戰記》（*Narrative of the North China Campaign of 1860*）（London: Smith Elder & Co., 1861）。

(5)在〈1861年駐臺副領事貿易報告書〉（1862年1月1日發出）稱：廈門、福州的大盤批發商進口頗多臺茶，和較好的茶摻雜後出售；同年分送茶葉樣品給3位品茶人鑑賞，成為第一位向西方介紹臺茶的人。

1862年

(1)1月1日，郇和發出"Report of Trade in Formosa Previous to 1862,"係臺灣第一件領事報告（甘為霖, *Formosa Under the Dutch*, p. 608）。

⑵1月中上旬，承租滬尾岸邊一間三合院，每月租金24元，先預付4個月，充當館舍。

⑶4月13日，爆發「戴潮春事件」。19日，赴淡水河上游大漢溪探訪泰雅族大嵙崁群奎輝社（桃園復興鄉奎輝村），來回行程至少3天以上。

⑷5月10日，離開淡水、返倫敦養病；迄1864年1月31日再回到淡水任所，前後長達1年8個多月。

⑸將臺灣博物送到「1862年巴黎國際博覽會」（the Great International Exhibition of 1862）展示，榮獲褒獎與獎章。

⑹12月12日，致函外相羅素勛爵（Lord Russell），提出割取臺灣全島並不困難，尤其取得原住民、罪犯居住的東岸地區更是輕而易舉的看法。

⑺獲選為倫敦動物學學會終身會員（F.Z.S., Life Fellow of the Zoological Society, 1862）。

1863年

⑴8月在倫敦參加人種學學會（the Ethnological Society）、大不列顛協會（the British Association）兩次研討會，分別發表版本略為不同的〈福爾摩沙人種學筆記〉（Notes on the Ethnology of Formosa），皆述及1857環島之旅與1862奎輝行。該年另發表5篇涉臺文章。

⑵9月24日，再度向外相羅素勛爵建議探測臺灣自然資源，俾使英國大眾週知。9月30日，外交部函覆郇和，同意撥交價值250英鎊（約值750銀元）的精密儀器，供其使用。

⑶入選皇家地理學會會員（F.R.G.S., Fellow of the Royal Geographical Society）、倫敦國王學院榮譽會員、人種學學會會員（Fellow of the Ethnological Society, 1863～1864）。

⑷10月離英、返臺。途經錫蘭島（今斯里蘭卡），參觀該島甘地（Candy）地區栽種咖啡情形。

1864年

⑴1月31日，頂著「臺灣通」、「年輕學者」、「外交科學家」頭銜，以及外交部核發的精密儀器，載譽返抵淡水任所。

(2)3、4月間，在淡水附近採到琵鷺（Eurasian Spoonbill）、黑面琵鷺（Black-faced Spoonbill）、白尾鴝、白頭鵯、黃腹琉璃、朱連雀（Japanese Waxwing）、深山竹雞標本；4月，命名俗稱白腹或粗皮的刺鼠為*Mus coxinga*, 後改為*Rattus coxinga*——「國姓爺刺鼠」，新學名更改為*Niviventer coxingi* (Swinhoe)。

(3)5月，第三度到他理想的東岸殖民地首站——蘇澳踏查。1866年，於《皇家地理學會會刊》（*Proceedings of the Royal Geographical Society*, 10: pp. 122-128）發表〈福爾摩沙再記〉（Additional Notes on Formosa），記載此行，內文僅提到飛魚、綠蠵龜，未對其他動植物有所著墨；不過他在蘇澳應採到不少貝類，隔年（1865）英國研究者康寧（Hugh Cumming）發表郇和採集到的96種貝類名單；培佛（L. Pfeiffrer）發表郇和的13種新品種貝類。

(4)7月，搭乘鴇鳥號（*Bustard*）至打狗、澎湖、恆春半島搜尋失事的茶船涅蛇比號（*Netherby*）下落。深入湛湛庄（車城鄉新街村咚咚）、貓仔坑（恆春鎮仁壽里），走訪平埔族、排灣族。

(5)9月，赴廈門就醫。11月5日，由廈門搭乘漢堡籍帆船日本號（*Japan*）直接赴打狗，7日抵達，承租寶順洋行（Dent & Co.）的集貨船三葉號（*Ternate*）為辦公室兼住所，租期半年；7日當天即宣佈成立打狗副領事館。

1865年

(1)1月初至2月初，開小差神秘失蹤一個月，赴香港、廈門；雖然被發覺擅離職守，仍無礙於該年2月升為領事。4月底打狗副領事館正式以領事館名義對外。

(2)5月初，三葉號租約到期；改租哨船頭東側山丘處民宅（天利行所有）為館舍。

1866年

(1)2月中下旬荖濃溪、六龜之旅，在靠近新高山（玉山）附近山區觀察水鹿。

(2)2月底，奉調駐廈門領事；3月間往返打狗、廈門2地；4月4日正式接任駐

廈門領事。駐打狗17個月期間，兼任普魯士、葡萄牙、丹麥副領事。

(3)接到達爾文（Charles R. Darwin, 1809～1882）9月的回信：這是1862～1874年間，達爾文接獲仰慕者郇和17封求教信的唯一復函。

(4)在《皇家地理學會會刊》（10: pp. 122-128）發表〈福爾摩沙再記〉（Additional Notes on Formosa）。

1867年

(1)8月23日從廈門搭乘英艦*Rinaldo*號赴澎湖，24日至28日間探勘青螺澳虎頭山（今湖西鄉青螺村）煤礦，29日返抵廈門。

(2)調駐寧波領事（可能請病假，未就任；或就任不久即長期請病假）。

1868年

(1)4月上旬赴海南島旅行，4月20日從香港寄出"Letter Concerning Hainan Trip," 刊於*Ibis*, 4: pp. 353-354。

(2)1868年秋季到張家口（Kalgan）旅行。

(3)樟腦糾紛、洋教案引爆「英船砲擊安平事件」（11月底），郇和奉命以「駐臺領事」（the Consul of Taiwan）返任，搭乘*Rinaldo*號艦於12月11日抵臺處理，停留至1月下旬（Parliamentary Papers, China, No. 3（1869）：Inclosure 3 in No. 6, p. 12, Gibson to Sir R. Alcock, Dec. 14, 1868 & Inclosure 14 in No. 18, p. 51, Sir R. Alcock to the Prince Kung, Jan. 28, 1869）；他有2篇文章係隔年1月中旬從打狗寄出。

1869年

(1)可能在1月底「抱病」離臺。

(2)年初（可能在2-4月間）「抱病」搭乘鴿子號砲船（*Dove*）上溯揚子江，沿鄱陽湖（Poyang Lake）、漢口，並儘可能遠至四川重慶府（Ching-king-foo in Szechnen）等地考察，除了蒐集一般情報，並瞭解輪船可上溯至長江何處。

(3)發表介紹海南島太陽鳥（花蜜鳥）文章"Descriptions of Two New Species of Sun-birds from the Island of Hainan,"他以夫人Christina芳名命名叉尾太

陽鳥（*Aethopyga christinae*/ Fork-tailed Sunbird）。

(4)6月初抵臺，接管署領事吉必勳（John Gibson）事務，調查「英艦砲擊安平事件」，並尋求改善與臺灣地方當局的關係。

(5)下半年請病假，長達1年半，取道日本、舊金山，搭火車橫跨美國，從美東搭船，9月返抵倫敦。該年《朱鷺》（*Ibis*, 5: p. 463）刊登9月27日他從倫敦投書的〈我從清國返鄉〉（Letter Announcing Return From China）。

1870年

在英國養病，期間發表有關臺灣方面文章3篇；發表關於清國大陸及海南島的文章16篇。

1871年

(1)上半年從英國返抵清國駐所，5月調駐寧波領事；兼任奧匈帝國、丹麥駐寧波領事。

(2)在《倫敦動物學會會刊》（pp. 273-275）發表 "On a New Chinese Gull: *Chroicocephalus saundersi*," 介紹河鷗（River-Gull）。

(3)在《倫敦動物學會會刊》（pp. 337-423）發表 "A Revised 'Catalogue of the Birds of China and Its Islands', with Descriptions of New Species, References to Former Notes, and Occasional Remarks," 介紹清國（含臺灣）675種鳥類。

1872年

在《倫敦動物學會會刊》與《皇家亞洲學會北華上海分會會刊》各發表2篇寧波鳥獸、海南島探險及海南島原住民的文章。

1873年

(1)年初中風，暫離寧波領事職位。

(2)4月，調駐煙臺（芝罘）領事。

(3)8月，在大不列顛協會發表〈福爾摩沙筆記〉（Notes on Formosa）。

(4)另至少發表有關大陸北方及日本動物文章11篇。

(5)因下肢癱瘓，1873年下半（10月1日）離開清國，返英就醫；1875年（8月）因無法痊癒，正式辦理退休。

1874年

⑴本年至少發表7篇關於寧波、滿洲、煙臺、日本動物的文章。

⑵有篇"Letter Regarding Questions of Identification,"上面標註「1874年9月18日發自倫敦泰晤士河北岸雀兒喜區（Chelsea）卡萊麗廣場33號（33 Carlyle Square）寓所」（刊 *Ibis*, 1874, 4: pp. 463-464），透露他返回倫敦的住所。

1875年

⑴發表日本、煙臺鳥類文章各一篇，另投書《朱鷺》2篇。

⑵1875年8月25日正式辦理退休，最後歲月（最遲從1874年9月起，至1877年10月卒）卜居倫敦市中心西南方、泰晤士河北岸的雀兒喜區（Chelsea）卡萊麗廣場33號（33 Carlyle Square）；位於目前倫敦SW3區，泰晤士河北岸King's Road與Old Church Street交叉口。

1876年

⑴獲選英國皇家學會會員（F.R.S., Fellow of the Royal Society）。

⑵發表大陸、北日本鳥類文各一篇、投書一篇。

1877年

⑴在「倫敦萬國博覽會」（The London Exhibition of 1877）設置「臺灣專櫃」（Formosan Booth），榮獲獎章及獎金。

⑵在《朱鷺》（*Ibis*, 1: pp. 128, 144-147, 203-205）發表3篇關於海南島、日本、東亞鳥類文章。

⑶美博物學家史蒂瑞（Joseph Steere）赴英，將在臺採集的鳥類標本交予郇和鑑定，後者發現其中有新品種，遂以史蒂瑞姓氏命名為 *Liocichla steerii* (Swinhoe)——「黃胸藪眉」，又稱「藪鳥」（Steere's Babbler, 畫眉科）。10月郇和在《朱鷺》（*Ibis*, 1: pp. 473-474）發表〈福爾摩沙來的新鳥種〉（On a New Bird from Formosa），介紹藪鳥，是生前最後發表的文章。

⑷長期中風臥病，10月28日逝世於倫敦，得年僅41歲又2個月。

附錄二
臺灣鳥類新舊學名對照[1]

【一】潛鳥目

潛鳥科（Gaviidae/ Divers & Loons）[2]

鳥名	舊學名	現用學名	英文名稱[3]
紅喉潛鳥[4]	*Colymbus septentrionalis* Swinhoe (1863);[5] *C. stellatus*[6]	*Gavia stellata*(Pontoppidan) 1763 [7]	Red-throated Diver
黑喉潛鳥[8]		*Gavia arctica*	Black-throated Diver

---

1. 在英文尚未獨大之前，以拉丁文命名動植物，係為統一用詞、增進溝通，沿用至今；不過許多舊學名有所更動，增加解讀舊文獻的困難。因此將新舊學名、英文列一對照表供參。不過，須注意的是，即使是舊學名，有的也經過多次名稱調整，本文對照僅僅列出較常見的部分。

2. 以下各科名稱，拉丁學名在前，英文名稱在後。

3. 「英文名稱」，係將曾用過的名稱列出；標有（舊）者，表示舊稱；其他排越後面者表示越近期的用法。

4. 冬季迷鳥。劉克襄，《臺灣鳥類研究開拓史（1840～1912）》（臺北：聯經，1989），頁162；省文獻會，《重修臺灣省通志·卷二·土地志博物篇動物章》第一冊（顏重威撰寫的「鳥類」，下略為《重修通志動物章》），頁525；林文宏，《臺灣鳥類發現史》（臺北：玉山社，1997），頁98。舊學名冠上原認為的最早發現人Swinhoe或（Swinhoe）；如已被他人所取代者，則在新學名特別標上比郇和在「其他地方」更早的發現者姓氏。其他人不標註。下同。基本上，郇和的確仍是大部分臺灣的鳥類最早發現人。早期鳥類學名後皆冠上不加括號的命名人；目前依分類學慣例，現用學名若與命名人之原命名相同者，命名人不加括弧；與原命名不同者，則加上括弧。本文與郇和有關者都加以標出，其他未標者係由他人命名或發現。

【二】鸊鷉目

鸊鷉科（Podicipedidae/ Grebes）[9]

鳥名	舊學名	現用學名	英文名稱
小鸊鷉[10]	*Podiceps minor Swinhoe* (1863); *P. philippensis; P. ruficollis*	*Tachybaptus ruficollis*	Little Grebe
冠鸊鷉；鳳頭鸊鷉	*Podiceps custatus*	*Podiceps cristatus*	Great Crested Grebe
角鸊鷉		*Podiceps auritus*	Horned Grebe
黑頸鸊鷉		*Podiceps nigricollis*	

【三】鸌形目

信天翁科（Diomedeidae/ Albatrosses）[11]

鳥名	舊學名	現用學名	英文名稱
短尾信天翁[12]	*Diomedea brachyura* Swinhoe (1863)	*Diomedea albatrus* Pallas 1769	Short-tailed Albatross
黑腳信天翁	Diomedea nigripes	同左	Black-footed Albatross

鸌科（水薙鳥）科（Procellariidae/ Fulmars, Petrels & Shearwaters）

鳥名	舊學名	現用學名	英文名稱
白腹穴鳥[13]	*Thalassidroma monorhis* Swinhoe(1867);*Pterodroma leucoptera*	*Pterodroma hypoleuca* (Salvin) 1888（？）	Gould's Petrel; Fulmar;Bonin Petrel
黑背白腹穴鳥[14]	*Pterodroma rostrata*	*Pseudobulwaria rostrata*	Tahiti Petrel
穴鳥		*Bulweria bulwerii*	Bulwer's Petrel
大灰鸌；大水薙鳥[15]	*Puffinus leucomelas;Procellaria leucomelas*	*Calonectris leucomelas*	White-faced Shearwater
灰鸌；灰水薙鳥	*Neonectris griseus;Procellaria grisea*	*Puffinus griseus*	Sooty Shearwater
長尾鸌；長尾水薙鳥[16]	*Thyellodroma cuneata;Puffinus cuneatus;Procellaria pacifica*	*Puffinus pacificus*	Wedge-tailed Shearwater

---

11. 曾在澎湖發現，目前已少見。《重修通志動物章》，頁528。

12. 劉克襄，頁162；《重修通志動物章》，頁526；林文宏，頁101。照說學名已改變，似應用（Pallas）：但後2書Pallas皆未加括號，除非Pallas原命名學名係現用最新學名。

13. 劉克襄，頁167；《重修通志動物章》，頁530；林文宏，頁103。

14. 《重修通志動物章》，頁529；林文宏，頁103。

15. 1979年顏重威採用此新拉丁學名；怪的是他在《重修通志動物章》頁529使用的是最舊學名；林文宏，頁105。前書都用「鸌」，林書用「水薙鳥」。

16. 1979年顏重威採用此新拉丁學名。《重修通志動物章》，頁529；林文宏，頁107。

海燕科（Hydrobatidae/ Petrels）

鳥名	舊學名	現用學名	英文名稱
黑叉尾海燕[17]		*Oceanodoma monorhis* (Swinhoe) 1867	Swinhoe's Storm Peterl

【四】鵜形目

熱帶鳥科（Phaethontidae/ Tropic Birds）

鳥名	舊學名	現用學名	英文名稱
白尾熱帶鳥[18]	*Phaethon candidus*	*Phaethon lepturus*	White-tailed Tropic Bird
紅尾熱帶鳥		*Phaethon rubricauda*	Red-tailed Tropic Bird

鵜鶘科（Pelecanidae/ Pelicans）[19]

鳥名	舊學名	現用學名	英文名稱
灰鵜鶘	*Pelecanus crispus*	*Pelecanus philippensis*	Grey Pelican
鵜鶘		Pelecanus roseus	Common Pelican

鰹鳥科（Sulidae/ Boobyies or Gannets）

鳥名	舊學名	現用學名	英文名稱
白腹鰹鳥[20]	*Sula sinicadvena* Swinhoe (1865); *Sula sula*	*Sula leucogaster* (Boddaert) 1783	Chinese Gannet;Brown Booby

---

17. 1990年9月林文宏於三貂角「發現」此鳥。林文宏，頁108。
18. 《重修通志動物章》，頁531；林文宏，頁109。僅見於颱風季節的迷鳥，1912年佐久間左馬太總督意外發現此鳥、並製作一幼鳥標本。
19. 《重修通志動物章》，頁532；林文宏，頁110。
20. 劉克襄，166；《重修通志動物章》，頁532；林文宏，頁111。

鸕鷀科（Phalacrocoracidae/ Cormorants）

鳥名	舊學名	現用學名	英文名稱
鸕鷀	*Phalacrocorax carbo*	同左	Common Cormorant; Great Cormorant
丹氏鸕鷀		*Phalacrocorax capillatus*	Japanese Cormorant
海鸕鷀；青背鸕鷀[21]	*Phalacrocorax bicristatus* Swinhoe (1863)	*Phalacrocorax pelagicus* Pallas 1811	Pelagic Cormorant

【五】 鸛形目

鷺科（Ardeidae/ Bitterns, Egrets & Herons）[22]

鳥名	舊學名	現用學名	英文名稱
蒼鷺	*Ardea cinerea*	同左	Gray Heron
紫鷺	*Phoyx manillensis;Pyrrherodia purpurea*	*Ardea purpurea*	Purple Heron
大白鷺	*Herodias alba* Swinhoe (1863)	*Egretta alba* (Linnaeus) 1758	Great White Egret; Great Egret
中白鷺	*Herodias intermedia*	*Egretta intermedia*	Intermediate Egret
小白鷺	*Herodias garzetta* Swinhoe (1863)	*Egretta garzetta* (Linnaeus) 1758	Little Egret
唐白鷺[23]	*Herodias eulophotes* Swinhoe (1863)	*Egretta eulophotes*(Swinhoe) 1860	Chinese Egret; Swinhoe's Egret

---

21. 劉克襄，頁163；《重修通志動物章》，頁534；謝顗，頁56；林文宏，頁113；沙謙中，《忽影悠鳴隱山林：玉山國家公園鳥類資源》（南投：玉山國家公園出版處，1992），頁276。通志與林書現用學名的Pallas都未加括號。

22. 鷺科新舊學名對照，參閱劉克襄，頁161-162、166；林文宏，頁116-125；《重修通志動物章》，頁535-543。不過通志部分發現人的名字已經不正確。

23. 劉克襄（頁161）、林文宏（頁119）舊學名皆作*Herodias eulophotes*; Philip B. Hall, "The Published Writings of Robert Swinhoe," p. 8, in Url: http://home.gwi.net/~pineking/RS/MAINLIST.htm (2006年1月) 網站, p. 3則梓為*Herodias eulophota*, 可能誤植。

岩鷺	*Demiegretta jugularis; Demiegretta sacra*	*Egretta sacra*	Reef Egret
牛背鷺；黃頭鷺	*Buphus coromandus* Swinhoe (1863); *Ardeola ibis*	*Bubulcus ibis* (Linnaeus) 1758	Cattle Egret
綠簑鷺	*Butorides javanicus* Swinhoe (1863)	*Butorides striatus* (Linnaeus) 1758	Green (-backed) Heron; LittleGreen Heron
池鷺；沼鷺	*Ardeola prasinosceles* Swinhoe (1863); *Ardeola ralloides*	*Ardeola bacchus* (Bonaparte) 1855	Chinese Pond Heron
黃頸黑鷺	*Ardetta flavicollis* Swinhoe (1863); *Dupetor flavicollis*	*Ixobrychus flavicollis* (Latham) 1790	Black Bittern
栗小鷺	*Ardetta cinnamomea* Swinhoe (1863)	*Ixobrychus cinnamomeus* (Gmelin) 1789	Red Bittern; Cinnamon Bittern
秋小鷺[24]	*Ardetta eurhythma* Swinhoe (1873); *Nannocnus eurythmus*	*Ixobrychus eurhythmus* (Swinhoe) 1873	Von Schrenk's little Bittern(舊)；Schrenk's Bittern
黃小鷺	*Ardetta sinensis* Swinhoe (1863)	*Ixobrychus sinensis* (Gmelin) 1789	Yellow Bittern; Chinese Little Bittern
麻鷺[25]	*Ardea goisagi* Swinhoe (1865)	*Gorsachius goisagi* (Temminck) 1835	Japanese Night Heron
黑冠麻鷺	*Gorsachius goisagi* (Swinhoe) 1866	*Gorsachius melanolophus* (Raffles) 1822	Tiger Bittern; Malay Night Bittern; Malaysian Night Bittern
夜鷺	*Nycticorax griseus* Swinhoe (1863)	*Nycticorax nycticorax* (Linnaeus) 1758	Black-crowned Night Heron

24. Hall, p. 25；林文宏，頁124。

25. 劉克襄（頁166）、林文宏（頁122-123）稱麻鷺舊學名 *Ardea goisagi*；稱黑冠麻鷺 *Gorsachius goisagi*。對照《重修通志動物章》（頁540-541）、謝顗《臺灣的鳥類》（臺北：自然科學文化，1980，頁60）、沙謙中（頁276）所載，略不同。

鸛科（Ciconidae/ Storks）

鳥名	舊學名	現用學名	英文名稱
白鸛；東方白鸛	Ciconia boyciana Swinhoe 1873	同左	Oriental White Stork
黑鸛		Ciconia nigra	Black Stork

朱鷺（䴉）科（Threskiornithidae/ Ibises & Spoonbills）[26]

鳥名	舊學名	現用學名	英文名稱
黑頭白䴉	*Ibis melanocephala*	*Threskiornis melanocephalus*	Oriental Ibis
朱鷺	*Ibis nippon* Swinhoe (1863)	*Nipponia nippon* (Temminck) 1835	Ibis; Crested Ibis; Japanese Crested Ibis
琵鷺；白琵鷺[27]	*Platalea major* Swinhoe (1863)	*Platalea leucorodia* Linnaeus 1758	White Spoonbill; Eurasian Spoonbill
黑面琵鷺		*Platalea minor*	Black-faced Spoonbill

---

26. 參閱劉克襄，頁161；《重修通志動物章》，頁544-546；林文宏，頁127-129。

27. 新學名於1921年由黑田、堀川採用。照理Linnaeus應括號，但國內相關書籍仍使用未括號的發現人；除非最早即由Linnaeus命此現用學名。

【六】雁形目

雁鴨科（Anatidae/ Ducks, Geese, Goldeneye Shovelers, Swans, Teals & Wigeons）

鳥名	舊學名	現用學名	英文名稱
斑嘴鴨；花嘴鴨[28]	*Anas poeuilorhynchos* Swinhoe (1863); *Anas poecilorhyncha* Swinhoe	*Anas poecilorhyncha* Forster 1781	Spot-billed Duck
赤頸鴨[29]	*Mareca Penelope* Swinhoe (1863)	*Anas penelope* Linnaeus 1758	European Wigeon
綠頭鴨；野鴨[30]	*Anas boschas* Swinhoe (1863)	*Anas platyrhynchos* Linnaeus 1758	Mallard
白眉鴨[31]	*Querquedula circia* Swinhoe (1863); *Querquedula querquedula*	*Anas querquedula* Linnaeus 1758	Garganey
尖尾鴨[32]	*Dafila acuta* Swinhoe (1863)	*Anas acuta* Linnaeus 1758	Northern Pintail
小水鴨；綠翅鴨[33]	*Querquedula crecca* Swinhoe (1863); Nettion crecca	*Anas crecca* Linnaeus 1758	Green-winged Teal
琵嘴鴨[34]	*Spatula clypeata* Swinhoe (1863); *Anas zonorhyncha* Swinhoe (1866)	*Anas clypeata*	Girdle-billed Duck(舊); Shoveller; Northern Shoveler

28. 謝顗，頁66；《重修通志動物章》，頁553；臺北市文獻會，《臺北市志・卷二・自然志博物篇》（下略《臺北市志博物篇》），頁23；林文宏，頁143。通志與市志現用學名後面仍加Swinhoe; 發現人已改為Forster。林書Forster未加括號，照理說學名已有更動，應加括號，除非最早即由Forster命此現用學名。

29. 《重修通志動物章》，頁554；《臺北市志博物篇》，頁23；林文宏，頁140。3書現用學名的Linnaeus皆未加括號。

30. 《重修通志動物章》，頁552；《臺北市志博物篇》，頁22；林文宏，頁143。3書現用學名的Linnaeus皆未加括號。

31. 劉克襄，頁163；《重修通志動物章》，頁554；《臺北市志博物篇》，頁24；林文宏，頁144。後3書現用學名的Linnaeus皆未加括號。

32. 《重修通志動物章》，頁550；林文宏，頁144。

33. 《重修通志動物章》，頁551；《臺北市志博物篇》，頁25；林文宏，頁142。3書現用學名的Linnaeus皆未加括號。

34. 沙謙中，頁277；Hall, p. 14；《重修通志動物章》，頁555；謝顗，頁63；林文宏，頁145。

羅紋（文）鴨；鐮刀小鴨；葭鳧[35]	*Querquedula falcaria* Swinhoe (1863); *Eunetta falcata*	*Anas falcata* Georgi 1775	Falcated Teal
巴鴨；花臉鴨[36]	*Querquedula glocitans* Swinhoe (1863); *Nettion formosum*	*Anas Formosa* Georgi 1775	Baikal Teal
鴻雁[37]	*Cygnopsis cygnoides*	*Anser cygnoides*	Swan Goose
豆雁；大雁；鴻[38]	*Anser segetum Serrirostris* Swinhoe(1860); *Melanonyx segetum; Melanonyx fabalis; Anser fabalis* Swinhoe	*Anser fabalis* (Latham) 1787	Gould's Bean Goose(舊); (Chinese) Bean Goose
鴛鴦[39]	*Aex galericulata* Swinhoe (1866)	*Aix galericulata* (Linnaeus) 1758	Mandarin Duck
紅頭潛鴨；舊稱磯雁[40]	*Nyroca ferina*	*Aythya ferina*	European Pochard
鳳頭潛鴨[41]	*Fuligula cristata* Swinhoe (1863); *F. fuligula*	*Aythya fuligula* (Linnaeus) 1758	Tufted Duck
斑背潛鴨[42]	*Fuligula marila* Swinhoe (1863)	*Aythya marila* (Linnaeus) 1758	Greater Scaup
鵲鴨[43]	*Clangula glaucion* Swinhoe (1863); *C. clangula*	*Bucephala clangula* (Linnaeus) 1758	Common Golden-eye
鵠；小天鵝[44]	*Olor bewicki*	*Cygnus columbianus*	Tundra Swan
瀆鳧[45]	*Casarca rutila* Swinhoe (1863); *Casarca casarca; Tadorna casarca; Casarca ferruginea*	*Tadorna ferruginea* (Pallas)	Ruddy Shelduck
花鳧[46]	*Tadorna vulpanser* Swinhoe (1863); *T. cornuta*	*Tadorna tadorna* (Linnaeus) 1758	Common Shelduck

35. 《重修通志動物章》，頁552；《臺北市志博物篇》，頁26；林文宏，頁141。3書新學名的Georgi皆未加括號。

36. 《重修通志動物章》，頁551；《臺北市志博物篇》，頁25；林文宏，頁142。3書新學名的Georgi皆未加括號。

37. 1979年顏重威採用此新拉丁學名。《重修通志動物章》，頁547；林文宏，頁134。

38. Hall, p. 3；《重修通志動物章》，頁547；《臺北市志博物篇》，頁20；林文宏，頁134。

【七】鷹形目

鶚科（Pandionidae/ Ospreys）

鳥名	舊學名	現用學名	英文名稱
鶚：魚鷹[47]	*Pandion haliaetus*	*Pandion haliaetus*	Osprey

隼科（Falconidae/ Falcons & Kestrels）

鳥名	舊學名	現用學名	英文名稱
花梨隼：隼：游隼[48]	*Falco peregrinus; Falco peregrinus colidus* Latham	*Falco peregrinus* Tunstall 1771	Peregrine Falcon
紅隼[49]	*Tinnunculus japonicus* Swinhoe (1863); *Cerchneis japonicus*	*Falco tinnunculus* Linnaeus 1758	Common Kestrel

39. 劉克襄，頁166；《重修通志動物章》，頁557；林文宏，頁139。
40. 《重修通志動物章》頁555；林文宏，頁146。
41. 《重修通志動物章》頁556；林文宏，頁148。前書Linnaeus未加括號，後書加括號。學名已有改動，應使用（Linnaeus）。
42. 《重修通志動物章》，頁557；林文宏，頁148。前書Linnaeus未加括號，後書加括號。
43. 《重修通志動物章》，頁558；林文宏，頁149。
44. 《重修通志動物章》，頁549；林文宏，頁133。
45. 《重修通志動物章》，頁549；林文宏，頁137。
46. 《重修通志動物章》，頁550；林文宏，頁138。
47. 劉克襄，頁155；林文宏，頁150；《鳥類圖鑑》，頁88；謝顗，頁116。
48. 劉克襄，頁155；《臺北市志博物篇》，頁30；《重修通志動物章》，頁561；《鳥類圖鑑》，頁105；林文宏，頁168。
49. 劉克襄，頁155；《臺北市志博物篇》，頁31；《重修通志動物章》，頁562；林文宏，頁166，

鷹科（鷲鷹）科（Accipitridae/ Kites, Hawk, Buzzard, Harriers & Eagles）

鳥名	舊學名	現用學名	英文名稱
日本松雀鷹[50]	*Micronisus gularis* Swinhoe (1863)	*Accipiter gularis* (Temminck & Schlegel) 1844	Japanese Sparrow Hawk
松雀鷹[51]	*Accipiter virgatus* Swinhoe (1866)	*Accipiter virgatus* (Temminck) 1822	Besra Sparrow Hawk
赤腹鷹[52]	*Micronisus soloensis* Swinhoe (1866)	*Accipiter soloensis* (Horsfield) 1821	Grey Frog Hawk
鳳頭蒼鷹[53]	*Lophospiza trivirgata* Swinhoe (1865); *Astu trivirgatus*	*Accipiter trivirgatus* (Temminck) 1824	Crested Goshawk; Asian Crested Goshawk
禿鷹[54]	*Vultur monachus*	*Aegypius monachus* (Linnaeus) 1766	Cinereous Vulture
花雕[55]	*Aquila pomarina*	*Aquila clanga*	Greater Spotted Eagle
白肩鵰；白肩皂鷹	*Aquila heliaca*	同左	Imperial Eagle
灰面鵟[56]	*Buteo poliogenys*	*Butastur indicus*	Gray-faced Buzzard
鵟[57]	*Buteo japonicus* Swinhoe (1863); *B. plumipes; Buteo buteo* Hume	*Buteo buteo* (Linnaeus) 1758	Common Buzzard; Eurasian Buzzad

---

50. 劉克襄，頁155；《重修通志動物章》，頁566；林文宏，頁159。前2書稱的松雀鷹，實際為日本松雀鷹。
51. Gwilym S. Jones, "The Publications of Robert Swinhoe," in *Quarterly Journal of the Taiwan Museum*, 26(1/2), p. 124；《臺北市志博物篇》，頁32；林文宏，頁160。
52. 《重修通志動物章》，頁566；林文宏，頁159。
53. 劉克襄，頁166；de La Touche, The Land Birds of Formosa, in James Davidson, *The Island of Formosa*, Appendix II, p. ix；《重修通志動物章》，頁567；林文宏，頁158。
54. 林文宏，頁154。
55. 林文宏，頁164。
56. 每年10月10日左右從宮古島南下臺灣恆春過冬，俗稱「國慶鳥」，又名灰面鵟鷹。劉克襄，頁165；張萬福，頁74；《重修通志動物章》，頁572。
57. 劉克襄，頁155；《重修通志動物章》，頁568；林文宏，頁162。

澤鵟[58]	*Circus aeruginosus*	*Circus spilonotus*	Harrier; (Eastern) Marsh Harrier
灰澤鵟		*Circus cayneus*	Hen Harrier
鳶；老鷹；黑鳶[59]	*Milvus govinda* Swinhoe (1863); *M. melanotis; M. lineatus; Milvus migrans* Kuroda	*Milvus migrans* (Boddaert) 1783	Black Kite
蜂鷹[60]	*Pernis apivorus*	*Pernis ptilorhynchus*	Oriental Honey Buzzard
大冠鷲；蛇雕；蛇鷹[61]	*Spilornis Hoya* Swinhoe (1866 ＊); *Spilornis cheela* Swinhoe	*Spilornis cheela* (Latham) 1790	Snake Eagle(舊); Serpent Eagle; Crested Serpent Eagle
南方角鷹；舊稱熊鷹、赫氏角鷹[62]	*Spizaetus orientalis* Swinhoe (1863); *S. nipalensis* Sclater	*Spizaetus nipalensis* (Hodgson) 1836	Hodgson's Hawk Eagle

58. 劉克襄，頁155、166；吳永華，《臺灣動物探險》（臺中：晨星，2001），頁249；《臺北市志博物篇》），頁31；《重修通志動物章》，頁564；林文宏，頁157。劉書稱*Circus aeruginosus*為灰澤鵟（可能有誤）；市志、通志則列*C. aeruginosus Kaup*為澤鵟；林書修正為*C. spilonotus Kaup.*

59. 劉克襄，頁155；《重修通志動物章》，頁572；林文宏，頁152。

60. 《重修通志動物章》，頁573；林文宏，頁152。1979年顏重威採用的學名；不過他修的通志鳥類部分仍採舊學名。

61. Hall, p, 14；《重修通志動物章》，頁571；林文宏，頁154。

62. 劉克襄，頁155；《重修通志動物章》，頁570；林文宏，頁165。

▲澤鵟〔《Ibis》（1863）；陳政三翻拍〕

【八】雞形目

雉科（Phasianidae/ Quails, Partridges & Pheasants）[63]

鳥名	舊學名	現用學名	英文名稱
鵪鶉	*Coturnix communis* Swinhoe (1863)	*Coturnix coturnix* (Linnaeus) 1758	Japanese Quail; Common Quail
小鵪鶉	*Excalfactoria chinensis* Swinhoe (1863)	*Coturnix chinensis* (Linnaeus) 1766	Painted Quail; Indian Blue Quail
臺灣山鷓鴣；舊稱深山竹雞	*Oreoperdix crudigularis* Swinhoe (1864＊);[64] *Arboricola crudigularis*	*Arborophila crudigularis* (Swinhoe) 1864	Formosan Hill Partridge
竹雞	*Bambusicola sonorivox*	*Bambusicola thoracica*	Chinese Bamboo Patridge
藍腹鷳；山雞	*Euplocamus swinhoii* Gould 1862; *Gennaeus swinhoii*	*Lophura swinhoii* (Gould) 1862	Formosan Wakoe Fireback(舊); Swinhoe's Blue Pheasant
環頸雉；臺灣雉雞[65]	*Phasianus torquatus* Swinhoe (1863); *Phasianus formosanus*	*Phasianus colchicus* (Linnaeus) 1758	Formosa Pheasant(舊); Common Pheasant; Ring-necked Pheasant
帝雉；黑長尾雉[66]	*Calophasis mikado*	*Syrmaticus mikado*	Mikado Pheasant

---

63. 雉科，參閱劉克襄，頁159-160；《重修通志動物章》，頁570；林文宏，頁169-175。
64. ＊表示命名，下同。
65. Hall, p. 8；劉克襄，頁160；吳永華，頁228。
66. 帝雉為1906年初由Walter Goodfellow在玉山發現；2004年版千元新臺幣鈔票背面的圖案；2007年在某立委與臺灣永續生態協會、臺灣國際觀鳥協會舉辦的「臺灣國鳥」網路票選中，以28萬票比52萬票輸給臺灣藍鵲；有的鳥類專家認為帝雉才應是實至名歸的國鳥。目前已是瀕臨絕種的鳥類。張萬福，頁67；《重修通志動物章》，頁576；劉克襄，頁169；2007.5.2《自由時報》A1版及A套生活版。

▲黑長尾雉—帝雉〔《Ibis》（1908）；陳政三翻拍〕

【九】鶴形目

三趾鶉科（Turnicidae/ Button Quails）[67]

鳥名	舊學名	現用學名	英文名稱
棕三趾鶉	*Turnix ocellatus* Swinhoe (1863); *T. rostrata* Swinhoe (1865＊); *T. taigoor*; *Turnix suscitator* Swinhoe	*Turnix suscitator* (Gmelin) 1789	Barred Button Quail; Bustard Quail
林三趾鶉；小三趾鶉	*Turnix dussumieri* Swinhoe (1871)	*Turnix sylvatica* (Desfontaines) 1787	Little Button Quail; Small Button Quail

秧雞科（Rallidae/ Coots, Crakes, Moorhen, Waterhen & Water Rails）[68]

鳥名	舊學名	現用學名	英文名稱
秧雞		*Rallus aquaticus*	Water Rail
董雞；鶴秧雞	*Gallicrex cristatus*	*Gallicrex cinerea*	Water Cock; Watercock
白眉秧雞	*Poliolimnas cinereus*	*Porzana cinerea*	White-browed Rail
緋秧雞	*Porzana fusca*	同左	Ruddy Crake; Ruddy-breasted Crake
小秧雞[69]	*Porzana mandarina*	*Porzana pusilla* (Pallas)	Mandarin Crake; Baillon's Crake
白腹秧雞	*Gallinula phoenicura*	*Amaurornis phoenicurus*	White-breasted Water Hen (Waterhen)
紅冠水雞		*Gallinula chloropus*	Moorhen; Common Moorhen
紅腳秧雞	*Rallina suzukii*	*Rallina fasciata*	Red-legged Crake
灰腳秧雞	*Rallina formosana*	*Rallina eurizonoides*	Gray-legged Water Rail; Slaty-legged Crake; Banded Crake
灰胸秧雞		*Rallus striatus*	Gray-breasted Water Hen; Slaty-breasted Rail
鷿翁；白冠雞		Fulica atra	Coot

---

67. 三趾鶉科，參閱劉克襄，頁160、167；吳永華，頁227；《重修通志動物章》，頁579；林文宏，頁175-176。

68. 秧雞科，參閱劉克襄，頁162、165；吳永華，頁227；《重修通志動物章》，頁581-585；林文宏，頁179-184。

69. 舊學名取自Hall, p.18。

【十】鷸形目

水雉科（Jacanidae/ Jacanas）

鳥名	舊學名	現用學名	英文名稱
水雉		*Hydrophasianus chirurgus*	Pheasant-tail Jacana

彩鷸科（Rostratulidae/ Painted Snipe）

鳥名	舊學名	現用學名	英文名稱
彩鷸[70]	*Rhynchaea sinensis* Swinhoe (1864); *Rostratula capensis*	*Rostratula benghalensis* (Linnaeus) 1758	Painted Snipe

蠣鴴科（Haematopodidae/ Oystercatchers）

鳥名	舊學名	現用學名	英文名稱
蠣鴴[71]	*Haematopus Longirostris* Swinhoe (1863); *H. osculans*	*Haematopus ostralegus* Linnaeus 1758	Eurasian Oystercatcher; Oyster Catcher

70. 劉克襄，頁165；《重修通志動物章》，頁587；林文宏，頁186。
71. 劉克襄，頁160；《重修通志動物章》，頁588；《鳥類圖鑑》，頁133。通志新學名仍冠Swinhoe；林書（頁186）Linnaeus未加括號。

鴴科（Charadriidae/ Lapwings & Plovers）[72]

鳥名	舊學名	現用學名	英文名稱
灰斑鴴	*Squatarola Helvetica* Swinhoe (1863); *S. squatarola*	*Pluvialis Squatarola* (Linnaeus) 1758	Grey or Gray Plover
金斑鴴	*Charadrius longipes* Swinhoe (1863); *C. dominicus; C. fulvus; Pluvialis dominicus*	*Pluvialis fulva* (Gmelin) 1789	Golden Plover; American Golden Plover; Pacific Golden Plover
東方環頸鴴[73]	*Charadrius cantianus* Swinhoe (1859); *Aegialites cantianus* Swinhoe (1863); *A.dealbatus* Swinhoe (1870＊); *Aronaria interpres*	*Charadrius alexandrinus* Linnaeus 1758	Chinese Kentish plover(舊); Kentish plover
環頸鴴[74]		*Charadrius hiaticula*	Ringed Plover
小環頸鴴[75]	*Aegialites philippinus* Swinhoe (1863)	*Charadrius dubius* Scopoli 1786	Little Ringed Plover
蒙古鴴；蒙古沙鴴	*Aegialites mongolica; Charadrius mongolicus*	*Charadrius mongolus*	Lesser Sand Plover
鐵嘴鴴；鐵嘴沙鴴[76]	*Aegialites geoffroii* Swinhoe (1863); *Pagoa leschenaultii*	*Charadrius leschenaultii* Lesson 1826	Greater Sand Plover
劍鴴		*Charadrius placidus*	Long-billed Ringed Plover
跳鴴	*Lobivanellus cinereus; Microsarcops cinereus*	*Vanellus cinereus*	Grey-headed Lapwing

72. 鴴科，參考劉克襄，頁160；林永華，頁227；《鳥類圖鑑》，頁139：沙謙中，頁279；《重修通志動物章》，頁589-593：林文宏，頁190-195。

73. 劉克襄，頁165；吳永華，頁227；Hall, p. 20；《臺北市志博物篇》，頁64；林文宏，頁192。北市志新學名後冠（Swinhoe）：林書Linnaeus未加括號。

74. 《重修通志動物章》，頁591；林文宏，頁191。通志稱*Charadrius alexandrinus*為環頸鴴，有誤。

75. 通志新學名後冠Gmelin；林書Scopoli未加括號。

76. 劉克襄（頁160）把A. geoffroii誤列為劍鴴。《重修通志動物章》（頁592）、《臺北市志博物篇》（頁65）、林文宏（頁194）Lesson皆未加括號。

鷸科〔Scolopacidae/ Curlew, Godwits, Sandpipers, Snipes, Stints & Tattlers〕[77]

鳥名	舊學名	現用學名	英文名稱
小杓鷸[78]	*Numenius minor* Swinhoe (1863)	*Numenius minutus* Gould 1841	Little Curlew
中杓鷸	*Numenius uropygialis* Swinhoe (1863); *N. variegates*; *Phaeopus phaeopus*	*Numenius phaeopus* (Linnaeus) 1758	Whimbrel
大杓鷸	*Numenius major* Swinhoe (1863); *Numenius arquatus* Swinhoe (1863)	*Numenius arquata* (Linnaeus) 1758	Curlew; Common Curlew; Western Curlew
斑尾鷸	*Limosa uropygialis* Swinhoe (1863)	*Limosa lapponica* (Linnaeus) 1758	Bar-tailed Godwit
黑尾鷸	*Limosa melanura*	*Limosa limosa*	Black-tailed Godwit
赤足鷸[79]	*Totanus calidris* Swinhoe (1863)	*Tringa Totanus* (Linnaeus) 1758	Red Shank; Common Redshank
小青足鷸	*Totanus stagnatilis* Swinhoe (1863)	*Tringa stagnatilis* (Bechstein) 1803	Marsh Sandpiper
青足鷸	*Totanus geottis* Swinhoe (1863); *Glottis nebularius*	*Tringa nebularia* (Gunnerus) 1767	Greenshank
諾氏鷸；諾氏青足鷸	*Pseudoglottis guttifer*	*Tringa guttifer*	Spotted Greenshank
鷹斑鷸；林鷸；鷹鷸[80]	*Totanus glareola* Swinhoe (1863); *Rhyacophilus glareola*	*Tringa glareola* Linnaeus 1758	Wood Sandpiper

白腰草鷸；草鷸；綠鷸[81]	*Totanus ochropus* Swinhoe (1863); *Helodromas ochropus*	*Tringa ochropus* Linnaeus 1758	Green Sandpiper
黃足鷸	*Totanus brevipes* Swinhoe (1863); *Heteroscelus incanus brevipes; Tringa Incanus brevipes*	*Heteroscelus brevipes* (Vieillot) 1816	Gray-rumped Tattler; Grey-tailed Tattler
美洲黃足鷸	*Tringa incana incana*	*Heteroscelus incanus*	Wandering Tattler
磯鷸[82]	*Tringoides Hypoleucus* Swinhoe (1863); *Totanus hypoleucus; Tringa hypoleucos*	*Actitis hypoleucos* (Linnaeus) 1758	Common Sandpiper
麴鷸[83]	*Numenius rufescens; N. cyanopus*	*Numenius madagascariensis*	Tamsuy Rufous Curlew (舊); Madagascar Curlew; Australian Curlew; Far Eastern Curlew
尖尾鷸；尖尾濱鷸	*Tringa acuminata* Swinhoe (1863); *Heteropygia acuminata*	*Calidris acuminata* (Horsfield) 1821	Sharp-tailed Sandpiper
三趾鷸；三趾濱鷸	*Calidris arenaria* Swinhoe (1863); *Crocethia alba*	*Calidris alba* (Pallas) 1764	Sanderling
濱鷸；黑腹濱鷸	*Tringa cinclus* Swinhoe (1863); *T. americana; T. alpina; Pelidna alpina*	*Calidris alpina* (Linnaeus) 1758	Dunlin
紅腹濱鷸	*Tringa canutus*	*Calidris canutus*	Red Knot
滸鷸；彎嘴濱鷸	*Tringa subarquatua* Swinhoe (1871); *Ancylochilus subarquatua; Erolia ferruginea*	*Calidris ferruginea* (Pontoppidan) 1763	Curlew Sandpiper
丹氏樨鷸；丹氏濱鷸	*Tringa temminckii* Swinhoe (1863)	*Calidris temminckii* (Leisler) 1812	Temminck's Stint

---

81. 北市志、通志、林書的新拉丁學名後的Linnaeus皆未加括號。
82. 林文宏，頁203；沙謙中，頁280。
83. Hall, p. 9；吳永華，頁227；劉克襄，頁161；《重修通志動物章》，頁595；沙謙中，頁279；林文宏，頁198。劉書舊學名拼法有誤植。

樫鷸：紅胸濱鷸	*Tringa albescens* Swinhoe (1863); *T. ruficollis*	*Calidris ruficollis* (Pallas) 1776	Little Stint; Rufous-necked Stint
雲雀鷸：長趾濱鷸[84]	*Tringa damacensis* Swinhoe (1863); *Pisobia minutilla; Calidris minutilla*	*Calidris subminuta* (Middendorff) 1853	Long-toed Stint
大濱鷸：姥鷸	*Tringa crassirostris; Anteliotringa tenuirostris*	*Calidris tenuirostris*	Great Knot
寬嘴鷸：鮮卑鷸	*Tringa platyrhyncha* Swinhoe (1863); *Limicola platyrhyncha; Limicola falcinella*	*Limicola falcinellus* (Pontoppidan) 1763	Broad-billed Sandpiper
翻石鷸	*Strepsilas interpres* Swinhoe (1863)	*Arenaria interpres* (Linnaeus) 1758	Turnstone; Ruddy Turnstone
山鷸	*Scolopax rusticola*	*Scolopax rusticola*（同左）	Woodcock; Eurasian Woodcock
田鷸	*Gallinago scolopacina* Swinhoe (1863)	*Gallinago gallinago* (Linnaeus) 1758	Common Snipe
針尾鷸	*Gallinago stenura*	同左	Pintail Snipe
大地鷸	*Capella hardwickii*	*Gallinago hardwickii*	Japanese Snipe
中地鷸[85]	*Gallinago megala* Swinhoe	*Gallinago megala* Swinhoe 1861	Chinese Snipe(舊); Swinhoe's Snipe
小鷸[86]	*Limnocryptes gallinula* Swinhoe (1871); *Gallingo minima*	*Lymnocryptes minimus* (Brunnich) 1764	Jack Snipe
反嘴鷸	*Terekia cinerea*	*Xenus cinereus*	Terel Sandpiper

84. 劉克襄（頁161）把Tringa damacensis列為雲雀鷸（長趾濱鷸）舊學名。林文宏（頁213）列在紅胸濱鷸（樫鷸）項下。似以前書正確。

85. 中地鷸新舊學名未變，命名人與發現人同一人，所以Swinhoe不用加括號。通志（頁603）有加（），林文宏（頁208）未加，後者正確。

86. 1979年顏重威採用此現用拉丁學名。《重修通志動物章》，頁604；林文宏，頁209。

反嘴鴴科（Recurvirostridae/ Avocets）

鳥名	舊學名	現用學名	英文名稱
反嘴鴴[87]	*Recurvirostra sinensis*	*Recurvirostra avosetta*	Chinese Avocet(舊); Avocet; Pied Avocet

瓣足鷸科（Phalaropodidae/ Phalaropes）[88]

鳥名	舊學名	現用學名	英文名稱
紅領瓣足鷸	*Lobipes hyperboreus* Swinhoe (1863); *Phalaropus hyperboreus*	*Phalaropus lobatus* (Linnaeus) 1758	Red-necked Phalarope

87. 舊學名及英文名稱取自Hall, p. 15；新名稱參考《重修通志動物章》，頁611；謝顗，頁83；林文宏，頁188。
88. 參考劉克襄，頁161；《重修通志動物章》，頁611-612；林文宏，頁206。

鷗科（Laridae/ Gulls, Noddies & Terns）[89]

鳥名	舊學名	現用學名	英文名稱
黑尾鷗	*Larus crassirostris*	同左	Black-tailed Gull
海鷗；貓鷗	*Larus niveus* Swinhoe (1863); *Larus canus*	*Larus Kamtschatschensis* (Bonaparte) 1854	Common Gull
黑脊鷗	*Larus cachinnans* Swinhoe (1863); *L. vegae*	*Larus argentatus* (Pontoppidan) 1763	Herring Gull
黑嘴鷗	*Chroicocephalus kittlitzii* Swinhoe (1863); *C. saundersi* Swinhoe (1871✱)	*Larus saundersi* (Swinhoe) 1871	Saunder's Gull
紅嘴鷗[90]	*Chroicocephalus ridibundus* Swinhoe (1863)	*Larus ridibundus* Linnaeus 1766	Black-headed Gull
黑腹燕鷗	*Hydrochelidon indica* Swinhoe (1863); *H. hybrida*; *Sterna hybrida swinhoei* (Mathews)	*Chlidonias hybrida* (Pallas) 1811	Whiskered Tern
鷗嘴燕鷗	*Gelochelidon anglica*; *Sterna nilotica*	*Gelochelidon nilotica* (Gmelin) 1789	Gull-billed Tern
裏海燕鷗[91]	*Sternae caspiae* Swinhoe (1859); *Sterna caspia* Swinhoe (1863)	*Hydroprogne caspia* (Pallas) 1770	Capsian Tern
燕鷗		*Sterna hirundo*	Common Tern
小燕鷗[92]	*Sternula minuta*; *Sternula sinensis* Swinhoe (1863); *Sterna sinensis*	*Sterna albifrons* Pallas 1764	Little Tern
蒼燕鷗	*Sterna melanauchen*	*Sterna sumatrana*	Blacked-naped Tern
白眉燕鷗[93]	*Haliplana anaetheta* Swinhoe (1871)	*Sterna anaethetus* Scopoli 1786	Bridled Tern
鳳頭燕鷗[94]	*Sterna cristata* Swinhoe (1863); *Sterna bergii* (Stephens)	*Thalasseus bergii* Lichtenstein 1823	Crested Tern
玄燕鷗	*Anous pileatus* Swinhoe (1859); *Anous stolidus* Swinhoe (1863)	*Anous stolidus* (Linnaeus) 1758	Common Noddy; Brown Noddy

89. 鷗科，參考劉克襄，頁162；《臺北市志博物篇》，頁42-46；《重修通志動物章》，頁613-620；林文宏，頁221-233。
90. 通志、林文宏皆未加括號。
91. 林文宏，頁228。
92. 劉克襄，頁162；林文宏，頁231。林書Pallas未加括號。
93. 通志、林文宏Scopoli皆未加括號。
94. 鷗科除鳳頭燕鷗為留鳥外，其餘都是候鳥或過境鳥，少數為迷鳥。《重修通志動物章》，頁619；林文宏，頁232。林書Lichtenstein未加括號。

【十一】鴿形目

鳩鴿科（Columbidae/ Doves & Pigeons）[95]

鳥名	舊學名	現用學名	英文名稱
橙胸綠鳩[96]	*Osmotreon bicincta; Sphenurus bicincta* (Swinhoe)	*Treron bicincta* (Jerdon) 1840	Orange-breasted Green Pigeon
紅頭綠鳩[97]	*Treron formosae* Swinhoe (1863); *Sphenurus formosae* (Swinhoe)	*Treron formosae* Swinhoe 1863	Formosan Green Pigeon（舊）; Whistling Green Pigeon; Red-capped Green Pigeon
綠鳩[98]	*Sphenocercus sororius* Swinhoe (1865＊); *Sphenurus sieboldii* (Swinhoe)	*Treron sieboldii* (Temminck) 1835	Nurse Pigeon(舊); White-bellied Pigeon; Japanese Green Pigeon
小綠鳩	*Leucotreron leclancheri*	*Ptilinopus leclancheri*	Black-chinned Fruit Dove
灰林鴿；臺灣鴿鳩；山粉鳥[99]	*Palumbus pulchricollis* Swinhoe (1866); *Treron chaeroboatis* Swinhoe (1866)	*Columba pulchricollis* Blyth 1846	Fungshan Pigeon（舊）; Ashy Wood Pigeon
翠翼鳩	*Chalcophaps formosana* Swinhoe (1865＊)	*Chalcophaps indica* (Linnaceus)[100] 1758	Formosan Ground-pigeon（舊）; Bronzed Winged Dove; Emerald Dove

95. 除另註，鳩鴿科另參考劉克襄，頁159、166；《臺北市志博物篇》，頁68-70；《重修通志動物章》，頁622-626；林文宏，頁235-242。

96. Sphenurus開頭的舊學名、後冠（Swinhoe）的橙胸綠鳩、紅頭綠鳩、綠鳩，見於《重修通志動物章》，頁622-623，可能是由顏重威命名。

97. 劉克襄，頁159；吳永華，頁51、227；Hall, p. 8。

98. 吳永華，頁227；Hall, p. 14。

99. Hall（p. 14）載*Treron chaeroboatis*/ Fungshan Pigeon即指灰林鴿。通志（頁624）、北市志（頁68）、林文宏（頁235）的Blyth都未加括號。現用學名係O. Grant與de La Touche在1907年所採用。

100. Linnaceus通志（頁626）未括號；林文宏（頁239）採括號。如上述，學名更動，應加括號。

長尾鳩	*Macrogypia tenuirostris*	*Macrogypia phasianella* (Temminck) 1821	Large Brown Cuckoo Dove
金背鳩	*Turtur rupicola* Swinhoe (1863); *Turtur orientalis; Streptopelia orientalis* Yamashina	*Streptopelia orientalis* (Latham) 1790	Eastern Turtle Dove; Rufous Turtle Dove
斑頸鳩；珠頸斑鳩	*Turtur chinensis* Swinhoe (1863＊)	*Streptopelia chinensis* (Scopoli) 1786	Chinese dove; Spotted-necked Dove
紅鳩	*Turtur humilis* Swinhoe (1863); *Oenopopelia tranquebarica*	*Streptopelia tranquebarica* (Hermann) 1804	Red Turtle; Red Turtle Dove; Red-collared Dove
原鴿[101]	*Columba leucozonora*	*Columba livia*	Girdled Promontory Rock Pigeon（舊）; Rock Dove

【十二】鵑形目

杜鵑科（Cuculidae/ Cuckoos, Coucal & Koel）[102]

鳥名	舊學名	現用學名	英文名稱
大杜鵑；布穀鳥	*Cuculus canorus*	*Cuculus canorus*（同左）	Cuckoo; Common Cuckoo; Eurasian Cuckoo
中杜鵑；基隆杜鵑；筒鳥；公孫[103]	*Cuculus kelungensis* Swinhoe (1863＊); *C. intermedius*	*Cuculus saturatus* Blyth 1843	Kelung Cuckoo(舊)；Blyth's Cuckoo; Oriental Cuckoo
小杜鵑[104]	*Cuculus tamsuicus* Swinhoe (1865＊); *Cuculus poliocephalus* Swinhoe (1871)	*Cuculus poliocephalus* Latham 1790	Tamsuy Cuckoo (舊); Little Cuckoo
鷹鵑	*Hierococeyx sparverioides*	*Cuculus sparverioides*	Large Hawk Cuckoo
番鵑[105]	*Centropus dimidiatus* Swinhoe (1859); *C. lignator* Swinhoe (1861＊); *C. viridis* Swinhoe (1863); *C. javanicus*; *C. viridis*	*Centropus bengalensis* (Gmelin) 1788	Formosan Larkheel(舊); Bengal Crow Pheasant; Lesser Coucal
單聲杜鵑[106]	*Cuculus monosyllabicus* Swinhoe (1865); *C. saturates*	*Cuculus optatus*	One-note Cuckoo
鷹鵑	*Hierococeyx sparverioides*	*Cuculus sparverioides*	Large Hawk Cuckoo
噪鵑[107]	*Eudynamis honorata; E. orientalis*	*Eudynamys scolopacea*	Koel
冠郭公		*Clamator coromandus*	Red-winged Crested Cuckoo

102. 杜鵑科，參閱張萬福，《臺灣的陸鳥》（臺中：禽影，1985），頁32-35；《重修通志動物章》，頁628-629；周鎮，《鳥與史料》（南投：臺灣省立鳳凰谷鳥園，1992），頁175、177；劉克襄，頁159；吳永華，頁51、226；林文宏，頁244-247。

103. *C. intermedius*參閱de La Touche, p. ix。通志與林文宏書Blyth皆未加括號。

104. 吳永華，頁51、228；劉克襄，頁166。通志與林文宏書Latham皆未加括號。

105. 番鵑學名變化多次。參閱Hall, p. 2；吳永華，頁45、226；劉克襄，頁159；《重修通志動物章》，頁629；林文宏，頁247。

106. 吳永華（頁226）認為*C. monosyllabicus*是筒鳥（中杜鵑）的舊學名之一；有誤。

107. 林文宏，頁246。

【十三】鴞形目

草鴞科 （Tytonidae/ Grass Owls）

鳥名	舊學名	現用學名	英文名稱
草鴞[108]	*Strix pithecops* Swinhoe (1866＊); *Strix candida*	*Tyto capensis* (Smith) 1834	Monkey-faced Grass-owl(舊); Grass owl; Indian or Chinese Grass Owl

---

108. 林文宏，頁247。《重修通志動物章》（頁630）、姚正得、許富雄〈鳥類〉，《臺灣保育類野生動物圖鑑》（南投集集：農委會特有生物中心，2004）（頁143）學名後仍冠上（Swinhoe）；惟最早發現人已更名。

鴟鴞科（Strigidae/ Typical Owls）[109]

鳥名	舊學名	現用學名	英文名稱
領角鴞[110]	*Scops semitorques* Swinhoe (1863); *Ephialtes glabripes* Swinhoe (1870＊); *Scops glabripes; Otus bakkamoena* (Swinhoe)	*Otus bakkamoena* (Pennant) 1769	Bald-toed Scops Owl(舊) ; Collared Scops Owl
角鴞[111]	*Scops japonicus* Swinhoe (1865); *Otus japonicus; Otus Scops* Kuroda	*Otus Scops* (Linnaeus) 1758	(Eurasian) Scops Owl
蘭嶼角鴞	*Otus japonicus elegans; O. sunia botelensis; O. scops botelensia*	*Otus elegans*	Riukiu Scops Owl
黃嘴角鴞	*Ephialtes hambroecki* Swinhoe (1870＊); *Scops hambroecki; Otus Spilocephalus* (Swinhoe)	*Otus Spilocephalus* (Blyth) 1846	Hambroeck's Owl (舊); Mountain Scops Owl; Spotted Scops Owl
鵂鶹[112]	*Athene pardalota* Swinhoe (1863＊); *Glaucidium pardalota*	*Glaucidium brodiei pardalotum* (Swinhoe)/ *Glaucidium brodiei* (Burton) 1836	Spotted Owlet(舊); Pigmy Owl; Collared Owlet; Collared Pigmy Owlet
黃魚鴞[113]	*Ketupa magnifica*	*Ketupa flavipes*	Magnificent Fish Owl (舊); Tawny Fish Owl

109. 鴟鴞科，參考劉克襄，頁155；吳永華，頁226；《重修通志動物章》，頁631-635；林文宏，頁249-256。

110. 林書（頁251）載最新學名後已改為Pennant; 但似應使用（Pennant）。

111. 《重修通志動物章》，頁631；林文宏，頁250。1979年顏重威採用此新學名，不過發現者已改人。林書（頁249、251）把*Scops japonicus*命名人弄混，分別冠在郇和Gurney頭上（頁249、250）。吳永華（頁251）稱*Scops japonicus*為角鴞；劉克襄（頁166）澤載為黃嘴角鴞；不過de La Touche (p. ix)則把2種鳥分得很清楚。

112. 姚正得、許富雄〈鳥類〉，《臺灣保育類野生動物圖鑑》，頁155；《重修通志動物章》，頁633，新學名仍冠上（Swinhoe）。林文宏書（頁254）稱鵂鶹新學名後面最早發現人已改為（Burton）。

113. Hall, p. 25；張萬福，頁103；《重修通志動物章》，頁632。

褐鷹鴞	*Nixon japonicus* Swinhoe (1863); *Nixon japonica*	*Nixon scutulata japonica* (Raffles) 1822	Brown Hawk Owl
褐林鴞[114]	*Bubo caligatus* Swinhoe (1863 ✱); *Strix newarensis*	*Strix leptogrammica caligata* (Swinhoe)/ *Strix leptogrammica* Temminck 1831	Booted Owl(舊); Brown Wood Owl
灰林鴞	*Syrnium nivicola Strix aluco* Yamashina	*Strix aluco* Linnaeus 1758	
短耳鴞	*Brachyotus accipitrinus*	*Asio flammeus*	Short-eared Owl

【十四】夜鷹目

夜鷹科（Caprimulgidae/ Nightjars）

鳥名	舊學名	現用學名	英文名稱
臺灣夜鷹[115]	*Caprimulgus Stictomus* Swinhoe (1863 ✱); *C. monticola*; *Caprimulgus affinis* Swinhoe	*Caprimulgus affinis Stictomas* Swinhoe / *Caprimulgus affinis* Horsfield 1821	Bared-footed Goatsucker (舊); Savanna Nightjar; Allied Nightjar
普通夜鷹；日本夜鷹[116]		*Caprimulgus indicus*	Jungle Nightjar

---

114. 《臺灣保育類野生動物圖鑑》，頁155；《重修通志動物章》，頁634。林文宏書（頁253）載褐林鴞新學名後面最早發現人已改為未加括號的Temminck。

115. 吳永華，頁50；劉克襄，頁155；《重修通志動物章》，頁636；林文宏，頁257。林書載未加括號的Horsfield.

116. 《重修通志動物章》，頁636；林文宏，頁256。

【十五】雨燕目

雨燕科（Apodidae/ Swifts）

鳥名	舊學名	現用學名	英文名稱
白腰雨燕；叉尾雨燕[117]	*Cypselus vittatus* Swinhoe (1863); *Cypselus pacificus*	*Apus pacificus* (Latham) 1802	White-rumped Swift; Fork-tailed Swift
小雨燕[118]	*Cypselus subfurcatus* Swinhoe (1863)	*Apus affinis* (Gray) 1830	House Swift
針尾雨燕[119]	*Chaetura caudacuta* (Yamashina)	*Hirundapus caudacuta* (Latham) 1802	White-throated Spinetailed Swift

【十六】佛法僧目

翠鳥（翡翠）科（Alcedinidae/ Kingfishers）

鳥名	舊學名	現用學名	英文名稱
翠鳥；翡翠鳥；魚狗[120]	*Alcedo bengalensis* Swinhoe (1863)	*Alcedo atthis* (Linnaeus) 1758	Common Kingfisher; River Kingfisher
赤翡翠	*Halcyon coromandelianus* Swinhoe (1863)	*Halcyon coromanda* (Latham) 1790	Ruddy Kingfisher
蒼翡翠[121]		*Halcyon smyrnensis*	White-thoated Kingfisher
黑頭翡翠		*Halcyon pileata*	Black-capped Kingfisher
白領翡翠		*Halcyon chloris*	White-collared Kingfisher

---

117. 劉克襄，頁155；林文宏，頁258。
118. 劉克襄，頁155；林文宏，頁259。
119. 新學名為顏重威於1979年採用。不過他修的《重修通志動物章》（頁637）仍用舊學名。林文宏，頁258。
120. 劉克襄，頁156；林文宏，頁259。
121. 以下3種鳥，參考林文宏，頁261-262。

【十七】鴷形目

五色鳥（鬚鴷）科（Capitonidae/ Barbets）

鳥名	舊學名	現用學名	英文名稱
五色鳥	*Megalaema nuchalis; Cyanops nuchalis*	*Megalaima oorti*[122]	Embroidered Barbet(舊); Black-browed Barbet; Muller's Barbet

啄木鳥科（Picidae/ Woodpeckers）

鳥名	舊學名	現用學名	英文名稱
大赤啄木；白背啄木[123]	*Picus insularis; Dendrocopus insularis; Dryobates leucotos*	*Dendrocopos leucotos/ Picoides leucotos*	White-backed Woodpecker
小啄木[124]	*Picus kaleensis* Swinhoe (1863*); *Iyngipicus kaleensis; Iyngipicus pygmaeus; Dendrocopos nanus*	*Dendrocopos canicapillus* (Swinhoe) / *Picoides canicapillus* (Blyth) 1845	Kalee Wood-tapper(舊); Gray-capped (Grey-capped) Woodpecker; Pigmy Woodpecker
綠啄木（舊稱山啄木）	*Gecinus tancolo*	*Picus canus*	Green Woodpecker (舊); Taiwan Gray-headed Woodpecker; Blacked-naped Green Woodpecker; Grey-faced Woodpecker
地啄木		*Jynx torquilla*	Northern Wryneck

122. 國內各書現學名採此名；Hall（p. 8）用 *Megalaema oorti*，可能有誤。吳永華，頁225、249；劉克襄，頁159；de La Touche, p. ix；《重修通志動物章》，頁642；林文宏，頁263-264。
123. 大赤啄木鳥Picoides開頭的學名，取自Hall（p. 8）、林文宏（頁265），小啄木同；或是最新學名？不過國內學界仍用「現用學名」欄的前一個學名。《重修通志動物章》，頁643。
124. 吳永華，頁50、226、249；劉克襄，頁159；《重修通志動物章》，頁644；林文宏，頁265。*Dendrocopos canicapillus* 係1979年顏重威採用的學名。

【十八】雀形目（Passeriformes）

八色鳥科（Pittidae/ Pittas）

鳥名	舊學名	現用學名	英文名稱
八色鳥[125]	*Pitta oreas* Swinhoe (1864＊); *P. nympha*	*Pitta brachyura* (Linnaeus) 1766	Mountain Pitta; Blue-winged Pitta

百靈（伯靈鳥：雲雀）科（Alaudidae/ Skylarks）[126]

鳥名	舊學名	現用學名	英文名稱
臺灣雲雀	*Alauda sala* Swinhoe (1870)	*Alauda gulgula* Franklin 1831	Skylark
臺灣小雲雀	*Alauda minuta* Swinhoe (1859); *A. coelivox* Swinhoe (1863); *A. wattersi* Swinhoe (1871)	*Alauda gulgula* Franklin 1831	Lesser Skylark

---

125. 吳永華，頁225；de La Touche, p. x；林文宏，頁267。

126. 雲雀的分類不一，參閱吳永華，頁247；劉克襄，頁158；吳永華，頁220；張萬福，頁124；《重修通志動物章》，頁646；周鎮，《鳥與史料》，頁215；林文宏，頁267（新學名發現人未加括號）。黑田長禮（1933）把臺灣雲雀、臺灣小雲雀、澎湖雲雀都歸為*Alauda g. wattersi*的3亞種。德拉圖什曾命名澎湖雲雀為*Alauda g. pescadoresi* La Touche；目前學名*Alauda arvensis pescadoresi*/ Pescadores Skylark。吳永華，頁236；謝顓，頁132。

燕科（Hirundinidae/ Swallows & Martins）

鳥名	舊學名	現用學名	英文名稱
家燕[127]	*Hirundo gutturalis*	*Hirundo rustica*	Barn Swallow
赤腰燕[128]	*Hirundo daurica* Swinhoe (1863); *Hirundo alpestris*	*Hirundo striolata* Temminck & Schlegel 1847	Red Rumped Swallow; Striated Swallow; Greater Striated Swallow
洋燕[129]	*Hypurepis javanicus*	*Hirundo tahitica*	Pacific Swallow
棕沙燕[130]	*Cotyle sinensis* Swinhoe (1863); Cotile riparis	*Riparia paludicola* (Vieillot) 1817	Indian Sand Martin; Brown-throated Sand Martin
岩燕；毛腳燕[131]	*Hirundo urbica; Chelidon Blakistoni; Chelidon whitelyi; C. urbica*	*Delichon urbica*	House Martin; Asian House Martin

127. 劉克襄，頁155；de La Touche, p. viii；林文宏，頁270。燕科列參考張萬福，頁111-115；《重修通志動物章》，頁646-648。

128. 劉克襄，頁156；de La Touche, p. viii；《重修通志動物章》，頁648；林文宏，頁271。

129. 林文宏，頁270。

130. 劉克襄，頁156；de La Touche, p. viii；林文宏，頁268。

131. 郇和曾在1858年還航臺灣時，用過Hirundo urbica；第二、三個舊學名參考Hall, p. 6, 英文名稱分別為Whiteley's House Martin, Blakiston's House Martin；第四個參考林文宏，頁272。

鶺鴒科（Motacillidae/ Pitpits & Wagtails）

鳥名	舊學名	現用學名	英文名稱
樹鷚[132]	*Anthus agilis* Swinhoe; *A. maculatus*	*Anthus hodgsoni* (Richardmond) 1907	(Indian) Tree Pitpit
赤喉鷚	*Anthus cervinus*	同左	Red-throated Pitpit
白背鷚	*Anthus gustavi* Swinhoe (1863)	*Anthus gustavi* Swinhoe 1863	Gusttave's Rock-Pipit(舊); Petchora Pipit
大花鷚	*Anthus richardi* Swinhoe (1863)	*Anthus novaeseelandiae* (Gmelin) 1789	Richard's Pitpit
黃眉黃鶺鴒；黃鶺鴒[133]	*Budytes flava* Swinhoe (1863); *Budytes taivaus* Swinhoe (1863＊); *Motacilla taivana*	*Motacilla flava* Linnaeus 1758	Yellow Wagtail; Taiwan Yellow Wagtail
灰鶺鴒[134]	*Motacilla boarula* Swinhoe (1863); *Calobates melanope*; *M. melanope*	*Motacilla cinerea*	Gray or Grey Wagtail
白鶺鴒[135]	*Motacilla lugubris* Swinhoe (1863); *M. lugens*	*Motacilla alba* Linnaeus 1758	Pied Wagtail; White Wagtail
白面鶺鴒白面白鶺鴒；[136]	*Motacilla luzoniensis* Swinhoe (1863); *M. leucopsis*	*M. alba leucopsis*（白鶺鴒本種）	
黑眼線鶺鴒	*Motacilla ocularis* Swinhoe (1863)	*Motacilla alba ocularis*（白鶺鴒亞種）	White-eyed Wagtail(舊); Streaked-eyed Wagtail
日本鶺鴒	*Motacilla alba grandis*	*Motacilla grandis*	Japanese Pied Wagtail

132.《重修通志動物章》，頁651；林文宏，頁276。通志用(Richardmond)：林書Richardmond未加括號。學名已改，新學名發現人應加 () 號。
133. 吳永華，頁50、221、246；劉克襄，頁158；林文宏，頁273。
134. 吳永華，頁246；劉克襄，頁158；林文宏，頁274。
135. 白鶺鴒除本種*Motacilla alba leucopsis*為留鳥，另有3亞種*M. a. grandi, M. a. lugens*與*M. a. ocularis*為冬候鳥。劉克襄，頁158；林文宏，頁275；《重修通志動物章》，頁651；謝凱，頁167；《鳥類圖鑑》，頁271。
136. 吳永華，頁246；劉克襄，頁158。

山椒鳥科（Campephagidae/ Minivets & Cuckoo-shrikes）

鳥名	舊學名	現用學名	英文名稱
灰喉山椒鳥（舊稱紅山椒鳥）[137]	*Pericrocotus griseigularis*	*Pericrocotus solaris*	Gray-chinned Minivet(舊); Grey Throated Minivet; Gray-throated Minivet; Yellow-throated Minivet
灰山椒鳥[138]	*Pericrocotus cinereus* Swinhoe (1863); *P. roseus*	*Pericrocotus divaricatus* (Raffles) 1822	Ashy Minivet
廣東山椒鳥[139]	*Pericrocotus cantonesis* Swinhoe	*Pericrocotus cantonesis* Swinhoe	Canton Minivet (舊); Swinhoe's Minivet
花翅山椒鳥；大鵑鵙[140]	*Graucalus rex-pineti* Swinhoe (1863＊); *G. maccei*; *Coracina novaehollandiae* (Swinhoe)	*Coracina novaehollandiae* (J.F. Gmelin) 1789	Pine King(舊); Large Cuckoo-shrike; Black-faced Cuckoo-shrike
黑翅山椒鳥[141]	*Volvocivora saturata* Swinhoe (1870); *Campephaga lugubris; Coracina melaschista* (Hume)	*Coracina melaschistos* (Hodgson) 1836	Hainan Caterpillar Catcher (舊); Black-winged Cuckoo-shrike; Dark-grey Cuckoo Shrike

137. 劉克襄，頁156；林文宏，頁281。
138. 1979年，顏重威採用此拉丁新學名。劉克襄，頁156；《重修通志動物章》，頁654；林文宏，頁280。
139. 廣東山椒鳥未曾在臺灣發現過。Hall, p. 4.
140. 《重修通志動物章》，頁653；張萬福，頁122；《鳥類圖鑑》，頁273；吳永華，頁50；林文宏，頁279。
141. Hall, p. 17；《重修通志動物章》，頁653；張萬福，頁122；林文宏，頁279。

▲山椒鳥

〔Harter,《Animals》(1979)；歐陽盛芝提供〕

▲烏頭翁

〔《Ibis》（1894）；陳政三翻拍〕

鵯科（Pycnonotidae/ Bulbuls）

鳥名	舊學名	現用學名	英文名稱
白頭翁[142]	*Ixos sinensis* Swinhoe (1863)	*Pycnonotus sinensis* (Gmelin) 1789	Chinese Bulbul
烏頭翁		*Pycnonotus taivanus*	Styan's Bulbul; Formosan Bulbul; Taiwan Bulbul
白環鸚嘴鵯[143]	*Spizixos semitorques* Swinhoe (1861); *Spizixus cinereicapillus* Swinhoe (1871＊); *Spizixus cinereiceps*	*Spizixos semitorques* Swinhoe 1861	Mountain Bulbul; Collared Finch-billed Bulbul; Collared Finch
紅嘴黑鵯[144]	*Hypsipetes nigerrima; H. nigerrimus; H. nigerrima*	*Hypsipetes madagascariensis*	Black Bulbul
棕耳鵯[145]	*Hypsipetes sp.*	*Hypsipetes amaurotis*	Chestnut-eared Bulbul

142. 劉克襄，頁157；林文宏，頁282。

143. 吳永華，頁222、246；劉克襄，頁157；de La Touche, p. vii；張萬福，頁71；《重修通志動物章》，頁655；林文宏，頁282。郇和可能先用*Spizixos semitorques*；1871年改用*Spizixus cinereicapillus*；*Spizixus cinereiceps*為de La Touche曾用過。

144. 吳永華，頁222；劉克襄，頁157；de La Touche, p. vii；林文宏，頁285。

145. 林文宏，頁284。

伯勞科（Laniidae/ Shrikes）

鳥名	舊學名	現用學名	英文名稱
棕背伯勞[146]	*Lanius schach var. formosae* Swinhoe (1863＊); *Lanius schach* (Swinhoe)	*Lanius schach* Linnaeus 1758	Formosan Butcher-bird（舊）; Long-tailed Shrike; Rufous-backed Shrike; Black-headed Shrike
紅尾伯勞[147]	*Lanius lucionensis* Swinhoe (1863)	*Lanius cristatus* Linnaeus 1758	Brown Shrike

黃鸝科（Oriolidae/ Orioles）

鳥名	舊學名	現用學名	英文名稱
黃鸝[148]	*Oriolus sinensis* Swinhoe (1859); *O. chinensis* Swinhoe (1863); *O. diffusus*	*Oriolus chinensis* Linnaeus 1766	Black-naped Oriole
朱鸝；大緋鳥[149]	*Psarolophus ardens* Swinhoe (1862＊); *Oriolus ardens; Oriolus traillii* (Swinhoe)	*Oriolus traillii* (Vigors) 1832	Formosan Red Maroon（舊）; Maroon Oriole

捲尾科（Dicruridae/ Drongos）

鳥名	舊學名	現用學名	英文名稱
大捲尾；烏秋[150]	*Dicrurus malabaricus* Swinhoe (1859); *D. macrocercus* Swinhoe (1863); *D. cathoecus; Buchanga atra*	*Dicrurus macrocercus* (Vieillot) 1817	Black Drongo; King Crow
小捲尾[151]	*Chaptia brauniana* Swinhoe (1863＊); *Dicrurus aeneus* (Swinhoe)	*Dicrurus aeneus* Vieillot 1817	Braune's Drongo（舊）; Bronzed Drongo
灰捲尾[152]	*Buchanga innexa*	*Dicrurus leucophaeus*	Grey Drongo(舊); Ashy Drongo

146. 吳永華，頁50、221；劉克襄，頁156；《重修通志動物章》，頁659；林文宏，頁287。
147. 劉克襄，頁156；林文宏，頁286。
148. 劉克襄，頁157；de La Touche, p. vii；林文宏，頁375。
149. 吳永華，頁220；劉克襄，頁157；de La Touche, p. vii；《重修通志動物章》，頁660；林文宏，頁376。
150. de La Touche, p. vii; Hall, p. 23；吳永華，頁247；林文宏，頁377。
151. 吳永華，頁50；《重修通志動物章》，頁662；林文宏，頁378。
152. Hall, p. 17；《重修通志動物章》，頁662；張萬福，頁51；林文宏，頁378。

八哥（椋鳥）科（Sturnidae/ Mynahs & Starlings）

鳥名	舊學名	現用學名	英文名稱
灰椋鳥；大掠鳥	*Sturnus cineraceus*	同左	Gray or Grey Starling; Ashy Starling
灰背椋鳥；舊稱躁林鳥[153]	*Heterornis sinensis* Swinhoe (1863); *Sturnia sinensis*	*Sturnus sinensis* (Gmelin) 1788	Chinese Starlet; Chinese Starling; Gray-backed Starling
小椋鳥	*Sturnia violacea*	*Sturnus philippensis*	Violet-backed Starling
絲光椋鳥[154]		*Sturnus sericeus*	Silky Starling
北椋鳥		*Sturnus Sturninus*	Daurian Starling
歐洲椋鳥		*Sturnus vulgaris*	Common Starling
八哥；加令	*Acridotheres cristatellus*	同左	Crested Mynah; Chinese Jungle Mynah

153.劉克襄，頁159；《重修通志動物章》，頁662；林文宏，頁374。
154.以下3種，參考林文宏，頁372-374。只載新學名，係不確定舊學名是否同樣。下同。

鴉科（Corvidae/ Crows & Magpies）

鳥名	舊學名	現用學名	英文名稱
松鴉；橿鳥[155]	*Garrulus taivanus; G. bispecularis*	*Garrulus glandarius*	Formosan Jay(舊); Jay; Eurasian Jay
樹鵲[156]	*Dendrocitta sinensis* Swinhoe (1863); *Dendrocitta sinensis Var. formosae* Swinhoe (1863＊)	*Dendrocitta formosae* Swinhoe 1863	Formosan Treepie(舊); Tree Pie; Gray Treepie
臺灣藍鵲；長尾山娘	*Urocissa caerulea*	同左	Long-tailed Mountain Nymph(舊); Taiwan Magpie; Formosan Blue Magpie
烏鴉；巨嘴鴉[157]	*Corvus sinensis* Swinhoe (1863); *Corvus colonorum* Swinhoe (1864＊); *Corvus macrorhynchos* (Swinhoe)	*Corvus macrorhynchos* Wagler 1827	Colonist Crow; Formosa Black Crow; Large-billed Crow
寒鴉[158]	*Coloeus dauricus; Corvus dauricus*	*Corvus monedula*	Jackdaw
禿鼻鴉	*Corvus pastinator*	*Corvus frugilegus*	Rook
星鴉[159]	*Nucifraga owstoni*	*N. caryocatactes*	Spotted Nutcracker
喜鵲；客鳥[160]	*Pica media* Swinhoe (1863); *Pica candata*	*Pica pica* (Linnaeus) 1758	Magpie; Common Magpie
玉頸鴉		*Corvus torquatus*	Collared Crow

155. 劉克襄，頁159；林文宏，頁379-380。此鳥是郇和採得，最早學名在1862年由Gould 命名。

156. 吳永華，頁50、220；劉克襄，頁159；《重修通志動物章》，頁666；林文宏，頁 381。

157. 吳永華，頁220；劉克襄，頁159；《重修通志動物章》，頁667；林文宏，頁384。

158. 林文宏，頁383。

159. 林文宏，頁382。

160. de La Touche, p. xiii（舊學名梓為*Pica candata*）；吳永華，頁247（梓為*Pica caudata*）；劉克襄，頁159；林文宏，頁381。

河烏科（Cinclidae/ Dippers）

鳥名	舊學名	現用學名	英文名稱
河烏[161]	*Hydrobata marila* Swinhoe (1859＊)；*Cinclus pallasii* Swinhoe (1863)	*Cinclus pallasii* (Temminck) 1820	Formosan Dipper（舊）；Brown Dipper；Water Ouzel

鷦鷯科（Troglodytidae/ Wrens）

鳥名	舊學名	現用學名	英文名稱
鷦鷯	*Anorthura fumigata; Troglodytes fumigatus*	*Troglodytes Troglodytes*	Wren; Northern Wren

▲白眉林鴝
〔《Ibis》（1912）；陳政三翻拍〕

▲鷦鷯、河烏、灰鷄鴝（由上至下）
〔Harter,《Animals》(1979)；歐陽盛芝提供〕

---

161. 吳永華，頁45；《重修通志動物章》，頁668；林文宏，頁288。通志用 (Temminck)；林書Temminck未加括號。

鶇科（拉丁文學名Turdidae；英文Thrushes & Robins）：[162]

鳥名	舊學名	現用新學名	英文名稱
小翼鶇[163]	*Brachypteryx Goodfellowi; B. cruralis*	*Brachypteryx montana*	White-browed Shortwing; Blue Shortwing
白頭鶇[164]	*Turdus albiceps* Swinhoe (1864＊); *Merula albiceps; T. niveiceps*	*Turdus poliocephalus* Latham 1801	Formosan White-headed Thrush(舊); Island Thrush
白腹鶇	*Merula pallida*	*Turdus pallidus*	Pale Thrush
白眉鶇	*Merula obscura*	*Turdus obscurus*	Gray-headed Thrush; Eye-browed Thrush
斑點鶇	*Merula fuscata*	*Turdus naumanni*	Dusky Thrush
赤腹鶇	*Merula chrysolaus*	*Turdus chrysolaus*	Brown Thrush; Red-bellied Thrush
虎鶇[165]	*Oreocincla hancii* Swinhoe (1863＊); *Geocichla varies; O. varia; Turdus dauma* (Bonaparte)	*Zoothera dauma* (Latham) 1790	Ground Thrush; Hance's Thrush (舊); Golden Moun-tain Thrush; White's Ground Thrush; White's Thrush
紫嘯鶇（瑠璃鳥）	*Myiophoneus insularis*	同左	Formosan Cavern-bird(舊); Formosan Whistling Thrush; Blue Whistling Thrush
藍磯鶇	*Petrocincla manilensis* Swinhoe (1863)	*Monticola solitarius* (Linnaeus) 1758	Blue Rock Thrush

162. 鶇科有寫為鶇科。

163. B. cruralis 的B.=前面的Brachypteryx。以下各種大寫代號相同。Blue Shorting參考沙謙中，頁283；林文宏，頁291。

164. 1979年，顏重威採用此現用拉丁學名；他用的是*T. poliocephalus* (Hellmayr)。《重修通志動物章》，頁675；林文宏，頁304。

165. 《重修通志動物章》，頁675；林文宏，頁302。

鉛色水鶇 [166]	*Ruticilla fuliginosa* Swinhoe (1863); *Xanthopygia affinis; Chaimarrornis fuliginosus; Rhyacornis fuliginosus*	*Phoenicurus fuliginosus* (Vigors) 1831	Plumbeous Water Redstart
野鴝 [167]	*Callope kamtschatkensis* Swinhoe (1863); *Calliope calliope; Luscinia calliope*	*Erithacus calliope* (Pallas) 1776	Rubythroat; Siberian Rubythroat
白尾鴝；白尾鶲 [168]	*Myiomela montium* Swinhoe (1864＊); *Notodela montium; N. leucua*	*Cinclidium leucurum* (Hodgson) 1845	Formosan Mountain Flycatcher(舊)；White-tailed Blue Robin
藍尾鴝	*Ianthia cyanura* Swinhoe (1863)	*Tarsiger cyanurus* (Pallas) 1773	Siberian Bluetail; Red-flanked Bluetail
黃尾鴝	*Ruticilla aurorea* Swinhoe (1863)	*Phoenicurus auroreus* (Pallas) 1776	Daurian Redstart
黑喉鴝	*Patincola indica* Swinhoe (1863)	*Saxicola torquatus* (Linnaeus) 1766	Stonechat
栗背林鴝；阿里山鴝 [169]	*Ianthia johnstoniae; Tarsiger johnstoniae*	*Erithacus johnstoniae*	Johnstone's Bush Robin; Collared Bush Robin
白眉林鴝	*Tarsiger indicus; Ianthia goodfellowi*	*Erithacus indicus*	White-browed Bush Robin
小剪尾	*Microcichla scouleri*	*Enicurus scouleri*	Little Forktail
日本歌鴝 [170]	*Luscinia akahige*	*Erithacus akahige*	Japanese Robin
藍喉鴝	*Erithacus svecicus*	*Luscinia svecicus*	Bluethroat
灰叢鴝	*Oreicola ferrea*	*Saxicola ferrea*	Grey Bushchat

166. 王嘉雄等人於1991年採用此現用拉丁學名。林文宏，頁297。

167. 1980年，張萬福採用此新拉丁學名。林文宏，頁292。

168. 1980年，張萬福採用此現用拉丁學名。吳永華，頁245；張萬福，頁152；林文宏，頁298。《重修通志動物章》（頁673）稱白尾鶲——*C. leucura*（Swinhoe）。

169. 王嘉雄等人於1991年採用此現用拉丁學名。林文宏，頁294。

170. 林文宏，頁291。

畫眉科（**學名**Timaliidae/ Babblers & Laughing Thrushes）

鳥名	舊學名	現用學名	英文名稱
臺灣畫眉[171]	*Garrulax taewanus* Swinhoe (1859＊); *Trochalopteron taiwanum*	*Garrulax Canorus* (Linnaeus) 1758	Formosan Hwamei (舊); Hwamei或 Taiwan Hwamei
白喉笑鶇；白喉躁眉	*Garrulax ruficeps* Gould	*Garrulax albogularis* (Gould) 1836	White-throated Laughing Thrush
竹鳥；棕噪眉[172]	*Yanthocincla poecilorhyncha; G. merulinas; G. caerulatus*	*Garrulax poecilorhynchus*	Gray-sided Laugh-ing Thrush或Rufous Laugh-ing Thrush
金翼白眉；臺灣噪眉[173]	*Trochalopterum Morrisonianum*	*Garrulax morrisoniana* (Ogilvie-Grant) 1906	Formosan Laughing Thrush
綠畫眉[174]	*Herpornis Xanthochlora* Swinhoe (1863); *H. Xantholeuca* Swinhoe (1866); *H. tyrannulus; Yuhina zantholeuca*	*Stachyris zantholeuca* (Blyth) 1844	White-bellied Yuhina; White-bellied Tree Babble
小彎嘴（舊稱小彎嘴畫眉）[175]	*Pomatorinus musicus* Swinhoe (1859＊); *P. montanus; P. ruficollis* Swinhoe	*Pomatorhinus ruficollis* Hodgson 1832	Formosan Song Thrush (舊); Lesser Scimitar Babbler; Streaked-breasted Scimitar Babbler

171. 吳永華，頁45、224、245；張萬福，頁26；《重修通志動物章》，頁680；林文宏，頁313。畫眉最早稱*Garrulax taivanus* Swinhoe；到La Touche已更名。《自由時報》2006.6.23B6版，報導《朱鷺》（*Ibis*）已將臺灣畫眉列為臺灣第16種特有鳥類。

172. *Garrulax merulinas*參考Hall, p. 8.

173. 金翼白眉、紋翼畫眉、冠羽畫眉、灰頭花翼（畫眉）都是1906年Walter Goodfellow在玉山發現的新種，由Ogilvie-Grant命名。W. R. Ogilvie-Grant & J. D. D. La Touche, "On the Birds of the Island of Formosa," *The Ibis*, 1907, pp. 151-198, 254-279；劉克襄，頁169；《重修通志動物章》，頁681-683；林文宏，頁314、316、317。

174. 新、舊學名參考林文宏，頁311。

175. 1979年，顏重威採用此現用拉丁學名，不過後面冠上（Swinhoe），見《重修通志動物章》，頁678。吳永華，頁245；張萬福，頁23；劉克襄，頁157。吳永華（頁45、224）、林文宏（頁308）把舊學名的Pomatorhinus誤植為Pomathorrhinus。前2英文名稱，參考Philip B. Hall, p. 2。本文舊英文名稱大都參考Hall著作，後註（舊）；較新英文名參考張萬福、沙謙中、林文宏及Hall。

大彎嘴（舊稱大彎嘴畫眉）	*Pomatorhinus erythrocnemis*	*Pomatorhinus erythrogenys*	Large Scimitar Babble; Rusty-cheeked Scimitar Babble
山紅頭[176]	*Stachyris praecognitus* Swinhoe (1866＊); *Stachyridopsis ruficeps*; *Stachyridopsis ruficeps*	*Stachyris ruficeps* Blyth 1847	Red-headed Babbler; Red-headed Tree Babbler
白耳畫眉[177]	*Kittacincla auricularis* Swinhoe (1864＊); *Sibia auricularis; Malacias auricularis*	*Heterophasia auricularis* (Swinhoe) 1864	White-eared Kittacincla(舊); White-eared Sibia
紋翼畫眉	*Actinodura morrisoniana*	同左：Ogilvie-Grant 1906	Formosan Barwing
冠羽畫眉	*Yuhina brunneiceps*	同左：Ogilvie-Grant 1906	Formosan Yuhina
頭烏線	*Alcippe brunnea*	同左：Gould 1862	Taiwan Brown-capped Fulvetta; Gould's Nun Babbler; Gould's Fulvetta
灰頭花翼；灰頭花翼畫眉	*Proparus formosanus*	*Alcippe cinereiceps*	Brown-headed Nun Babbler; Streak-throated Fulvetta
繡眼畫眉[178]	*Alcippe morrisonia* Swinhoe (1863＊)	*Alcippe Morrisonia* Swinhoe 1863	Morrison's Babbler(舊); Gray-chinned Fulvetta; Gray-eyed Nun Babbler; White-eyed Nun Babbler; Grey-cheek Fulvetta
藪鳥；黃胸藪眉[179]	*Liocichla Steerii* (Swinhoe) 1877＊	*Liocichla steerii* (Swinhoe) 1877	Steere's Babbler; Steere's Liocichla
小鷦眉	*Pnoepyga formosana*	*P. pusilla*	Pygmy Wren Babbler

176. 參閱de La Touche, pp. v, vi.；劉克襄，頁157、166；吳永華，頁223、224；林文宏，頁310。

177. 林文宏，頁318。

178. 《臺北市博物篇》，頁101；林文宏，頁318。拉丁學名一直沿用，所以Swinhoe不用加（）號。

179. 藪鳥為Joseph Steere在南部深山發現，時間當在1874年；1877年由鄒和鑑定是新鳥種，並命名，當年10月號在《朱鷺》（*Ibis*, 1: pp. 473-474）發表 "On a New Bird from Formosa," 同月28日鄒和過世，是生前發表的最後一篇文章。

鶯嘴科（Paradoxornithidae/ Parrotbills）

鳥名	舊學名	現用學名	英文名稱
粉紅鸚嘴[180]	*Suthora bulomachus* Swinhoe (1866＊); *Paradoxornis webbiana*	*Paradoxornis webbianus* (Gould) 1852	Taiwan Netgambl（舊）; Vinous-throated Parrotbill
黃羽鸚嘴[181]	*Suthora morrisoniana*; *Paradoxornis gularis*	*Paradoxornis nipalensis*	Orange Parrotbill; Blyth's Parrotbill

▲黃羽鸚嘴〔《Ibis》（1908）；陳政三翻拍〕

---

180. 林文宏，頁320。《重修通志動物章》（頁684）、《臺北市志博物篇》（頁99）發現者皆冠（Swinhoe），有誤；Gould係最早發現者。
181. 1980年張萬福採用此現用拉丁學名。林文宏，頁321。

鶯科（Sylviidae/ Warblers）

鳥名	舊學名	現用學名	英文名稱
褐色柳鶯	*Phyllopneuste fuscata* Swinhoe (1863)	*Phylloscopus fuscatus* (Blyth) 1842	Dusky Willow Warbler; Dusky Warbler
冠羽柳鶯[182]	*Phyllopneuste coronata* Swinhoe (1863); *P. occipitalis; P. coronatus*	*Phylloscopus coronatus* (Temminck & Schlegel) 1847	Crowned Willow Warbler; Temminck's Crowned Willow Warbler
黃眉柳鶯[183]	*Reguloides superciliosus* Swinhoe (1863); *Phylloscopus superciliosus*	*Phylloscopus inornatus* (Blyth) 1842	Yellow-browed Willow Warbler; Yellow-browed Warbler
極北柳鶯[184]	*Phyllopneuste sylvicultrix* Swinhoe (1863); *Phyllopneuste Xanthodryas; Phylloscopus copusborealis;Phylloscopus hylebata*	*Phylloscopus borealis* (Blasius) 1858	Large Willow Warbler; Yellow-browed Warbler; Northern Willow Warbler(舊); Arctic Willow Warbler; Arctic Warbler
短翅樹鶯[185]	*Calamoherpe canturians* Swinhoe (1863); *Cettia canturiens; Horornis canturiens*	*Cettia diphone* (Kittlitz) 1830	Bush Warbler; Japanese Bush Warbler
短翅樹鶯亞種	*Cettia cantans minuta*	*Cettia d. cantans*	Bush Warbler

---

182. 劉克襄，頁158；《重修通志動物章》，頁690；林文宏，頁335。
183. 《重修通志動物章》，頁689；林文宏，頁333。
184. 劉克襄，頁158；《重修通志動物章》，頁689；林文宏，頁334；de La Touche, p. v; Hall, p. 3。原現用學名後冠（Swinhoe）。
185. 林文宏，頁323；Hall, p. 3；《重修通志動物章》，頁685-686；林文宏，頁323。吳永華（頁246）將舊學名的canturians誤植為canturiens.

小鶯；舊稱臺灣小鶯[186]	*Horeites robustipes* Swinhoe (1866＊); *H. robustripes*	*Cettia fortipes* (Hodgson) 1845	Oakbush Warbler (舊); Brown-flanked Bush Warbler; Mountain Bush Warbler; Strong-footed Bush Warbler
大葦鶯	*Calamoherpe orientalis* Swinhoe (1863＊); *Acrocephalus orientalis*	*Acrocephalus arundinaceus* (Linnaeus) 1758	Great Reed Warbler
雙眉葦鶯[187]	*Acrocephalus bistrigiceps* Swinhoe (1860＊)	*Acrocephalus bistrigiceps* Swinhoe 1860	Schrenk's Reed Warbler
深山鶯[188]	*Horeites Acanthizoides concolor*	*Cettia acanthizoides*	Yellow-bellied Bush Warbler; Verreaux's Bush Warbler
短尾鶯[189]	*Tribura squameiceps* Swinhoe (1866); *Horornis squameiceps; Cettia squameiceps*	*Urosphena squameiceps* (Swinhoe) 1863（發現）	Scaly Bush Warbler(舊); Shorted-tailed Bush Warbler; Stub-tailed Bush Warbler; Scaly-headed Stubtail
棕扇尾鶯；錦鴝[190]	*Calamanthella tinnabulans* Swinhoe (1859＊); *Cisticola schoenicola* Swinhoe (1863); *Cisticola cursitans; Cisticola cisticola*	*Cisticola Juncidis* (Rafinesque) 1810	Fantail Warbler; Formosan Tinkler (舊); Rufous Cisticola; Streaked Fantail Warbler; Zitting Cisticola

186. 新學名後原冠（Swinhoe），已被（Hodgson）取代。《重修通志動物章》，頁686；林文宏，頁324。
187. 林文宏，頁328。
188. 深山鶯可能是德拉圖什（J.D. de La Touche）稱的*Cettia minuta*。劉克襄，頁171；de La Touche, *op. cit.*, p. vi.
189. 劉克襄，頁167；林文宏，頁323。
190. 吳永華，頁45、223；劉克襄，頁158；de La Touche, p. vi；林文宏，頁329。

黃頭扇尾鶯：白頭錦鴝	*Calamanthella volitans* Swinhoe (1859＊); *Cisticola volitans*	*Cisticola exilis* (Vigors & Horsfield) 1827	Smaller Formosan Tinkler(舊); Bright-capped Cisticola; Pale-headed Cisticola; Pale-headed Fantail Warbler; Gold-capped Cisticola
褐頭鷦鶯；臺灣鷦鶯	*Drymoeca extensicauda* Swinhoe (1863);[191]*D. flavirostris* Swinhoe (1863＊); *Prinia inornata; P. extensicauda*	*Prinia subflava* (Gmelin) 1789	Tawny Wren Warbler; Tawny Prinia; Tawny-flanked Prinia
灰頭鷦鶯[192]	*Prinia sonitans* Swinhoe (1863); *Burnesia sonitans*	*Prinia Flaviventris* (Delessert) 1840	Crackling Prinia (舊); Yellow-bellied Prinia; Yellow-bellied Wren Warbler
斑紋鷦鶯[193]	*Prinia striata* Swinhoe (1859＊); *Suya crinigera; Suya striata; Prinia polychroa*	*Prinia criniger* Hodgson 1836	Formosan Long-tailed Warbler(舊); Strated Prinia; Striped Warbler; Hill Warbler
戴菊鳥[194]	*Reguloides superciliosus*	*Regulus regulus*	Gold Crest; Goldcrest
火冠戴菊鳥：臺灣戴菊鳥	*Regulus ignicapillus*	*Regulus goodfellowi*	Fire Crest; Formosan Firecrest; Taiwan Firecreat

191. Hall（p. 3）、林文宏（頁331）作extensicauda；劉克襄（頁157）誤植為extensigauda。顏重威於1979年採用此現用拉丁學名。
192. Hall, p. 3；劉克襄，頁157；林文宏，頁332。吳永華（頁245）誤植為*P. solitans*.
193. 1979年顏重威採用此現用拉丁學名，不過《重修通志動物章》（頁693）仍使用*Prinia polychroa* (Swinhoe)。吳永華，頁45；林文宏，頁330。Hall（p. 2）誤列新學名為*Prinia crinigera*.
194. 劉克襄，頁158。

棕面鶯[195]	*Cryptolopha fulvifacies; Abrornis fulvifacies; C. albogularis; Seicerus albogularis*	*Abroscopus albogularis*	Tawny-faced Flycatcher-Warbler(舊); Rufous-faced Fly-Warbler; Fulvous Flycatcher Warbler; Fulvous-faced Flycatcher Warbler; White-throated Flycatcher Warbler
褐色叢樹鶯	*Lusciniola luteoventris; Bradypterus luteoventris*	*Bradypterus seebohmi*	Mountain Scrub Warbler

鶲科（Muscicapidae/ Flycatchers）

鳥名	舊學名	現用學名	英文名稱
黃腹青鶲；黃腹瑠璃[196]	*Cyornis vivida* Swinhoe (1864＊)	*Niltava vivida* (Swinhoe) 1864	Vivid Flycatcher; Rufous-bellied Blue Flycatcher; Vivid Niltava
白腹青鶲；白腹瑠璃[197]	*Niltava cyanomelaena*	*Cyanoptila cyanomelaena*	Blue and White Flycatcher
黃胸青鶲[198]	*Siphia innexa* Swinhoe (1866＊); *Muscicapula hyperythra; Muscicapa hyperythra*	*Ficedula hyperythra* (Blyth) 1843	Tangled Siphia（舊）；Snowy-browed Flycatcher; Rufous-breasted Blue Flycatcher; Thicket Flycatcher
黃眉黃鶲[199]	*Muscicapa narcissina*	*Ficedula narcissina*	Narcissus Flycatcher
白眉黃鶲[200]	*Muscicapa luteola* Swinhoe (1866); *Muscicapa mugimaki*	*Ficedula mugimaki* (Temminck) 1835	Mugimaki Flycatcher
紅尾鶲[201]	*Erythrosterna leucura* Swinhoe (1866); *Muscicapa rufilat; Hemichelidon ferruginea*	*Muscicapa ferruginea* (Hodgson) 1845	Ferruginous Flycatcher
烏鶲；舊稱西伯利亞灰斑鶲[202]	*Hemichelidon sibirica*	*Muscicapa sibirica*	Grey-spotted Flycatcher(舊)；Siberian Flycatcher

196. 吳永華，頁52、223；《重修通志動物章》，頁694；林文宏，頁343。
197. 《重修通志動物章》，頁694；沙謙中，頁284；林文宏，頁342。Hall（p. 3）列有 Thamnobia niveiventris-White-bellied Flycatcher，不知與白腹琉璃可有關係？
198. 1979年，顏重威採用此現用拉丁學名，後面仍冠（Swinhoe）。吳永華，頁223；《重修通志動物章》，頁694；林文宏，頁342。
199. 1979年，顏重威採用此現用拉丁學名。林文宏，頁340。
200. 1979年，顏重威採用此現用拉丁學名。《重修通志動物章》，頁694；林文宏，頁341。
201. 劉克襄，頁166；林文宏，頁339。
202. 《重修通志動物章》，頁695；林文宏，頁338。

寬嘴鶲[203]	*Hemichelidon Latirostris* Swinhoe; *Muscicapa latirostris*	*Muscicapa dauurica* Pallas 1811	Brown Flycatcher
灰斑鶲[204]	*Hemichelidon griseisticta* Swinhoe (1863)	*Muscicapa griseisticta* (Swinhoe) 1861	Grey-streaked Flycatcher
黑枕藍鶲；黑頸藍鶲[205]	Myiagra azurea Swinhoe (1863)	*Hypothymis azurea* (Boddaert) 1783	Azure Flycatcher; Black-naped Monarch; Black-naped Blue Flycatcher or Monarch
綬帶鳥[206]	*Tchitrea principalis* Swinhoe (1863); *Terpsiphone princeps*	*Terpsiphone atrocaudata* (Eyton) 1839	Japanese Paradise Flycatcher; Black Paradise Flycatcher

▲白環鶲
〔Harter,《Animals》(1979)；歐陽盛芝提供〕

▲煤山雀
〔《Ibis》（1912）；陳政三翻拍〕

203. 劉克襄，頁156；林文宏，頁339。林書Pallas未加（）號。

204. 劉克襄，頁156；《重修通志動物章》，頁695；林文宏，頁338。

205. 劉克襄，頁156；林文宏，頁344。另有將黑枕藍鶲與綬帶鳥列為王鶲科（Monarchidae）。

206. 劉克襄，頁156；林文宏，頁344。

山雀科（Paridae/ Tits）

鳥名	舊學名	現用學名	英文名稱
白頰山雀[207]	*Parus commixtus* Swinhoe (1868); *Parus major* (Swinhoe)	*Parus major* Linnaeus 1758	Tingchow Tit (舊); Great Tit
煤山雀[208]	*Parus ater ptilusus*	*Parus ater*	Coal Tit
黃山雀[209]	*Parus holsti* Seebohm	同左	Yellow Tit; Formosan Yellow Tit
赤腹山雀	*Parus castaneiventris*	*Parus varius*	Varied Tit
青背山雀[210]	*Parus insperatus* Swinhoe (1866＊); *Parus monticolus* (Swinhoe)	*Parus monticolus* Vigors 1831	Green-backed Tit
紅頭山雀	*Aegithalos concinnus*	同左	Red-headed Tit

啄花鳥科（Dicaeidae/ Flowerpeckers）

鳥名	舊學名	現用學名	英文名稱
綠啄花鳥[211]	*Dicaeum sp.; Dicaeum minullum*	*Dicaeum concolar*	Plain Flowerpecker; Plain-colored Flowerpecker
紅胸啄花鳥[212]	*Dicaeum formosum*	*Dicaeum ignipectus*	Fire-breasted Flowerpecker; Green-backed Flowerpecker

207. Hall, p. 15；張萬福，《臺灣的陸鳥》，頁43；《重修通志動物章》，頁697-698；林文宏，頁347。
208. 劉克襄，頁171；林文宏，頁346。
209. 1894年何必虞（A. P. Holst）在玉山支脈採獲，當年Seebohm鑑定為新鳥種、並命名。吳永華，頁221；《重修通志動物章》，頁698；林文宏，頁348。
210. 吳永華，頁221；劉克襄，頁167；《重修通志動物章》，頁698；林文宏，頁347-348。
211. Hall, p. 17；《重修通志動物章》，頁701；沙謙中，頁285；林文宏，頁351；謝顗，頁172；張萬福，頁137。後2書新學名有誤。
212. 劉克襄，頁171；林文宏，頁352。

▲紅胸啄花鳥〔《Ibis》（1912）；陳政三翻拍〕

繡眼科（Zosteropidae/ White-eyes）

鳥名	舊學名	現用學名	英文名稱
綠繡眼[213]	*Zosterops simplex* Swinhoe (1862＊); *Z. palpebrosa*	*Zosterops japonica* Temminck & Schlegel 1847	Japanese White-eye

213.1979年，顏重威採用此新拉丁學名。劉克襄，頁157；林文宏，頁353。*Z. j. simplex*另有亞種*Z. j. batanis*則僅生活在蘭嶼。《重修通志動物章》（頁702）仍冠（Swinhoe）。

文鳥科（Ploceidae/ Munias & Sparrows）[214]

鳥名	舊學名	現用學名	英文名稱
麻雀	*Passer montanus*	同左	Tree Sparrow; Eurasian Tree Sparrow
山麻雀[215]	*Passer russatus* Swinhoe (1863); *P. rutilans* Swinhoe (1871)	*Passer rutilans* (Temminck) 1835	Ruddy Sparrow; Russet Sparrow; Cinnamon Sparrow
白腰文鳥；尖尾文鳥[216]	*Munia acuticauda* Swinhoe (1863); *Uroloncha acuticauda*	*Lonchura striata* (Linnaeus) 1766	White-rumped Munia; Sharp-tailed Munia; White-backed Munia
斑文鳥	*Munia topela* Swinhoe (1863 ＊); *M. punctulata*	*Lonchura punctulata* (Linnaeus) 1758	Formosan Munia（舊）; Spotted Munia; Mutmeg Mannikin
栗腹文鳥；黑頭文鳥[217]	*Munia formosana* Swinhoe (1865＊); *Lonchura feruginosa*	*Lonchura malacca* (Linnaeus) 1766	Black-headed Munia; Chestnut Munia; Chestnut Mannikin

214. 另有將麻雀、山麻雀放在文鳥科；其他的「文鳥」則另分置於「梅花雀科」（Estrildidae）。林文宏，頁368。
215. 劉克襄，頁159；《重修通志動物章》，頁703；林文宏，頁370。
216. 白腰（尖尾）文鳥及斑文鳥，依據劉克襄，頁159；P. Hall, p. 8；張萬福，頁47。吳永華（頁247）稱 *Munia topela* 為白腰（尖尾）文鳥，稱 *Munia acuticauda* 為斑文鳥；有誤。
217. 劉克襄，頁166；林文宏，頁370。《重修通志動物章》（頁703-704）斑文鳥、栗腹文鳥後仍冠（Swinhoe）。

鵐科（Emberizidae/ Buntings）與雀科（Fringillidae/ Finches）[218]

鳥名	舊學名	現用學名	英文名稱
黑臉鵐		Emberiza spodocephala	Blacked-faced Bunting
黑頭鵐		Emberiza melanocephla	Blacked-headed Bunting
野鵐		Emberiza sulphurata	(Japanese) Yellow Bunting
金鵐		Emberiza aureola	Yellow-breasted Bunting
赤鵐；赤胸鵐		Emberiza fucata	Gray-headed Bunting
草鵐		Emberiza cioides	(Siberian) Meadow Bunting
葦鵐		Emberiza pallasi	Pallas' Reed Bunting
小鵐[219]		Emberiza pusilla	
白眉鵐[220]	Emberiza tristrami Swinhoe (1870)	同左	Tristram's Bunting
黃眉鵐		Emberiza chrysophrys	Yellow-browed Bunting
黃喉鵐		Emberiza elegans	Yellow-headed Bunting
田鵐		Emberiza chrysophrys	Rustic Bunting
蘆鵐[221]	Schoeniclus pyrrhulinus	Emberiza schoeniclus	Bullfinch-billed Reed-bunting; Common Reed Bunting
冠鵐[222]	Melophus malanicterus	Melophus Iathami	Crested Bunting
鏽鵐		Emberiza rustila	Chestnut Bunting

218. 原統稱為雀科，目前有再細分為2科。林文宏，頁354、361。
219. 林文宏，頁356。
220. Hall. p. 21；《重修通志動物章》，頁711；林文宏，頁355。
221. Hall. p. 28；《鳥類圖鑑》，頁334；林文宏，頁360。
222. 1979年，顏重威採用此現用拉丁學名。林文宏，頁354。

金翅雀[223]	*Fringilla sinica* Swinhoe (1863); *Chloris sinica*	*Carduelis sinica* (Linnaeus) 1766	Oriental Bunting; Green Finch; Oriental Greenfinch
黃雀		*Carduelis spinus*	Spruce Siskin
普通朱頂雀		*Acanthis flammes*	Common Redpoll
普通朱雀		*Carpodacus erythrinus*	Common Rosefinch
朱雀；酒紅朱雀[224]	*Carpodacus incertus*	Carpodacus vinaceus	Vinaceous Rose Finch; Vinaceous Rosefinch
花雀		*Fringilla montifringilla*	Brambling
灰鷽[225]	*Pyrrhula owstoni; P. arizanica*	*Pyrrhula erythaca*	Beavan's Bullfinch
褐鷽[226]	*P. uchidai*	*Pyrrhula nipalensis*	Brown Bullfinch
臘嘴雀	*Coccothraustes vulgaris*	*Coccothraustes coccothraustes*	*Hawfinch*
小桑鳲[227]	*Eophona melanura; Coccothraustes melanurus; Eophona migratoria*	*Coccothraustes migratorius*	Black-tailed Hawfinch
桑鳲[228]	*Eophona personnata*	*Coccothraustes personatus*	Masked Hawfinch

223. 1979年，顏重威採用此現用拉丁學名。劉克襄，頁158；《重修通志動物章》，頁705（新學名發現人有誤）；林文宏，頁361-362。

224. 劉克襄，頁169；林文宏，頁364。

225. 劉克襄，頁171；林文宏，頁366。劉書所列的 *P. arizanica* 不是褐鷽，而是灰鷽的舊學名。

226. 林文宏，頁365。

227. de La Touche, p. xii；林文宏，頁367。

228. 林文宏，頁368。

臺灣特有種陸鳥[229]

迄2006年被認定是臺灣「特有種」者有：紫嘯鶇（又稱瑠璃鳥，*Myiophoneus insularis*）、白耳畫眉（*Heterophasia auricularis* (Swinhoe)）、黃山雀（*Parus holsti Seebohm*）、藪鳥（*Liocichla steerii* (Swinhoe)）、烏頭翁（*Pycnonotus taivanus*）。臺灣藍鵲（*Urocissa caerulea*）、藍腹鷴（山雞，舊學名*Euplocamus swinhoii*；現稱*Lophura swinhoii*）、臺灣山鷓鴣（深山竹雞，*Arborophila crudigularis*（Swinhoe））、帝雉（*Syrmaticus mikado*）、栗背林鴝（阿里山鴝，舊學名*Ianthia johnstoniai; Tarsiger johnstoniae*；現稱*Erithacus johnstoniae*）、金翼白眉（*Garrulax morrisoniarus*）、紋翼畫眉（*Actinodura morrisoniana*）、冠羽畫眉（*Yuhina brunneiceps*）、火冠戴菊鳥（*Regulus goodfellowi*）、褐色叢樹鶯（*Bradypterus seebohmi*）、臺灣畫眉（*Garrulax canorus*）等，共16特有種。[230]

▲新臺幣1000元上的帝雉圖案〔陳政三攝影〕

▲紋翼畫眉
〔《Ibis》（1908）；陳政三翻拍〕

229. 前面都已述及，筆者仍附上所有新學名，以利讀者檢索。學名內有*swinhoii*者，係冠上郇和名字的鳥類；有（Swinhoe）或Swinhoe者，為郇和發現或命名者。
230. 顏重威，《臺灣的野生鳥類：留鳥篇》，頁164-165；《重修通志動物章》，頁687；《自由時報》2006.4.26。現用學名參考顏書該2頁，英文名稱參考張萬福《臺灣的陸鳥》及謝顗《臺灣的鳥類》相關頁數：均已附於上述對照表。16特有種，迄今仍有4種與郇和相關。臺灣畫眉（*Garrulax canorus*）後面原冠上（Swinhoe），現已經改為（Linnaeus）。

▲火冠戴菊鳥－1906年古費洛（W. Goodfellow）在玉山發現的新鳥種〔W. R. Ogilvie-Grant & J. D. de La Touche, 〈On the Birds of the Island of Formosa〉《Ibis》（1907）；陳政三翻拍〕

附錄三
原住民族語言對照

【一】郇和蒐集的原住民語言，及與其他人採收的語言對照

郇和曾比較噶瑪蘭族與北泰雅奎輝社（Kweiyings）的語言，認為兩者差異極大；他比較了前者與南部排灣族的「數字」用語，發現兩者完全一樣。[1]但其實仍有差異。[2]

茲就郇和於1858年記錄、目前僅存的極少數猴猴族語言與達飛聲（James Davidson, 1903）收錄於該書附錄的泰雅、排灣、阿美、巴宰、噶瑪蘭語，以及史蒂瑞（Joseph Steere, 1873）採錄的賽德克語相對照：[3]

	猴猴	泰雅	賽德克	排灣	阿美	巴宰	噶瑪蘭
頭	oorr´oo	tonnohu	tūnūk	koru	wongoho	pono	uho
兒子	wán-nak	rakei	lā kai	aryak	wawa	rakehal	sones
女兒	Keé-ah	（缺）	lā kai mākaidǐl	（缺）	（缺）	（缺）	（缺）
男人	Lárrat	murekoi	ɛdŭk	ohayai	vainai	mamarun	riunanai
女人	tarroógá³n	kunairin	mākaidǐl	vavayan	vavayan	mamayus	turungan
火	la mán	ponnyak	hāpūnūk	sapoi	ramal	hapoi	ramah

1. Robert Swinhoe, "Notes on the Ethnology of Formosa," in H. Harrison edited, *Natives of Formosa*, pp. 77-78.
2. 以下加入部分，原著並無，全由筆者整理、考據。詳閱陳政三〈郇和臺灣記行（一）：環遊臺灣首記〉，《臺灣博物》季刊88/ 24：4（2005.12），頁38-39，或本書第一章。
3. James Davidson, *The Island of Formosa, Past and Present*（1903），Appendix Ⅰ.；Joseph Steere著，李壬癸編，*Formosa and Its Inhabitants*，（臺北：中研院臺史所，2002），pp. 201-202；或參閱本文稍後【二】、【三】部分。達飛聲缺的「女兒」、「菸草」、「抽煙」稱呼，可在史蒂瑞同書同頁找到排灣、巴宰語言，另有邵族及西拉雅語。

水	lalóm	kusiya	kāsīā	zayon	nanom	darum	rarum
船	Boorrúar	（缺）	（缺）	（缺）	（缺）	（缺）	（缺）
狗	wássoo	hoyel	hūlǐng	vatu	watso	wazzo	wasu
菸草	Tammacho	（缺）	tāmākō	（缺）	（缺）	（缺）	（缺）
戰鬥	Pah boól	（缺）	（缺）	（缺）	（缺）	（缺）	（缺）
不	Mai	（缺）	（缺）	（缺）	（缺）	（缺）	（缺）
抽煙	Khan Tammacho	（缺）	mākān tāmākō	（缺）	（缺）	（缺）	（缺）

由上述簡單的對照，看得出猴猴語和噶瑪蘭語，甚至和阿美語較相近；而與泰雅語、賽德克語差異甚大；與排灣或魯凱（語言和排灣相近）則除了下述的「數字」用詞外，還是有很大的差異。現就從1到10的數字作比較，各族仍為達飛聲的資料，賽德克語為史蒂瑞採集，猴猴語則為伊能嘉矩於1896年蒐集的數字，對照如下：[4]

	猴猴	泰雅	賽德克	排灣	阿美	巴宰	噶瑪蘭
1	isa	koto	kīāl	ita	tsutsai	ida	isa
2	rusa	sajin	dūhā	rusa	tusa	dusa	rusa
3	tooru	tungal	terū	tsru	toro	turu	tusu
4	supa	paiyat	suput	spat	spat	supat	supat
5	rima	mangal	rīmā	rima	rima	hasuv	rima
6	unun	teyu	mātārū	unum	unum	hasuv-da	unum
7	pitoo	pitu	pītū	pitu	pitu	hasuve-dusa	pitu
8	aru	sipat	mūsūpāt	aru	waro	hasuve-duro	waru
9	siwa	kairo	mūngārī	siva	siwa	hasuve-supat	siwa
10	tagai	mappo	nāhāl	purrok	puro	is'iit	tahai

上述顯示，「數字」用詞上，猴猴與噶瑪蘭、排灣、魯凱、阿美等族是相近的。必須說明的是，伊能較晚期採擷的部分噶瑪蘭社的數字用詞，已完全和猴猴語相同，這應是猴猴族已經漸被同化的結果，連其他用語也幾與噶瑪蘭語相同；另外，史蒂瑞的資料為他訪臺時親自採擷，達飛聲的資料為19世紀後半葉，多位西方研究者、探險家蒐集的較「原味」發音，已和目前各族語言略有

4.李壬癸，《臺灣平埔族的歷史與互動》，頁95-97；Joseph Steere, *op. cit.*, p. 202.

不同。另外，馬淵東一（1936）曾記載噶瑪蘭新社有關祖先來自Sunasai（火燒島，綠島）的傳說，先在Takiris（得其黎，立霧溪）登陸，一支往北遷徙，成為噶瑪蘭族；另支留下，即是太魯閣族。但比較兩者的語言，除了數字發音較近外，其他用詞則相去已遠。兩者同源的可能性似不大；但在部分噶瑪蘭族南遷花東的過程，兩族不無可能發生通婚、交流的情形。

至於未列出的凱達格蘭語、西拉雅語，單就數字而言，倒不如排灣、魯凱、阿美的與猴猴接近。茲就史蒂瑞（1874）採集的西拉雅語，以及李壬癸、吳東南（1987）記錄凱達格蘭族其中一支的巴賽音，從1到10的數字（其中巴賽語的「5」為安倍明義1930採得）列述如下：[5]

	1	2	3	4	5	6	7	8	9	10
西拉雅	sāṣāāt	dūhā	tūrū	tāhāt	tūrīmā	tūnuūm	pī tū	pīpā	kūdā	kelenq
巴賽	ca	lusa	cuu	sipat	cima	an m	pitu	wacu	siwa	labatan

上述對照係因郇和的推測，使得筆者產生將先住民族語言略做比較的興致，也證明郇和粗略的觀察與大膽的推測是沒有根據及不正確的。

另外，郇和在〈福爾摩沙再記〉（Additional Notes on Formosa）（1866），摘記一些恆春南排灣語數字及詞彙，[6]如將他的採集和1874年初美國博物學家史蒂瑞（Joseph Steere），*Formosa and Its Inhabitants*搜集的屏東瑪家鄉排灣村，布曹爾亞族高燕社（Padain）、射鹿社（Tsarisi）中北排灣語；1903年達飛聲本附錄所載排灣語；以及1990～1999年，張秀絹，《排灣語參考語法》（臺北：遠流，2000）搜集屏東三地鄉賽嘉村、三和村為主的拉瓦爾亞族（Raval）北排灣語相比，則形成跨時空、不同地區的有趣對照。每個詞彙，第一字為郇和搜集、第二字史蒂瑞（附有音調標幟）、第三字達飛聲、第四字張秀絹：[7]

5.李壬癸，前引書，頁119、120；Joseph Steere, p. 202.
6.*Proceedings of the Royal Geographical Society*, 10（1866），pp. 123-126.
7.此段節自陳政三，〈郇和臺灣記行（五）：郇和「排灣族點滴」〉，《臺灣博物》季刊 92/ 25：4（2006.12），或參考本書第五章。

1：Eeta / ītā / Ita / ita	2：Lusa / dūsā / Rusa / Dusa
3：Tolo / tīrū / Tsru / tjeLu'	4：S'pat / spāt / Spat / sepatj
5：Lima / sīmā / Rima / Lima	6：Unnum / ŭnūm / Unum / unem
7：Pecho / pī tū / Pitu / pitu	8：Haloo / hārū / Aru / aLu
9：Siva / shīvā / Siva / siva	10：Polo / tāpūrū / Puru / puLu'
100：Tai-tai / S缺 / D缺 / taidai	1,000：Koo-joo / S缺 / D缺 / 張缺
銀：Hwaneekeo / S缺 / D缺 / 張缺	火：Sapooy / sāpūī / Sapoi / sapuy

（註：史蒂瑞蒐集、現存的29件「新港文書」，其中乾隆三十四年正月立契的第23件Text 16，西拉雅語「銀子」或「銀兩」記為vanitok.）**8**

　　由上述比較，可知道南、北排灣語差異不大；如果將之與早期或近期魯凱族語相對照，也可發現排灣、魯凱語言共同性極高。難怪兩族曾被清代通稱為「傀儡人」，日治初期魯凱一度被稱做「澤利先」，納入排灣族群中的一支。

【二】達飛聲（James Davidson）九族原住民語言比較表：**9**

九族原住民 字彙	泰雅族	布農族	鄒族	澤利先 （魯凱）	排灣族	卑南族	阿美族	巴宰族 （平埔）	噶瑪蘭族 （平埔）	蘭嶼 人：達 悟族
1	Koto	Tasi-a	Tsune	Ita	Ita	Sa	tsutsai	Ida	Isa	Asa
2	Sajin	Rusya	Rusu	Rusa	Rusa	Rua	Tusa	Dusa	Rusa	Roa
3	Tuⁿgal	Tāo	Toru	Toru	Tsru	Tero	Toro	Turu	Tusu	Atoro
4	Paiyat	Pā-āt	Siputo	Sipat	Spat	Spat	Spat	Supat	Supat	Ap-pat
5	Māngal	Hima	Rimo	Rima	Rima	Rima	Rima	Hasuv	Rima	Rima
6	Teyu	Noum	Nomu	Urum	Unum	Unum	Unum	Hasuv-da	Unum	Anum
7	Pitu	Pitu	Pitu	Pitu	Pitu	Pitu	Pitu Pitu	Hasuve-dusa	Pitu	Pito
8	Sipát	Vāo	Woru	Waru	Aru	Waro	Waro	Hasuve-duro	Waru	Wao
9	Kairo	Siva	Siyo	Siwa	Siva	Iwa	Siwa	Hasuve-supat	Sīwa	Shiem
10	Mappo	Massan	Massok	Puru	Purrok	Purru	Puro	Is'iit	Tahai	Po

8.*Formosa and Its Inhabitants*, pp. 192, 203.
9.節自 James Davidson, *The Island of Formosa, Past and Present*（1903）, Appendix Ⅰ.

頭髮	Sinonohu	Koruvo	Housu	Oval	Kovaji	Aruvo	Vūkos	Vukkus	Vokko	—
頭	Tonnohu	Vongō	Ponngo	Uru	Kōru	Ta^{n}gal	Wo^{n}goho	Ponō	Uho	Voboya
眼睛	Raoyāk	Mata	Mutso	Matsa	Matsa	Mata	Mata	Daorek	Mata	Mata
耳朵	Papāk	Tainga	Kōru	Tsaringa	Tsari^{n}ga	Ra^{n}gera	Tari^{n}ga	Sa^{n}gera	Kayal	Taregan
鼻子	^{n}Gaho	^{n}Gutos	^{n}Gutsu	^{n}Godos	^{n}Gurus	Ate^{n}guran	^{n}Goso	Mujin	Unom	Momosa
嘴巴	Nokoák	^{n}Gurus	^{n}Garu	A^{n}gat	A^{n}gai	Imdan	^{n}Goyos	Rahhal	^{n}Goyak	Bebe
牙齒	Gennohu	Niepon	Hisi	Haresi	Aris	Ware	Wares	Rupun	Wangan	—
鬍鬚	^{n}Gorus	^{n}Gisingisi	Maomao	^{n}Gisingisi	^{n}Gisngis	^{n}Gisingisi	^{n}Gisngis	Moddos	Mumus	Yanim (?)[10]
手	Kava	Ima	Mutsu	Rima	Rima	Rima	Kayam	Rima	Rima	Tarere
乳頭	Vovo	Tsitsi	Nunu	Tutu	Tutu	Susu	Tsutsu	Nunoho	Sisu	Soso
腹部	Ruvoas	Tteyan	Vūro	Tteyat	Tteyai	Tteyal	Teyas	Tyal	Tteyan	—
腳	Kākai	Vantas	Tta-ango	Kūra	Kūra	Dapal	Saripa	Kārao	Rapal	—
血液	Rammo	Kaidan	Hampul	Damo	Yamok	Modomok	Iran	Damo	Renan	—
父親	Yava	Tama	Ammu	Kamma	Ama	Ama	Ama	Ava	Tama	—
母親	Yaya	Tena	Ennu	Kinna	Kina	Ina	Ina	Ina	Tena	—
兒子	Rakei	Uwa'a	Okku	Arra	Aryak	Wara	Wawa	Rakehal	Sones	—
男人	Murekoi	Vananak	Hahutsun	Arai	Ohayai	Utu	Vainai	Mamarun	Riunanai	Shichi
女人	Kunairin	Vennoa	Mamespinge	Vavayan	Vavayan	Omos	Vavayan	Mamayus	Turu^{n}gan	Yamits
小孩	Rakei	Uwa'a	Okku	Unu-unu	K^{a}kryan	Rarak	Kama^{n}gai	Rovarovan	Sunis	—
頭目	Taoki	Syatvina	Purongosi	Mazange-ran	Maza^{n}ge-ran	Ayawan	Kokita-an	Huzumu-sao	Nakkeyan	
村莊 (社)	Kāran	Vāu	Hōsya or Noheu	Inaran	（？） 'Inalan[11]	Rukal	Mananyaro	Rutol	Ramu	Nahmen
天	Kāyal	Yakanen	^{n}Gutsa	Karuruv-an	K^{a}jana^{n}g-an	Ra^{n}gét	Kakaray-an	Vavao-kawas	Rān	—
地	Heyal	Dārak	Tsoroa	Kadunan-gan	Ppepo	Dāl	Sra	Rejik--ddahhu	Wanan	—
太陽	Wāge	Ware	Hire	Adao	Kādao	Kadao	Tsiral	Rezahu	Mata-no-kān	—
月亮	Vuyatsin	Voan	Porohu	Iras	Keras	Vuran	Urát	Iras	Vūran	—
星星	Mintoyan	Mintokan	Tsongoha	Vituan	Vitukan	Teol	Uwes	Mintol	Waturun	—

10. 本表有（？）標記者，皆為達飛聲加入。筆者在張郇慧《雅美語參考語法》乙書查不到達悟族的「鬍鬚」單字。

11. 張秀絹，《排灣語參考語法》，頁193。

雲	Yurum	Ruhon	Tsumtsum	Arupus	Karupus	Kutum	Tounm	Ruron	Rãnum	—
雨	Kwãrahu	Koranan	Vutsu	Udal	Muyal	Mandal	Ulas	Udaru	Uran	—
風	Vaihui	Heuhen	Porepe	Vare	Ware	Vare	Vare	Vare	Vare	—
火	Ponnyak	Sapos	Pujju	Sapui	Sapoi	Apoi	Ramal	Hapoi	Ramah	—
水	Kusiya	Ranum	Tsõmo	Zārum	Zayon	Nnai	Nanom	Darūm	Rarum	—
山	Regyahu	Rīvos	Purongo	Gādo	Gādu	Runan	Tukos	Vinayu	Ivavao	Woro
河流	Ririon	Haul	Tsoroha	Panna	Pana	Inayan	Aru	Rahon	Vokahal	—
米	Voahu	Terras	Puressi	Vat	Va^t	Vurras	Vurá^t	Iyezaraha	Vokas	—
狗	Hoyel	Atso	Avou	Vatū	Vatu	Soan	Watso	Wazzo	Wasu	—
鹿	Wokanno-hu	Kannuw-an	Uwa	Vunnan	Vunnan	（？）Ura[12]	^{n}Gavol	Ruho^t	Apol	—
牛	Kātsin	（？）[13]	（？）	Roan	Agungan	Gun	Kurun	Noan	Waka	—
猴子	Yu^{n}gai	Hutton	^{n}Gohō	Karan	Putsawan	Ruton	Ruton	Rutópo	Hogoton	—
衣服	Rukos	Hurus	Risi	Rikurao	Itom	Kepen	Reko	Syato	Kurus	—
帽子	Kavovo	Tamohon	Tsoropo^n-go	Taropun	Tsarupun	Kavon	（？）Kafong[14]	Kakomos	Kūvō	—

【三】史蒂瑞南島語言對照表

　　1873年10月～1874年3月間，史蒂瑞採集邵族、巴宰、賽德克、西拉雅、排灣等臺灣五族語言；隨後赴菲律賓也採集到五族語言，將這10族語言對照放在原著附錄3（pp. 199-202）。本節將臺灣五族與菲島塔加羅、維薩雅兩族之語言分為「常用名詞」、「用動詞」、「數詞」，作一對照。

---

12. 黃美金，《卑南語參考語法》，頁218。
13. 齊莉莎《布農語參考語法》及《鄒語參考語法》皆未收有「牛」的拼法。或云布農、鄒族屬高海拔族群，生活環境沒有「牛」所造成；不過張秀絹、黃美金、吳靜蘭3位的低海拔群也未收該字發音。蔡恪恕主持的《原住民族語料與詞彙彙編：南鄒族卡那卡那富期期末報告》（原民會委託，2001），記為karavungu（part 1, p. 151）或karavung（part 3, p. 18）。
14. 吳靜蘭，《阿美語參考語法》，頁198。

臺灣五族 與 菲律賓兩族「常用名詞」對照

臺灣 五族 常用 名詞	邵族 Thao	巴宰 Pazih	賽德克 Seediq	西拉雅 Siraya	排灣 Paiwan	塔加羅[15]— Tagalog	維薩雅[16] —Visayas
我	yākō	yākō	yākō	yāū	kīāmūn	ākō	ākō
你 (妳)	īhō	ĭssū	īssū	ĭnūhū	tīmādū	īkau	īkau
他	ātīrō	ĭssū	īssū	ĭnūhū	tūnādū	sīā	sīā
男人	spūt	sauh	εdūk	āmāmā	ālai	lālākī	lākī
女人	mīnyāwāt	māmais	mākaidīl	ĭnĭnā	vāvaiān	bābai	bai
男孩	ālālāk	rākīhāl	lākairĭsĭnao	—	tĭūnū	bātā	bālālālākī
女孩	—	rākīhāl māmais	lākaimākaidīl	—	tĭntī	dālāgā	dālāgā
丈夫	ājūdī	māmāhīng	yākō rĭsĭnao	tĭnū	chĭkǔl	āsāwā lā ākĭ	bānā
妻子	tainā	nākī māmais	yākō mākaidīl	kīgāūng	vālāv	āsāwā bābai	āsāwā
兒子	ālālāk	nākīrāk īhāl	lākai	ālāk	ālai	ānāgnā lālākí	ānāknā lālālí
女兒	mīnyāwāt ālālāk	rākīhālō māmais	lākai mākaidíl	ālāk	ālai vāvaiān	ānāgnā bābai	ānāknā bābai
母親	nākā īnā	īnā	boubou	jēnā	īnā	īnā	īnāhān
父親	nākā āmā	ābā	tainā	dāmā	āmā	āmā	āmāhān
頭	pūnō	pūnū	tūnūk	būngū	ūrū	ūlō	ōō or ōlō
頭髮	pōkĭs	bǔkǔs	chínūnūk	bǔkǔ	ūvāl	būhōk	būhāk
眼睛	māsā	dǒwrĭk	dǒwrŭk	mātā	māchā	mātā	mātā
耳朵	sārīnā	sāngīrā	bīrŭt	tāngīrā	chārĭngā	tārĭngā	dālūgān
牙齒	ūpāin	līpūng	rūpǔn	wālĭt	hālĭs	ngĭpǔn	nĭpǔn
舌頭	āmā	jāhāmā	hīmā	dādīlā	sīmā	dīlā	dīlā
眉毛	pōkǒ	jīkū	pūnqū	pauk	pīkū	síkō	síkō
手	līmā	rīmā	ābāthā	dādūkām	kāvīāān	kāmāai	ngābōō
手指	rīmā	kākāmūd	tūlūclǐng	kāgāmūs	gālōqāvān	dālīrĭ	tǔdlō

15. Tagalog為呂宋島原住民。
16. Visayas位於菲律賓中部群島Visayan Islands.

指甲	kūkū	kālīkūh	kūkū	kālūn kūng	kālūs kūsān	kūkū	kūkūh
血	tātsōm	dāmū	dārā	gāmā	dāmū	dūqū	dūqū
牛	kālābās knūān	bālās ānoung	dāpā	lōāng	lūāng	bākā	vākā
狗	ātū	wādū	hūlǐng	āsū	vātū	āsō	īrū
豬	Bābūī	bārūzāk	bābūī	bābūī	bābūī	bābūī	bābūī
樹木	kāvī	kāhōī	kāhōnī	būkūng	—	kāhoi	kāhoi
水	tsārūm	dālōm	kāsīā	dālūm	dzālōm	tūbǐq	tūbǐq
雨	kūsāl	mūdāl	kūzūk	ūdan	ūdāl	ūlān	ūlān
太陽	tīrāt	tījāk	hīdao	wāgī	ādao	ārao	ādlao
月亮	fūrāl	īlās	īdās	būrān	īlās	būlān	būlān
星星	tūhlātāt	bǐntūl	—	ātālǐn gākai	vītūān	bǐtūīn	bílūūn
火	āpwī	hāpuī	hāpūnūk	āpūī	sāpūī	āpūī	kālaiō
煙	mārūmoun	ādāh	kārěngūl	lābū	sǐmǐsǐs	āsū	āsū
灰塵	ūsīlā	bīdū	mākālūk	ābū	āvū	ābū	ābū
石頭	fwātū	bātū	bātūmīk	bātū	āchīlai	bātō	bātō
白	māpūthī	rǐsǐlao	bāhāqai	māpūlī	bōchīrai	māpūtī	māpūtī
黑	mākātsām	tarūhūd	mākāhūk	maidūm	mātāk	maitūm	maitūm

臺灣五族與菲律賓兩族「常用動詞」對照

臺灣五族 / 常用動詞	邵族	巴宰	賽德克	西拉雅	排灣	塔加羅	維薩雅
吃	āmākau āfī	kākānai	nānāk mākān	yāū māh ān sai	kānū	kaiǐn	pāqkāōn
喝	nīkēhlā	dādōhai	mīmāh	mūdādārāng	tǔmǔkǔr	ūmǐnūm	pāgnūm
抽煙	mākān tāmākō	dādōhai tūmākō	mākān tāmākō	yāū tāmākū	kānūtāme ākū	mātābākō	pāglābākō
死（去）	māthai	pǒwrē hādai	māhōkāl	māpātai	māchai	pātaimāmātai	kāpātai

臺灣五族與菲律賓兩族的「數詞」對照[17]

數詞 / 臺灣五族	邵族	巴宰	賽德克	西拉雅	排灣	塔加羅	維薩雅
1	tāhā	ādādūmāt	Kīāl /onī	sāaāāt	ītā	īsā	ūsā
2	tūshā	dūsā	dūhā	dūhā	dūsā	dālauā	dūhā
3	tūrū	tūrū	terū	tūrū	tīrū	tātlō	tōlō
4	spāt	sūpāt	sǔpǔt	tāhāt	spāt	āpāt	ūpāt
5	hrīmā	hāsūb	rīmā	tūrīmā	sīmā	līmā	līmā
6	stūrū	hāsūpūdā būdā	mātrāū	tūnūm	ǔnūm	ānūm	ūnūm
7	pītū	hāsbǐdūsā	pītū	pītū	pītū	pītō	pītō
8	kāspāt	hāsūbǐtārū	mūsūpāt	pīpā	hārū	ūālō	ūālō
9	tānāsō	hāsūbǐsūpāt	nārī /mūngārī	kūdā	shīvā	sīām	sīām
10	māksǐn	ǐssǐt / shǐd	nāhāl	keleng	tāpūrū	māpōlō	sāngpūlō

---

17. 史蒂瑞原列5種菲律賓土著語，本書因篇幅關係，只列出2種對照。有興趣者可參閱原
著附錄3（pp. 199-200）。

參考書目

【為尊重原作者或譯者，參考書目全照引原著所使用的書名或文章名用字】

中文書目：

中村孝志著；吳密察、翁佳音編，《荷蘭時代台灣史研究》上卷。臺北：稻香，1997。

中研院近代史研究所藏，《總理衙門清檔》，〈各國使領·英國各口領事〉，清字367號，咸豐十年十月廿四日收英國公使照會。

中國社會科學社編纂，《近代來華外國人名辭典》。北京：編者，1981。

王瑛曾，《重修鳳山縣志》，乾隆二十九年（1764）。臺北：宗青，1995，臺銀臺灣文獻叢刊第146種。

臺銀經研室，《籌辦夷務始末選輯》。南投：省文獻會，1997，臺銀臺灣文獻叢刊第203種。

臺灣總督府臨時臺灣舊慣調查會原著；中研院民族所編譯，《番族慣習調查報告書，第一卷，泰雅族》。臺北：中研院民族所，1996。

伊能嘉矩著；楊南郡譯註，《台灣踏查日記》。臺北：遠流，1996。

伊能嘉矩著；溫吉編譯，《臺灣番政志》。南投：省文獻會，1957。

安倍明義，《台灣地名研究》。臺北：武陵，1998。

朱耀沂，《台灣昆蟲學史話（1684～1945）》。臺北：玉山社，2005。

余文儀，《續修臺灣府志》，乾隆二十九年（1764）。臺北：宗青，1995，臺銀臺灣文叢第212種。

李壬癸，《台灣南島民族的族群與遷徙》。臺北：常民文化，1997。《台灣平埔族的歷史與互動》。常民文化，1997。《臺灣原住民史：語言篇》。南投：省文獻會，1999。

李仙得，《臺灣番事物產與商務》。臺北：臺銀，1960，臺銀臺灣文叢第46種。

李亦園，《臺灣土著民族的社會與文化》。臺北：聯經，1982。

宋龍生，《臺灣原住民史：卑南族史篇》。南投：省文獻會，1998。

吳永華，《台灣植物探險》。臺中：晨星，1999。《台灣動物探險》。晨星，
　　2001。

吳靜蘭，《阿美語參考語法》。臺北：遠流，2000。

林文宏，《台灣鳥類發現史》。臺北：玉山社，1997。

周鎮，《鳥與史料》。南投：臺灣省立鳳凰谷鳥園，1992。

科林‧哈里森（Colin Harrison）、亞倫‧格林史密斯（Alan Greensmith）合
　　著；丁長青、韓慶翻譯，《鳥類圖鑑》（*Birds of the World*）。臺北：貓頭
　　鷹，1995。

姚正得、許富雄，〈鳥類〉，《台灣保育類野生動物圖鑑》。南投集集：農委
　　會特有生物中心，2004。

柯培元，《噶瑪蘭志略》，道光十七年（1837）。臺北：宗青，1995，臺銀臺
　　灣文叢第92種。

宮本延人著；魏桂邦譯，《台灣的原住民族》。臺中：晨星，1992。

洪敏麟，《重修臺灣省通志‧卷三‧住民志地名沿革篇》。南投：省文獻會，
　　1995。

故宮博物院明清檔案部、福建師範大學歷史系合編，《清季中外使領年表》。
　　北京：中華書局，1985。

翁佳音，〈歷史記憶與歷史事實——原住民史研究的一個嘗試〉，《臺灣史研
　　究》3：1，1996。《大台北古地圖考釋》。臺北縣立文化中心，1998。〈近
　　代初期北部臺灣的商業交易與原住民〉，《臺灣商業傳統論文集》。臺北：
　　中研院臺史所，1999。《異論台灣史》。臺北：稻香，2001。〈西拉雅的沉
　　默男性「祭司」：十七世紀臺灣社會、宗教的文獻與文脈試論〉，《族群意
　　識與文化認同：平埔族群與台灣社會大型研討會論文集》。臺北：中研院民
　　族學研究所，2003。〈世變下的台灣早期原住民〉，《故宮文物月刊》240期
　　（20：12），2003年3月號。

陳正祥，《臺灣地名辭典》。臺北：南天，2001。

陳政三，「美國博物學家史蒂瑞的台灣探險行」專輯：〈眉溪歷險行〉、〈平

埔村的新港文書〉、〈約會在筏灣〉。臺北：《歷史月刊》200期，2004年9月。〈遇見卓杞篤〉，《歷史月刊》202期，2004年11月號。〈史蒂瑞的台灣探險行（二）：北台行腳〉，《臺灣博物季刊》86/ 24：2。臺北：國立臺灣博物館，2005年6月。《出礦坑鑽油日記》。臺北：歷史智庫出版社，2005。「翱翔福爾摩沙──郇和臺灣記行」序列7篇：〈郇和在華生涯一覽表〉，《臺灣博物季刊》88/ 24：4，2005年12月。〈郇和臺灣記行（一）：環遊臺灣首記〉，《臺灣博物季刊》88/ 24：4，2005年12月。〈郇和臺灣記行（二）：環遊臺灣再記〉，《臺灣博物季刊》89/ 25：1，2006年3月。〈郇和臺灣記行（三）：「北泰雅印象」──奎輝社記行〉，《臺灣博物季刊》90/ 25：2，2006年6月。〈郇和臺灣記行（四）：郇和蘇澳記行〉，《臺灣博物季刊》91/ 25：3，2006年9月。〈郇和臺灣記行（五）：郇和排灣族點滴〉，《臺灣博物季刊》92/ 25：4，2006年12月。〈悠遊晚清動物世界的鳥人郇和〉，《臺灣博物季刊》96/ 26：4，2007年12月。

陳政三譯註，Edward House著，《征臺紀事──牡丹社事件始末》。臺北：台灣書房，2008；臺北：五南圖書，2015。Joseph Steere著，〈十九世紀原住民部落樣貌〉。臺北：《歷史月刊》200期，2004年12月。James Davidson著，〈倍勇斯基闖蕩台灣19天（1771）〉。臺北：《臺灣風物》55：2，2005年6月。陳政三譯註，達飛聲（James W. Davidson）原著，《福爾摩沙島的過去與現在》（*The Island of Formosa, Past and Present*）。臺南：國立臺灣歷史博物館；臺北：南天書局，2014。

陳政三譯註，〈荷治時代的福爾摩沙（1644～1661）〉。臺北：《臺灣風物》55：4，2005年12月。陳政三，《翱翔福爾摩沙—英國外交官郇和晚清臺灣紀行》。臺北：台灣書房，2008。《美國油匠在台灣：1877-78年苗栗出礦坑採油紀行》。臺北：台灣書房，2012。《紅毛探親記—1870年代福爾摩沙縱走探險行》。臺北：五南圖書，2013。《紅毛探親再記：島內島外趴趴走》。臺北：五南圖書，2014。

陳政三著作、譯註，John Dodd原著，《泡茶走西仔反：清法戰爭台灣外記》。臺北：五南圖書，2015。

陳培桂，《淡水廳志》，同治十年（1871）。臺北：宗青，1995，臺銀臺灣文

叢第172種。

陳淑均，《噶瑪蘭廳志》，咸豐二年（1852）。臺北：宗青，1995，臺銀臺灣文叢
　　第160種。

國分直一，《台灣的歷史與民俗》，邱夢蕾譯。臺北：武陵，1991。〈阿立祖
　　巡禮記〉，葉婉奇譯，《重塑台灣平埔族圖像》。臺北：原民文化，1999。

國立臺灣師大地理系施添福等人，《臺灣地名辭書卷四：屏東縣》。南投：省
　　文獻會，2001。

鳥居龍藏著；楊南郡譯註，《探險台灣》。臺北：遠流，1996。

屠繼善，《恆春縣志》，光緒二十年（1894）。臺北：宗青，1960，臺銀臺灣
　　文叢第75種。

黃美金，《泰雅語參考語法》。臺北：遠流，2000。

黃富三，〈臺灣開港前後怡和洋行對臺貿易體制的演變〉，《臺灣商業傳統論
　　文集》。臺北：中研院臺史所，1999。

黃嘉謨，《美國與臺灣》。臺北：中研院近史所，1966。

傅琪貽〔藤井志津枝〕，《原住民重大歷史事件：大嵙崁事件（1885～
　　1910）》。臺北：行政院原住民族委員會，2005。

森丑之助著；楊南郡譯註，《生蕃行腳》。臺北：遠流，2000。

張秀絹，《排灣語參考語法》。臺北：遠流，2000。

張郇慧，《雅美語參考語法》。臺北：遠流，2000。

張萬福，《臺灣的陸鳥》。臺中：禽影，1985。

張譽騰，〈英國博物學家史溫侯在台灣的自然史調查經過及相關史料〉，《臺
　　灣史研究》1：1。臺北：中研院臺史所，1994。

葉振輝，〈台南首富許遜榮傳奇〉，收於《臺灣族群社會變遷研討會論文
　　集》。南投：省文獻會，1999。《清季臺灣開舖之研究》。作者，標準書
　　局，1985。《打狗英領館的文化故事》。高雄：市政府文化局，2004。

鈴木質著；吳瑞琴編校，《台灣原住民風俗誌》。臺北：臺原，1992。

達西烏拉彎‧畢馬（田哲益），《台灣的原住民──泰雅族》。臺北：臺原，
　　2001。

楊南郡，徐如林，《與子偕行》。臺中：晨星，1993。

楊彥杰，《荷據時代台灣史》。聯經，2000。

臺北市文獻委員會編，《臺北市志·卷二·自然志博物篇》。臺北：編者，
　　1987。

臺灣史料集成編輯委員會編，《清代臺灣關係諭旨檔案彙編》第四冊。臺北：
　　文建會、遠流，2004。

臺灣省文獻委員會編，《重修臺灣省通志·卷二·土地志博物篇植物章》，
　　一、二冊。南投：省文獻會，1993。《重修臺灣省通志·卷三·住民志同胄
　　篇》。省文獻會，1995。《重修臺灣省通志·卷三·住民志地名沿革篇》。
　　省文獻會，1995。《重修臺灣省通志·卷二·博物篇動物章》第一冊。省文
　　獻會，1998。《日據時期原住民行政志稿》（原《理蕃誌稿》）2卷，陳金田
　　譯；3卷，吳萬煌、古瑞雲譯；4卷，吳萬煌譯，1999。

劉克襄，《台灣鳥類研究開拓史（1840～1912）》。臺北：聯經，1989。

蔡恪恕主持，《原住民族語料與詞彙彙編：南鄒族卡那卡那富語期末報告》。
　　臺北：行政院原民會委託，2001。

齊莉莎（Zeitoun Elizabeth），《布農語參考語法》。臺北：遠流，2000。《鄒
　　語參考語法》。遠流，2000。

謝顗，《台灣的鳥類》。臺北：自然科學文化，1980。

顏重威，《臺灣的野生鳥類：留鳥篇》。臺北：渡假，1999。《臺灣的野生鳥
　　類：候鳥篇》。臺北：渡假，1999。

羅大春，《臺灣海防並開山日記》。南投：省文獻會，1997，臺銀臺灣文叢第
　　308種。

Psalmanaazaar, George著；薛絢譯，《福爾摩啥》。臺北：大塊文化，1996。

Riess, Ludwig著；周學普譯，《臺灣島史》，臺灣經濟史三集。臺北：臺銀，
　　1956。

外文書目：

Anderson, Lindsay

A Cruise in An Opium Clipper. London: Chapman & Hall, 1891; London: George
　　Allen & Unwin LTD re-set, 1935.

Blakeney, William

On the Coasts of Cathay and Cipango Forty Years Ago. London: Elliot Stock, 1902.

British Foreign Office

British Blue Book, China. No. 4（1864）: Commercial Reports from Her Majesty's Consul in China, for the Year1862, British Foreign Office, 1864.

British Blue Book, China. No. 3（1869）: Correspondence respecting Missionary Disturbances at Che-foo, and Taiwan（Formosa）, British Foreign Office, 1869.

British Blue Book, China. No. 6（1869）: Correspondence respecting Outrage on British Merchants at Banca, in Formosa, British Foreign Office, 1869.

Campbell, W.（甘為霖）

Formosa Under the Dutch. London: Kegan Paul, 1903; Taipei: SMC reprinted, 1992.

Carrington, George W.

Foreigners in Formosa, 1841-1874. San Francisco: Chinese Material Center, 1978.

Davidson, James W.

The Island of Formosa, Past and Present. Yokohama: Kelly & Walsh, 1903.

Dodd, John

Journal of A Blockaded Resident in North Formosa, During the Franco-Chinese War, 1884～5. H. K.: Hongkong Daily Press, 1888.

Eskildsen, Robert, edited

Foreign Adventure and the Aborigines of Southern Taiwan, 1867-1874. Taipei: Institute of Taiwan History, Academia Sinica（中研院臺史所）, 2005.

Fix, Douglas L.（費德廉）

"Political Economy on the Hengchun Peninsula, 1850-1874," in「國家與原住民：亞太地區族群歷史研究國際學術研討會」。臺北：中研院臺史所，2005年11月24-25日。

Fix, Douglas L., edited

http://academic.reed.edu/formosa/texts/texts.htm網站。

Geographers' A-Z Map Co. Ltd., edited

A-Z London Street Atlas and Index. Bucks: Hazell Watson & Viney Limited, ISBN

0-85039-013-3.

Hall, Philip B.

"The Published Writings of Robert Swinhoe," in Url: http://home.gwi.net/～pineking/
RS/MAINLIST.htm網站（2006年1月26日修正版）。

Harrison, H., edited

Natives of Formosa, British Reports of the Taiwan Indigenous People, 1650-1950.
Taipei：順益臺灣原住民博物館，2001.

Harter. Jim, Selected

Animals: 1419 Copyright-Free Illustrations of Mammals, Birds, Fish, Insects, etc.,
N.Y.: Dover Publications, 1979.

House, Edward

The Japanese Expedition to Formosa. Tokio: 1875.

Irish University Press, edited

British Parliamentary Papers（China vol. 2）. Irish University Press, 1971.

Jones, Gwilym S.

"The Publications of Robert Swinhoe," in *Quarterly Journal of the Taiwan Museum*,
26(1/2), 1973. Taipei: *the Taiwan Museum.*

Maxwell, William

"Tai-Wan-Foo," in *Hongkong Journal*. Hong Kong: c. 1865.

Mearns, B. & R. Mearns

Biographies for Bird Watchers. London: Academic Press, 1988.

（British）Parliamentary Papers

China, No. 3（1869）: Inclosure 3 in No. 6, p. 12, Gibson to Sir R. Alcock, Dec. 14, 1868.

Pickering, William

Pioneering in Formosa. London: Hurst & Blackett, 1898; Taipei reprint, SMC, 1993.

Otness, Harold M.

One Thousand Westerners in Taiwan. Taipei: Institute of Taiwan History, Academia
Sinica, 1999.

Sampson, Anthony

The Changing Anatomy of Britain. Great Britain: Hodder and Stoughton, 1982.

Steere, Joseph B. 著；李壬癸編

Formosa and Its Inhabitant. Taipei: Institute of Taiwan History, Academia Sinica（中研院臺史所）, 2002.

Stephenson, Samuel

"Robert Swinhoe, 1 September 1836 - 28 October 1877," in http://academic.reed.edu/formosa/texts/texts.htm網站。

Swinhoe, Robert

"Narrative of a Visit to the Island of Formosa," in *Journal of The North Branch of The Royal Asiatic Society*, No. II, May 1859.

"Additional Notes on Formosa," in *Proceedings of the Royal Geographical Society,* vol. 10, 1866.

Takahashi, Y.（高橋良一）

Robert Swinhoeの傳，in *Bulletin of the Taiwan Society of Natural History*（臺北：《臺灣博物館學會會報》）, April 1935; "Biography of Robert Swinhoe," reprinted in *Quarterly Journal of the Taiwan Museum*（臺北：《臺灣省立博物館季刊》）, 18(3/4), 1965.

Yen, Sophia Yu-fei

Taiwan in China's Foreign Relations, 1836-1874. Hamden, CT: Shoe String Press, 1965.

伊能嘉矩

《台灣蕃政志》。臺北：南天，1997。

森丑之助

《台灣蕃族志》第一卷，1917；南天，1996。

http://www2.darc.ntu.edu.tw/newdarc/darc/index.jsp網站。

http://www.catalogueoflife.org/search.php網站。

索引

（依筆劃次序編排）

人名

地名

船名

國家圖書館出版品預行編目資料

翱翔福爾摩沙：英國外交官郇和晚清臺灣紀行／
陳政三著. --二版. --臺北市：五南圖書出版
股份有限公司, 2015.12
　　面；　公分.
ISBN 978-957-11-8185-1（平裝）
1.郇和(Swinhoe, Robert, 1836-1877)
2.臺灣史　3.清領時期
733.276　　　　　　　　　　104011454

8V12　台灣書房28

翱翔福爾摩沙
——英國外交官郇和晚清臺灣紀行

作　　者— 陳政三（246.4）

發 行 人— 楊榮川

總 經 理— 楊士清

總 編 輯— 楊秀麗

副總編輯— 蘇美嬌

編　　輯— Fran Hsieh、Audrey chang

封面設計— 童安安

出 版 者— 五南圖書出版股份有限公司

地　　址：106台北市大安區和平東路二段339號4樓

電　　話：(02)2705-5066　　傳　真：(02)2706-6100

網　　址：https://www.wunan.com.tw

電子郵件：wunan@wunan.com.tw

劃撥帳號：01068953

戶　　名：五南圖書出版股份有限公司

法律顧問　林勝安律師事務所　林勝安律師

出版日期　2008年12月初版一刷
　　　　　2015年12月二版一刷
　　　　　2022年11月二版二刷

定　　價　新臺幣350元

全新官方臉書

五南讀書趣

WUNAN
Books since 1966

經典永恆・名著常在

五十週年的獻禮——經典名著文庫

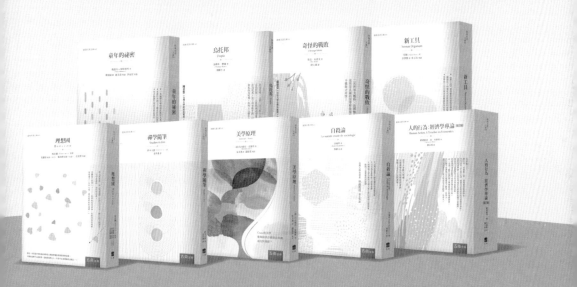

五南，五十年了，半個世紀，人生旅程的一大半，走過來了。
思索著，邁向百年的未來歷程，能為知識界、文化學術界作些什麼？
在速食文化的生態下，有什麼值得讓人雋永品味的？

歷代經典・當今名著，經過時間的洗禮，千錘百鍊，流傳至今，光芒耀人；
不僅使我們能領悟前人的智慧，同時也增深加廣我們思考的深度與視野。
我們決心投入巨資，有計畫的系統梳選，成立「經典名著文庫」，
希望收入古今中外思想性的、充滿睿智與獨見的經典、名著。
這是一項理想性的、永續性的巨大出版工程。
不在意讀者的眾寡，只考慮它的學術價值，力求完整展現先哲思想的軌跡；
為知識界開啟一片智慧之窗，營造一座百花綻放的世界文明公園，
任君遨遊、取菁吸蜜、嘉惠學子！